产业变革与增长方式转型中的
甘肃数字经济研究

RESEARCH ON GANSU DIGITAL ECONOMY IN INDUSTRIAL
TRANSFORMATION AND
GROWTH MODE TRANSFORMATION

董积生　王晓芳　著

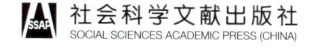

社会科学文献出版社
SOCIAL SCIENCES ACADEMIC PRESS (CHINA)

前　言

数字经济是新质生产力的重要体现和推动力量。数字经济使数据成为具有开放性、跨时空和共享特性的全新生产要素，加速了产业数字化、数字产业化和数字化治理进程，提升资源优化配置效率和生产效率。数字技术主导的数字产业化和产业数字化不仅可以推动产业变革和产业升级，也可以带动区域经济转换增长方式和增强增长新动能。数字经济的高渗透性、快捷性、兼容性、自我膨胀性、外部经济性、数据驱动性等特性必然会带来产业变革和技术创新，数字经济运行过程中的零边际成本、累计溢出效应、边际效益递增性等效应自然会引发效率提升、产品多样性增加、增长方式转变、增长动能转换。甘肃作为经济欠发达地区面临的经济发展不充分、信息不对称、市场分割问题较为严重，而数字经济呈现的非竞争性、低成本复制性、正外部性以及虚拟性等技术经济特征为推动经济追赶提供了一定机遇和动力支撑。

党的十八大以来，甘肃全面落实习近平总书记对甘肃重要讲话重要指示批示，抢抓"一带一路"这个最大的发展机遇，围绕高质量发展是解决一切问题的基础和关键，聚焦经济发展不充分不平衡现实，主动融入国家重大发展战略，积极构筑"一核三带"发展格局，强力推动"四强行动"，通过强龙头、补链条、聚集群，以"三化"改造为引领，以数字经济为抓手，深入实施产业结构优化升级行动，改造提升传统产业，有色冶金、石化机械等传统产业焕发新的生机与活力；推动物联网技术的深度融合，强化大数据与云计算的赋能作用，培育壮大新兴产业，能源装备、微电子、电工电器、中药现代制药、农产品干燥装备等领域已经初步形成特色产业聚集区；积极谋划布局未来产业，塑造现代化产业体系新优势，甘肃省数字经济进入加速发展阶段。信息基础设施建设取得显著成效，数据中心、云计算、大数据等新型基础设施建设加快，数字经济产业体系初步形成。一是信息基础设施建设成效明显。截至2023年底，甘肃省已实现城区5G网络全覆盖，移动通信基站数量达到22.4万个，其中5G基站占比为25.90%。5G网络人口覆盖率显著提高，行政村光纤宽带和4G网络覆盖率达到99%以上。兰州建成西北第二大信息通信网络枢纽，庆阳数据中心集群已成为全国重要的算力保障基地之一，初步形成了涵盖数据中心、算力调度平台、配套设施等的大数据产业集群完整产业链。二是数字产业化、产业数字化稳步推进，数字化治理加速发展，数字创新能力明显提升。2019~2023年，甘肃省数字产业化发展水平增幅为38.24%，产业数字化发展水平增幅为98.28%，数字化治理水平增幅达206.50%，数字创新能力水平增幅为40.70%。

基于甘肃经济发展不充分不平衡的现实性和加快高质量发展的迫切性，从国家战略需要出发，把握数字经济内涵特征、全球和国内发展趋势，抢抓数字经济为甘肃省高质量发展带来的机遇和条件，在对甘肃数字经济发展状况全面调研的基础上，以产业变革与增长方式转型为切入点，开展甘肃数字经济发展研究，以期为甘肃省充分利用数字经济发展释放的规模效应、融合替代效应、资源配置效应、边际报酬递增效应以及技术知识外溢效应，加快形成数字经济后发优势，推动经济社会高质量转型跨越发展提供理论和实践参考。

本书基本框架和研究内容如下。

前言，简述本书写作初衷、目的、意义和价值。

第一章，数字经济理论与数字经济发展。主要包括数字经济概念演变、内涵、特征；数字经济后发优势和运行机制；数字经济分类及重点产业；全球数字经济发展特征和典型发展模式；高质量发展背景下的中国数字经济发展；数字经济赋能新质生产力发展的理论基础与实现路径。

第二章，甘肃数字经济总体发展水平评价。梳理了甘肃数字经济发展的

前 言

进程、政策体系建设和成效，提出和设计了甘肃数字经济发展水平评价指标体系，从数字基础设施、数字产业化、产业数字化、数字化治理、数字创新能力5个方面19个指标，对甘肃数字经济总体发展状况和14个市州数字经济发展现状和潜力等进行评估分析。

第三章，甘肃产业数字化发展。主要针对现代产业体系建设与产业数字化布局，农业现代化与农业数字化转型发展，"强工业"行动中传统产业"三化"改造，战略性新兴产业数字化布局与重点产业集群培育，现代服务业数字化转型发展等方面，对甘肃产业数字化发展进行分析，并提出相关对策建议。

第四章，甘肃数字产业化发展。主要从"强科技"行动中的科技创新平台建设和自主创新能力的提升、"新基建"总体进展及数字产业化发展评价、集成电路产业发展与优势先导产业培育、东西部算力资源调度先导区建设等方面对甘肃数字产业化过程中的技术创新和产业变革进行了分析。

第五章，甘肃数字化治理。从"数字丝绸之路"建设入手，分析了甘肃数字技术应用与市域社会治理现代化建设，优化营商环境行动中的甘肃智慧政务、智慧法务、智慧金融、智慧税务，新型城市化与甘肃智慧城市建设，乡村振兴和"强县域"背景下的乡村数字化治理，数字技术支撑下的智慧交通建设，5G时代的甘肃智慧文旅、智慧教育与智慧医疗，智慧物流与甘肃电子商务发展状况，并提出务实性建议。

第六章，甘肃区域数字经济发展。主要从甘肃14个市州各自产业特色角度，对市州数字经济发展进行评价分析并提出相应对策建议。

由于相关统计中尚无数字经济分类和汇总数据，对甘肃数字经济发展总体规模、增长动态只能通过相关产业发展状况予以判断和认识，加之限于课题组成员研究能力和水平，本书难免还存在诸多不当和不足之处，敬请专家学者不吝赐教。

王晓芳
2024年10月

目 录

第一章　数字经济理论与数字经济发展 / 001

　　第一节　数字经济概念演变、内涵、特征 / 001

　　第二节　数字经济后发优势和运行机制 / 010

　　第三节　数字经济分类及重点产业 / 017

　　第四节　全球数字经济发展特征和典型发展模式 / 020

　　第五节　高质量发展背景下的中国数字经济发展 / 026

　　第六节　数字经济赋能新质生产力发展的理论基础与实现路径 / 033

第二章　甘肃数字经济总体发展水平评价 / 038

　　第一节　甘肃数字经济发展进程、政策体系建设和成效 / 038

　　第二节　甘肃数字经济发展水平评价指标体系和方法 / 042

　　第三节　甘肃数字经济发展水平评估分析 / 048

　　第四节　甘肃14市州数字经济发展水平分析 / 051

第三章　甘肃产业数字化发展 / 055

　　第一节　甘肃现代产业体系建设与产业数字化布局 / 055

　　第二节　甘肃农业现代化与农业数字化转型发展 / 061

　　第三节　甘肃"强工业"行动中传统产业"三化"改造 / 068

　　第四节　甘肃战略性新兴产业数字化布局与重点产业集群培育 / 076

第五节　甘肃现代服务业数字化转型发展 / 085

第四章　甘肃数字产业化发展 / 092

第一节　甘肃"强科技"行动中的科技创新平台建设 / 092

第二节　甘肃"新基建"总体进展及数字产业化发展特征 / 103

第三节　甘肃集成电路产业发展与优势先导产业培育 / 110

第四节　东西部算力资源调度先导区建设 / 116

第五章　甘肃数字化治理 / 122

第一节　甘肃"数字丝绸之路"建设 / 122

第二节　甘肃数字技术应用与市域社会治理现代化建设 / 132

第三节　优化营商环境行动中的甘肃智慧政务、智慧法务、智慧金融、智慧税务 / 138

第四节　新型城镇化与甘肃智慧城市建设 / 148

第五节　乡村振兴背景下的甘肃乡村数字化治理 / 155

第六节　数字技术支撑下的甘肃智慧交通建设 / 165

第七节　5G时代的甘肃智慧文旅、智慧教育与智慧医疗 / 168

第八节　智慧物流与甘肃省电子商务发展 / 178

第六章　甘肃区域数字经济发展 / 185

第一节　"强省会"行动与兰州市数字经济发展 / 185

第二节　天水市先进装备制造业基地建设与数字经济发展 / 195

第三节　酒泉市新能源及新能源装备制造业基地建设与数字经济发展 / 211

第四节　庆阳市清洁能源基地和大数据产业集群建设与数字经济发展 / 226

第五节　白银市新型储能产业培育与数字经济发展 / 237

第六节　嘉峪关市"两化"融合及两条千亿级产业链建设与数字
　　　　 经济发展 / 245

第七节　金昌市"5G 赋能"数字经济产业基地建设与数字经济发展 / 253

第八节　武威市数字创新平台建设与数字经济发展 / 266

第九节　张掖市智慧文旅、智慧康养与数字经济发展 / 277

第十节　平凉市"千兆城市"建设与数字经济发展 / 285

第十一节　定西市"数字定西"建设与数字经济发展 / 292

第十二节　陇南市农村电商及乡村大数据平台建设与数字经济发展 / 298

第十三节　临夏州"上云用数赋智"行动与数字经济发展 / 308

第十四节　甘南州"生态优先，绿色发展"与数字经济发展 / 314

主要参考文献 / 325

后　记 / 331

第一章
数字经济理论与数字经济发展

数字经济是继农业经济、工业经济之后的主要经济形态，是以数据资源为关键要素，以现代信息网络为主要载体，以信息通信技术融合应用、全要素数字化转型为重要推动力，促进公平与效率更加统一的新经济形态[①]。习近平总书记多次强调，数字经济事关国家发展大局，要做好我国数字经济发展顶层设计和体制机制建设，加强形势研判，抓住机遇，赢得主动。构建以数据为关键要素的数字经济，推动实体经济和数字经济融合发展。近年来，数字经济发展速度之快、辐射范围之广、影响程度之深前所未有，正在成为重组全球要素资源、重塑全球经济结构、改变全球竞争格局的关键力量，成为人类文明演进的强大驱动力。数字经济作为一种新型经济形态，其核心特征与新质生产力高度契合，因而成为新质生产力的一种具体体现。数字经济不仅通过技术创新和模式创新，为新质生产力的发展提供了强大的动力，而且数字经济催生了大量新兴产业和创新型企业，成为推动经济增长的新引擎，为新质生产力的发展提供了广阔的空间。

第一节　数字经济概念演变、内涵、特征

数字经济是与传统农业经济、工业经济、商业经济完全不同的经济形

---

① 《国务院关于印发"十四五"数字经济发展规划的通知》，中国政府网，2021年12月12日。

态。当前，数字经济引发了生产要素、产权制度、信用关系、企业组织形式、市场组织结构和经济增长动力等方面根本性变化，对生产者、消费者、市场、产业组织、宏观增长等传统经济理论提出新要求①，给传统经济学理论带来巨大冲击，诸如产业经济学理论、产权理论、市场竞争理论等。2022年《"十四五"数字经济发展规划》提出"深化数字经济理论与实践研究，完善统计测度和评价体系"。迫切需要聚焦数字经济发展的相关重点理论问题，加快构建数字经济理论体系，深化对数字经济的概念、内涵和特征、运行机制、发展模式等方面的认识，推动数字经济高质量发展。

一 数字经济概念演变

数字经济的概念是伴随着技术创新和变革而不断演变和完善的，最早是以"信息经济"面世并广泛传播的。

1. 信息经济的提出

随着20世纪40年代到60年代微电子技术的突破，人类的知识水平和信息处理能力大幅提高，数字技术对经济生活的影响初步显现。1962年弗里茨·马克卢普（Fritz Machlup）的《美国的知识生产与分配》一书提出"向市场提供信息产品或信息服务的那些企业"是一种重要的经济部门，信息经济概念由此诞生。随着数字技术的广泛渗透，信息经济概念被广泛使用并且内涵不断丰富。

2. 数字化概念兴起

20世纪八九十年代，互联网技术日趋成熟，随着互联网的广泛接入，数字技术与网络技术相互融合，数字经济特征发生了新的变化，全球范围内的网络连接生成的海量数据超出之前分散的终端所能处理的能力，云计算、大数据等数字技术快速发展。20世纪90年代，数字技术快速从信息产业外溢，在促进传统部门信息化的同时，不断产生出新生产要素，形成新商业模式，电子商务成为最典型的应用。电子商务等新业态新模式甚至超越波拉特

---

① 欧阳日辉、李涛：《加强数字经济发展的理论研究》，《中国社会科学报》2022年5月6日。

提出的"第一信息部门"和"第二信息部门",这时需要一个新的概念来描绘数字经济发展模式的新变化。正是在这样的技术背景和应用背景下,随着尼古拉·尼葛洛庞帝(Nicholas Negroponte)《数字化生存》一书的热销,数字化概念兴起[①]。

3. 数字经济术语的诞生

"数字经济"这一术语最早出现于 20 世纪 90 年代。1995 年,经济合作与发展组织(简称"经合组织",英文缩写 OECD)详细阐述了数字经济的可能发展趋势,认为在互联网革命的驱使下,人类的发展将由原子加工过程转变为信息加工处理过程。1996 年,美国学者唐·塔斯考特(Don Tapscott)在《数字经济:网络智能时代的前景与风险》一书中首次提出了"数字经济"概念,描述了计算机和互联网革命对商业行为的影响,指出互联网将如何改变世界各类事物的运行模式并引发若干新的经济形式和活动。1998 年,美国商务部发布的《浮现中的数字经济》研究报告,描述了在 IT 技术扩散和渗透的推动下从工业经济走向数字经济的发展趋势,并将数字经济的特征概括为"因特网是基础设施,信息技术是先导技术,信息产业是带头和支柱产业,电子商务是经济增长的发动机"。

4. 数字经济的定义

2002 年,美国学者金范秀(Beomsoo Kim)将数字经济定义为一种特殊的经济形态,指出数字经济活动的本质为"商品和服务以信息化形式进行交易"。这个定义主要用于描述互联网对商业行为所带来的影响,由于当时信息技术对经济的影响尚不具备颠覆性,只是一种提质增效的助手工具,数字经济一词还属于未来学者关注探讨的对象[②]。可见,早期数字经济的定义侧重于数字技术生产力,强调的是数字技术产业及其市场化的应用。随着数字技术及其应用的不断发展,关注点逐渐转移到对数字技术经济功能的解读以及数字技术对生产关系的变革。

[①] 中国信息通信研究院:《中国数字经济发展白皮书(2017 年)》,2017。
[②] 梅宏:《大数据与数字经济》,《求是》2022 年第 2 期。

国内学者认为，凡是直接或间接利用数据来引导资源发挥作用、推动生产力发展的经济形态都可以纳入数字经济范畴[①]。作为经济学概念的数字经济，是人类通过大数据（数字化的知识与信息）的识别—选择—过滤—存储—使用，引导、实现资源的快速优化配置与再生，实现经济高质量发展的经济形态[②]。对数字经济概念的认知经历了现象式认知（1996～2006年）、特征性认知（2007～2016年）和本质性认知（2017年至今）三个阶段，并认为数字经济是加快经济发展、提高商品和服务质量及其效用的新范式，能够重塑整个经济和社会、重构各行业的商业模式和盈利方式[③]。

随着信息技术的发展成熟及经济社会数字化程度不断提升，"数字经济"的内涵和范畴在早期基础上进一步扩大。2016年，G20杭州峰会通过的《G20数字经济发展与合作倡议》将数字经济界定为"以使用数字化的知识和信息作为关键生产要素、以现代信息网络作为重要载体、以信息通信技术的有效使用作为效率提升和经济结构优化的重要推动力的一系列经济活动"。这一定义得到比较广泛的认可。2019年，《中共中央关于坚持和完善中国特色社会主义制度　推进国家治理体系和治理能力现代化若干重大问题的决定》首次将数据作为生产要素列入党的文件中，"要健全劳动、资本、土地、知识、技术、管理、数据等生产要素由生产评价贡献、按贡献决定报酬的机制"。《中华人民共和国国民经济和社会发展第十四个五年规划和2035年远景目标纲要》提出了"加快数字化发展，建设数字中国"具体要求。

二　数字经济内涵

数字经济总体上是一个含义相对宽泛的概念，从不同的视角出发，内涵

---

① 杜睿云、王宝义：《新零售：研究述评及展望》，《企业经济》2020年第8期。
② 骆香茹：《数字经济不等于虚拟经济院士专家热议全球数字经济浪潮》，《科技日报》2022年11月29日。
③ 杨青峰、任锦鸾：《数字经济已经是"房间里的大象"，该如何发展负责任的数字经济？》，《中国社会科学院院刊》2021年第8期。

边界有所不同，且随着数字经济不断发展，其内涵也在不断扩展。比较有影响力的观点综述如下。

1. 数字经济是促进公平与效率更加统一的新经济形态[1]，是加速重构经济发展与治理模式的新型经济形态[2]

数字经济发展可以持续利用数字技术改造并赋能三次产业发展；数据成为并列于资本、劳动力和土地、技术的新生产要素，且数据要素具备低边际成本、无损耗、易复制等特点，通过加快创新的供给和扩散，优化生产函数中的要素配置，提高生产过程中的技术效率，降低交易成本，从而增强产业竞争优势。

2. 数字产业是典型的换道超车型产业，数字经济也是转型跨越发展的重要抓手[3]

从追赶型、领先型、转进型、换道超车型以及战略型五大产业类别来看，换道超车型产业的特征是：产品、技术研发周期特别短，通常6~18个月就有新一代技术投入应用，研发的关键投入是人力资本，数字产业均符合这些条件，因此，属于典型的换道超车型产业[4]。这一观点对于后发国家或地区制定赶超型经济发展战略和政策尤其具有特别意义。

3. 数字经济改变了传统生产函数，创造出全新的生产、消费模式

首先，从实践发展来看，数字经济发展推动数据要素价值化。其次，从运行机制来看，数据流通与技术创新是两大支柱，数字产业化与产业数字化是两大核心内容，数字政府治理是数字经济发展的空间保障。最后，从作用机制来看，数字经济发展改变了传统的经济生产函数，"从无到有"，创造新的商业模式；"从有到优"，提高供需的适配度，实现生产端与消费端的高效对接；"从1到N"，强化行业协同发展，打破各行业传统知识壁垒和经

---

[1] 国务院：《"十四五"数字经济发展规划》。
[2] 中国信息通信研究院：《中国数字经济发展白皮书（2017年）》，2017。
[3] 沈建光：《数字经济革命是实现跨越式发展的重要抓手》，人民网，2020年7月24日。
[4] 林毅夫：《什么是数字经济？对中国经济具有怎样的意义？》，《人民日报》2022年3月28日。

验壁垒，改变了原有的生产和消费形态，更好发挥不同地区的比较优势，促进不同行业、不同区域之间生产的高效协同，更好地服务于"双循环"新发展格局①。

4. 数字经济既是生产力与生产关系的辩证统一，也是经济基础与上层建筑的辩证统一

《中国数字经济发展白皮书（2017年）》先提出"两化"论，即数字产业化和产业数字化。《中国数字经济发展与就业白皮书（2019年）》从生产力与生产关系角度出发增加了数字化治理，演变成"三化"论。《中国数字经济发展白皮书（2020年）》进一步修正为"四化"，即数字产业化、产业数字化、数字化治理、数据价值化，并认为数字经济既是生产力与生产关系的辩证统一，也是经济基础与上层建筑的辩证统一。数字产业化和产业数字化重塑生产力，是数字经济的核心；数字化治理引领生产关系深刻变革，是数字经济发展的保障；数据价值化重构生产要素体系，是数字经济发展的基础②。

5. 数字经济是注重包容性和共享性的经济形态，成为推动共同富裕的重要力量

数据的流动性、市场空间的共通性，决定了数字经济是具有包容性和共享性内涵的经济形态，③ 正成为推进共同富裕的重要力量④。数字经济推动社会分工深化，为就业扩容提质创造新机遇，增加就业岗位，优化就业结构，提高就业能力，增加劳动报酬⑤。数字经济发展迅速放大了规模效应，而规模经济效应对经济增长和收入分配有着重大影响，促进收入分配机制透明化带动收入渠道多元化、收入结构实现"扩中提低"⑥。

---

① 沈建光：《准确理解数字经济内涵，推动数字经济高质量发展》，《光明日报》2021年10月27日。
② 中国信息通信研究院：《中国数字经济发展白皮书（2020年）》，2020。
③ 袁达松：《数字经济规则和治理体系的包容性构建》，《人民论坛》2022年第4期。
④ 周文、韩文龙：《数字财富的创造、分配与共同富裕》，《中国社会科学》2023年第10期。
⑤ 刘翠花、戚建东：《数字经济促进就业扩容提质的理论逻辑作用机理与推进路径》，《理论学刊》2023年第4期。
⑥ 杨洁茹：《数字经济发展对分配体系的二重性影响——基于马克思主义政治经济学》，《河南工程学院学报》（社会科学版）2024年第3期。

6. 数字经济成为培育发展新动能、促进新旧动能转换的必由之路和战略选择

发展数字经济，加快传统产业数字化升级转型，构建新型产业体系；加快传统服务模式创新，培育服务业新动能；促进数据资源全要素流通，培育新型数据市场；加快政府数据开放和共享，激活公共数据价值；发挥大数据驱动创新作用，激发创新创业活力；促进信息化与战略性新兴产业融合发展，拓展经济发展新空间[①]。

三 数字经济特征

关于数字经济特征，学术界尚无统一定论，普遍认为数字经济受梅特卡夫定律、摩尔定律、达维多定律三大定律的支配。梅特卡夫定律强调网络的价值等于其节点数的平方，摩尔定律说明计算机硅芯片的处理能力每18个月就翻一番，而价格以减半数下降，达维多定律揭示出进入市场的第一代产品能够自动获得50%的市场份额，所以任何企业在本产业中必须第一个淘汰自己的产品。这三大定律决定了数字经济具有以下基本特征，比较有典型意义的学说如下。

1. 三大特征论

对与传统实体经济比较而显现出的数字经济三大特征的相关研究文献较多，有几个观点如下。

一是认为数字经济具有信息化引领、开放化融合、泛在化普惠特征。信息化引领是指信息技术深度渗入各个行业，促成其数字化并积累大量数据资源，进而通过网络平台实现共享和汇聚，通过挖掘数据、萃取知识和凝练智慧，又使行业变得更加智能。开放化融合是指通过数据的开放、共享与流动，促进组织内各部门间、价值链上各企业间、跨价值链跨行业的不同组织间开展大规模协作和跨界融合，实现价值链的优化与重组。泛在化普惠是指无处不在的信息基础设施、按需服务的云模式和各种商贸、金融等服务平台

---

① 单志广：《数字新经济，发展新动能》，《学习时报》2019年1月4日。

降低了参与经济活动的门槛，使数字经济发展呈现"人人参与、共建共享"的普惠格局[①]。

二是认为数字经济具有平台化、数字化、普惠化特征。平台是数字经济的基础，互联网创造了新的商业环境，使各行各业通过平台获得直接服务消费者的机会，大大降低了成本。数据是数字经济的"新能源"，大数据的出现使业务实现高度数字化，让公司从内部实现高效采集和储存，帮助企业实现全球业务的可查、可控、可追溯。普惠化为数字经济提供新价值，如云计算的出现，使个人和企业无须购买昂贵的软硬件产品和设备，通过很低成本即可得到所需的计算、储备能力和网络资源。

三是认为数字经济具有头脑经济、虚拟经济、超时空经济特征。数字经济是头脑经济，是因为人运用头脑中积累的信息和知识，进行智力创造，思考即生产，思想即产出。在数字经济中，生产者头脑中有两类知识：一类是生产技能知识，如软件开发、图纸设计、文学创作等，发挥着生产工具的作用（电脑和互联网只是辅助工具）；另一类是作为"素材（知识碎片）"存储在大脑中的，属于劳动对象。外加劳动者本身，便具备了生产力的全部三个要素。数字经济是实体物质支撑的虚拟经济。首先，数字经济不是脱离物质支撑的虚无缥缈的存在。电脑作为人脑的"外挂CPU"，极大地提升了人脑的算力；由信息与通信技术（ICT）等实体产业支撑的互联网，是人脑神经网络的延展。物质条件支撑着人的能力的延展。其次，数字产品、数字化服务的两种存在方式是物质的：一种是借助生命载体（大脑）的"无形"存在，另一种是借助磁盘、图纸等"物质外壳"（非生命载体）的"有形"存在。在此，数字经济是隐含于物质世界的无形存在。数字经济的"智造"过程是无形的，产出的数字产品（或数字化服务）是不具有一定形态（如固态、液态等）的虚拟存在。它也许只是一个小创意，也可能是一项宏大的设计，这使数字经济成为"无重量经济"。数字经济是超时空经济，表现在时间维度上，不仅可以全时运行，还可以全速运行，数字产品在网络上可

---

① 梅宏：《大数据与数字经济》，《求是》2022年第2期。

以瞬时传输到任何网络节点，这使数字经济不再像工业经济那样受实物运输的约束；表现在空间维度上，不仅与实体经济分处"平行世界"，而且与实体经济遥相呼应。实体经济为数字经济提供物质支撑、素材、灵感、动力；数字经济为实体经济提供信息和数据，使实体经济得以提高自身的市场透明度，生产和运营方案也同时得到优化，实现了资源的最佳配置[①]。

四是认为数字经济具有为消费定制生产、供需精准匹配、利润算法分配等特征，这种说法比较小众，只见之于网络。

2. 四大特征论

四大特征论认为数字经济具有高初始固定成本、零边际成本、累积溢出效应、边际效益递增性特征[②]。主要表现为：一是数字经济边际成本递减，每生产一单位的产品，其生产所需成本逐步减少；二是数字经济具有累积增值性。由于网络的发展，经济组织结构趋向扁平化，处于网络端点的生产者与消费者可直接联系，而降低了传统的中间商层次存在的必要性，从而显著降低了交易成本、提高了经济效益。

3. 五大特征论

五大特征论认为数字经济具有降低搜寻成本、复制成本、交通成本、追踪成本和验证成本的特征。搜寻成本降低不仅带来更低的价格，还会带来更多的产品种类，产生长尾效应，丰富消费者选择，还会使高质量产品获得更大的市场份额，从而有可能促使产品质量的提升。数字信息复制不增加物理材料的消耗，故而等同于零边际成本，即可以免费复制。交通成本降低是指信息与信息产品在网络上传输的成本几乎为零，而在网上购买实体产品也节约了消费者的交通成本，这使距离变得不那么重要，其带来的好处显而易见，在线会议、在线教育、在线医疗等服务大大节省了人们的交通成本、提高了沟通交流的效率。追踪成本降低是指可以追踪消费者在网上的每一次活动，这使企业可以对消费者进行精准画像，更准确地了解消费者需求，从而

---

① 熊猫讲财经：《数字经济的本质与特征》，2022年5月26日。
② 许正中：《发展数字经济的战略思考》，宣讲家网，2022年5月22日。

进行定制化生产、精准营销,这显然会提高供需匹配精准度。验证成本降低是指互联网上人过留痕,数字技术降低了验证成本,在线论坛、在线评价与在线声誉系统等使企业不敢给消费者提供差的服务和产品①。

4.六大特征论

百度检索有关数字经济649篇文稿,给出了数字经济多达20个特征的答案,提及频次最多的6个特征是高渗透性、快捷性、兼容性、自我膨胀性、外部经济性、数据驱动性。高渗透性是指能够被任何一个行业使用,数字经济的出现模糊了传统的第一产业和第二产业的边界,用信息技术将不同的产业串联起来,用信息服务业务催生出许多交叉产业,让整个社会生产逐渐融合成为一体。快捷性是指数字经济以移动互联网为载体,而互联网最大的特点就是能够突破空间的局限,世界各个国家、各个地区,不管实际相距多远,都被互联网连接成为一个整体。在这样的情况下,数字经济展现出前所未有的快捷性,现代信息以光速进行传播,数字经济赖以生存的数据信息被高效地收集处理,数字经济能够突破距离和时间的限制,通过信息传输技术,将经济往来的时效性提升至最大。兼容性是指数字经济发展过程中不会带来对有形资源、能源过度消耗,造成环境污染、生态恶化等危害。自我膨胀性是指数字经济的发展是不可能组织的,因为在互联网下,随着网络用户的增加,信息产业的发展呈现指数级增长,其价值等于网络节点数的平方。外部经济性是指当用户数量达到一定程度时,用户的数量能够对产品的效用增长有着直接的引导作用。数据驱动性是指数据是数字经济最重要的特征,数据可以驱动经济增长②。

第二节 数字经济后发优势和运行机制

理论界普遍认为数字经济具有规模效应、融合替代效应、资源配置效

---

① 李三希、黄卓:《数字经济与高质量发展:机制与证据》,《经济学》2022年第5期。
② https://m.baidu.com/sf?pd=topone_multi&atn=index&word.

应、知识外溢效应而释放出来边际报酬递增、工业发展知识要素增加、信息技术普及等方面显著的后发优势。平台、数据、现代网络和技术创新是数字经济运行机制中的关键要素。

一 数字经济后发优势

数字经济时代，发展中国家或经济欠发达地区可以充分利用数字经济后发优势，缩小与发达国家或地区的数字差距。经济欠发达地区既可以通过集中力量发展数字经济，降低生产和交易成本，形成数字经济后发优势；又可以通过数字技术溢出效应和数字知识溢出效应，推动经济转型跨越发展。印度就是利用数字经济的后发优势，使其信息技术在世界范围内具有强大竞争力，从而推动本国经济快速发展的典型案例。相较于发达地区，经济欠发达地区面临的信息不对称、市场分割问题更为严重，而数字经济呈现的非竞争性、低成本复制性、正外部性以及虚拟性等特征为推动欠发达地区的经济追赶提供了一定机遇和动力支撑[1]。

1. 数字经济四大效应带来的后发优势

有学者从数字经济发展释放的规模效应、融合替代效应、资源配置效应以及知识外溢效应四个方面探讨了数字经济的后发优势。数字经济发展带来的规模效应，创造出新的经济增长点，为推动经济欠发达地区实现经济高质量发展提供了更大的可能，而数字技术的长尾效应能够进一步促进经济欠发达地区处于产业分布形态尾部的企业积极融入国内外市场，学习发达地区企业的先进技术与管理经验，从而为推动经济欠发达地区企业的经济效率提升孕育了更多的可能。数字经济发展带来的融合替代效应提高了传统生产要素的使用价值，增强了经济可持续发展动力，有助于推动经济欠发达地区经济结构的持续优化，还能够缓解生产要素投入相对不足的问题，通过对传统生产要素的替代推动经济高质量发展，最终有助于缩小由生产要素投入差异带

---

[1] 杨文溥：《数字经济与区域经济增长：后发优势还是后发劣势？》，《上海财经大学学报》2021年第6期。

来的经济发展质量差距。数字经济释放的资源配置效应表现在优化了资源配置方式、提高了规划和决策的科学性、推动了经济欠发达地区经济效率和绿色发展水平的提升。数字经济的发展能够不断模糊各地区的地理边界和产业边界，推动生产要素、技术服务的跨区域流动。数字经济发展带来的知识外溢效应表现在能够改善经济欠发达地区就业结构和收入分配结构。移动互联网等数字技术的快速发展孕育了更多的创业者，尤其是对农村居民而言，通过互联网直播软件可以将特色农产品、手工艺制品销售出去，增加了包括农村居民在内的个体创业者的收入来源，有助于降低城乡居民收入差距、提高经济欠发达地区的居民生活水平[①]。

2.边际报酬递增后发优势

数字经济的特征表明，在知识创新阶段，知识应用的范围越广泛，涉及的客户越多，就能创造越多的价值。在知识普及阶段和模仿阶段，由于时效性问题，知识在发达国家的边际报酬下降，但在发展中国家却能维持很高的边际报酬。因为对于发展中国家来说，这些知识仍然是最新的、最具时间价值的。进入21世纪以来，信息技术正处于普及和模仿阶段，向发展中国家扩散符合发达国家的最高利益，这可以大大提高发展中国家的信息化速度。

3.工业化方面后发优势

西方发达国家经历了漫长的工业化过程之后，才进入信息化发展阶段。21世纪以后，随着劳动力成本上升、国际分工发展，欧美国家把劳动密集型的低端制造业向发展中国家转移，已成为很多发达国家优化产业结构、重点发展数字经济主导产业的重大战略举措。对于发展中国家或经济欠发达地区来说，这会带来三重利益。一是可借鉴发达国家的工业化经验。包括技术上的经验和制度上的经验，大大缩短工业化进程，加速本国的经济发展。二是可以将工业化与信息化结合起来，以信息化和高科技促进工业化发展，彻

---

① 仲秋财经：《数字经济的发展，提高了生产要素的价值，增强了经济可持续发展》，2023年10月18日。

底改造提升传统产业，重塑自己的比较优势与竞争优势。三是可以通过大规模利用信息技术，在全社会范围内降低生产成本和交易成本，加速培育市场体系，逐步形成强大的物流、资金流和信息流，推动市场经济走向繁荣。

4. 知识能力方面后发优势

一些经济欠发达地区大力推进教育和科学技术发展，使知识要素禀赋增加，尤其是获取知识、传递知识和运用知识的能力提高格外迅速，这就形成了第二层次的网络比较优势，使之在国际分工中占据一个比较有利的地位，带动本地区的数字经济跨越式地发展。中国西部经济欠发达地区具有较强大的科技教育资源和科创基础，如甘肃省实施"强科技"行动以来，新创建的 15 个国家级和省部级创新平台、14 家国家级实验室、12 家国家级科技型园区和 3 家国家级创新型县市，2023 年研发经费投入 168 亿元，技术合同成交金额 468.15 亿元，增长 38%，增速位居西部省份前列。

5. 信息技术方面后发优势

一方面，从信息化的特点看，对于发展中国家来说，信息化比工业化更容易追赶，由于信息技术已经标准化，学习成本很低，且信息知识具有报酬递增性、共享性和外溢性等特征，必然带来不可估量的后发优势。另一方面，从信息技术的潜力看，信息技术本身的巨大潜力和无穷无尽的机会，也为经济欠发达地区数字经济发展开辟了广阔的道路。信息技术和信息基础设施较落后，意味着转换成本较小，就有可能瞄准技术前沿实现跨越式发展。由于有大量现成的技术可以利用，经济欠发达地区可以把研究与开发的重点转向有原创性、突破性的技术上，如塑料芯片技术、生物芯片技术等。一旦技术出现突破，技术、经济和产业格局就有可能出现重大改观，技术就能成为弥合数字鸿沟、缩小贫富差距、提高生产力水平和综合实力的强有力手段[①]。

---

① 支振锋：《美好世界的数字远景及中国担当》，《网信军民融合》2018 年第 6 期。

二 数字经济运行机制

数字经济的技术经济范式转换本质,决定了它与传统经济在运行机制等方面存在根本性的不同。因此,要对数字经济的运行机制进行分析。

1. 平台是数字经济中最成功的组织模式

平台生态是数字经济中由两个或多个用户群体构成的双边市场或多边市场,能够基于直接网络或间接网络效应在不同的用户群体之间创造价值。平台生态是数字经济环境中的元组织,能够把多个组织、参与者和活动连接起来构造商业模式,实现价值创造[①]。平台生态的领导者具有"类政府"的能力,能够协调和治理不同群体的利益关系,也能够通过调控平台边界资源来实现利益最大化。平台生态内部通常由平台领导者、互补者和用户构成。平台领导者是平台生态的运行中枢,除少量成功创业者外,主要由传统产业的大型企业和数字技术供应商转型而来。平台领导者为平台互补者提供创新资源,为平台用户提供产品或服务,协调和控制平台的运行。平台互补者主要由规模较小的传统企业或数字技术供应商转型而来,为平台用户提供产品、服务或技术。平台用户参与平台价值创造过程,成为"生产消费者"。从社会功能角度看,平台生态可分为技术平台生态、商业平台生态,其中技术平台生态一般由数字技术供应商主导,技术互补者广泛参与,主要为商业平台生态提供技术支持;商业平台生态主要由传统产业的大型企业主导和运营,提供产品和服务的互补者广泛参与,最终为用户提供服务。平台生态内部主体之间、不同平台生态之间、平台生态与环境之间形成复杂的相互作用关系。平台领导者、互补者与用户之间在平台内形成了复杂的价值网络关系。技术平台生态与商业平台生态之间存在复杂的竞合关系。数字经济体系与政策环境、技术环境、社会环境之间存在复杂的交互关系。在平台经济理论中,"双边市场"(two-sided markets)与"平台"是一对密不可分的概念。

[①] 杨青峰、任锦鸾:《数字经济已经是"房间里的大象",该如何发展负责任的数字经济?》,《中国社会科学院院刊》2021年第8期。

与简单分为买卖双方的单边市场不同,平台经济以双边市场为载体,双边市场以平台为核心,通过实现两种或多种类型顾客之间的互动或交易获取利润。一般认为,双边市场的核心特征是交叉网络外部性[①]。

2. 数据成为数字经济时代最关键的生产要素

在数字经济发展过程中,数据起着核心和关键作用,对土地、劳动力、资本、技术等传统生产要素产生深刻的影响,展现出巨大的价值和潜能。第一,自动采集数据是产生价值的源头。过去人工采集数据,现在利用物联网感知技术等方法采集数据,使感知—呈现—分析同时完成,而且智能设备的数据产生成本低,机器和系统的采集还是即时的、连续的、精准的、客观的。源头采集保障了数据无限供给、无限使用和无限增长,由此奠定数字经济的价值基础。第二,海量数据带来规模效应。人工采集很难形成数据规模,而自动采集带来海量数据,进而产生规模效应和数据价值。尤其是物联网大大加强了机器与机器之间的通信,数据量增长的倍数难以计算。整个经济正在成为一台持续运转的数据机器,它消费数据、处理数据,产生越来越多的数据。第三,数据资源具有超越物质资源的价值。半导体让计算机硬件小型化,将大量的晶体管封装到微小的硅芯片上,硬件不再是一个限制因素,软件潜力变得无限,数据以字节的形式存在于这个无形的世界中,突破物质的正常物理限制,使数字经济带来的增长突破现实资源与物理空间的限制。第四,数据具有流动的价值。音频、视频、文本、图像,一切都可存储、传输、处理、排列和组合。5G无线技术让数据以闪电般的速度传输,数据流动的自动化水平,成为企业未来核心竞争力的重要因素。第五,数据具有储存、处理和分析数据能力的价值。运用分布式架构,进行数据挖掘。数据在云端协同的时候,更展示了云计算的优势,远超人工处理的能力,这种大量储存、分布式计算处理和分析数据,使操控电子的能力大大增强、效率提升、价值尽显。第六,数据具有资源、资产和资本的属性。数据的及时、准确和完整性,拓展了数据开发利用的深度和广度;数据的可复制、反

---

① 李三希、黄卓:《数字经济与高质量发展:机制与证据》,《经济学》2022年第5期。

复使用，又无实质损耗的特性，使数据使用的频率更高、范围更广，创造的价值更大，且在增加使用价值的同时不会给数据本身的价值带来损失；数据的非排他性和非竞争性，如同阳光和空气，使数据蕴含巨大潜力。这些性能和价值，决定了数据必然具有交易价值[①]。

3. 现代网络是数字经济最重要的载体

现代网络不仅是数字经济的技术、平台、服务，还是数字经济发展的基石。现代网络以其独特的超大功能彻底动摇了以固定空间领域为基础的既有形式，也以其独特的方式从根本上改变着现实的政治、经济和社会生活。第一，现代网络具有既承载数据又释放数据的力量，能够创造更多的用户体验和新的服务。现代网络体现出连接和泛在的特性。从外延看，网络连接持续向外拓展，从人与人的连接，到人与物、物与物的连接；从有许可的网络到无许可的网络；从单一的网络到融合的网络。从内涵看，网络连接正不断引向纵深，从端到端的连接到端到云的连接。特别是海量的设备通过5G网络连接，对数据的计算和分析将会实时分布于整个网络结构，万物互联将进一步改变网络连接的结构和规则，进而改变行业的生态系统。第二，互联网的共享思维促进经济共享。现有的数字智能技术正在满足网络建设在不同程度上的合作和共享，共享基础网络既不会削弱竞争，也不会影响服务质量，还可集中使用频率资源，集中物力和财力，更好地提升网络的覆盖密度，提升网络质量，改善网络服务。网络共享反映了互联网的本质。即时、实时和不间断的网络如同流水，持续激发创新活力，促使市场信息对称性不断完善、产销和供需日益精准对接、消费需求日益提升、经济出现指数级增长和倍增效应[②]。

4. 数字智能技术和数字科技创新是贯穿整个数字经济发展的灵魂

数字智能技术以"先破后立"的方式加速突破，并在破坏的基础上创造出互联网、电子邮箱、短视频、VR等，可以取代原来的东西，创造出更

[①] 程实：《数字经济的价值创造与增长本质》，《盘古智库》2021年6月10日。
[②] 王建宙：《从1G到5G——移动通信如何改变世界》，中信出版集团，2021。

大的价值,对消费者来说,更方便、更经济、更有效率,这大概也符合熊彼特提出的创造性破坏的观点,生动地说明新技术新产品新生产函数带来的市场变化和经济价值。数字智能技术及其多项技术叠加使用都会产生难以估量的倍增效应,如区块链、物联网、大数据、人工智能等技术,所产生的作用是不可取代的。多项数字技术叠加使用,作用则如虎添翼。比如,工业互联网和5G融合叠加、互促共进,将赋能各行各业。比如,将人脸识别、图像识别、智能语音识别、L4级的无人驾驶等3个及以上技术融为一体,就使专用人工智能发展到通用人工智能,价值将会得到极大提升。数字智能技术发展依赖于独特的数字科技且持续创新,使数字经济以高速、超量的数字信息流跨越空间距离障碍或地域空间限制,以磅礴的气势引领各行各业前行。数字经济依靠信息、数据、网络和技术等新型生产要素的迅捷开放性,呈现指数型、集约型、高效率的经济增长模式。可以说,数字科技的指数级增长是经济指数级增长的重要依据[1]。

第三节 数字经济分类及重点产业

数字经济的发展规模、水平、重点产业是国内外广泛关注的话题。但因前期无统一分类标准,数字经济规模口径测算不一致,不仅给国内外社会公众了解各国或区域数字经济发展水平带来了困扰,也使理论研究者和决策部门比较分析及出台相关政策增加了难度。

一 数字经济分类

2021年前,数字经济的分类文献显示,根据不同的标准和角度,分类有多种。国家统计局颁布《数字经济分类》,从"数字产业化"和"产业数字化"两个方面,确定了数字经济的基本范围,将其分为数字产品制造业、数字产品服务业、数字技术应用业、数字要素驱动业、数字化效率提升业等

---

[1] 邵春堡:《数字经济价值的源头活水》,《经济评论》2021年10月25日。

五大类。其中，前四大类为数字产业化部分，即数字经济核心产业，是指为产业数字化发展提供数字技术、产品、服务、基础设施和解决方案，以及完全依赖于数字技术、数据要素的各类经济活动，对应于《国民经济行业分类》中的26个大类68个中类126个小类，是数字经济发展的基础。第五大类是产业数字化部分，是指应用数字技术和数据资源为传统产业带来的产出增加和效率提升，是数字技术与实体经济的融合。该部分涵盖智慧农业、智能制造、智能交通、智慧物流、数字金融、数字商贸、数字社会、数字政府等数字化应用场景，对应于《国民经济行业分类》中的91个大类431个中类1256个小类，体现了数字技术已经并将进一步与国民经济各行业产生深度渗透和广泛融合。

在《数字经济分类》中，数字产业化和产业数字化形成了互补关系。以制造业为例，数字产品制造业是指支撑数字信息处理的终端设备、相关电子元器件以及高度应用数字化技术的智能设备的制造，属于"数字产业化"部分，包括计算机制造、通信及雷达设备制造、数字媒体设备制造、智能设备制造、电子元器件及设备制造和其他数字产品制造业。智能制造是指利用数字孪生、人工智能、5G、区块链、VR/AR、边缘计算、试验验证、仿真技术等新一代信息技术与先进制造技术深度融合，旨在提高制造业质量和核心竞争力的先进生产方式，属于"产业数字化"部分，主要包括数字化通用专用设备制造、数字化运输设备制造、数字化电气机械器材和仪器仪表制造、其他智能制造。数字产品制造业和智能制造是按照《国民经济行业分类》划分的制造业中数字经济具体表现形态的两个方面，互不交叉，共同构成了制造业中数字经济的全部范围。

二 数字经济重点产业

《中华人民共和国国民经济和社会发展第十四个五年规划和2035年远景目标纲要》"建设数字中国"篇章，框定了数字经济重点产业的具体范围。数字经济重点产业包括云计算、大数据、物联网、工业互联网、区块链、人工智能、虚拟现实和增强现实。

1.云计算产业

加快云操作系统迭代升级，推动超大规模分布式存储、弹性计算、数据虚拟隔离等技术创新，提高云安全水平。以混合云为重点培育行业解决方案、系统集成、运维管理等云服务产业。

2.大数据产业

推动大数据采集、清洗、存储、挖掘、分析、可视化算法等技术创新，培育数据采集、标注、存储、传输、管理、应用等全生命周期产业体系，完善大数据标准体系。

3.物联网产业

推动传感器、网络切片、高精度定位等技术创新，协同发展云服务与边缘计算服务，培育车联网、医疗物联网、家居物联网产业。

4.工业互联网产业

打造自主可控的标识解析体系、标准体系、安全管理体系，加强工业软件研发应用，培育形成具有国际影响力的工业互联网平台，推进"工业互联网+智能制造"产业生态建设。

5.区块链产业

推动智能合约、共识算法、加密算法、分布式系统等区块链技术创新，以联盟链为重点发展区块链服务平台和金融科技、供应链管理、政务服务等领域应用方案，完善监管机制。

6.人工智能产业

建设重点行业人工智能数据集，发展算法推理训练场景，推进智能医疗装备、智能运载工具、智能识别系统等智能产品设计与制造，推动通用化和行业性人工智能开放平台建设。

7.虚拟现实和增强现实产业

推动三维图形生成、动态环境建模、实时动作捕捉、快速渲染处理等技术创新，发展虚拟现实整机、感知交互、内容采集制作等设备和开发工具软件、行业解决方案。"十四五"规划纲要将虚拟现实和增强现实产业列为未来数字经济重点产业，赋予了产业新的历史使命，有望加速相关产业链发展。可以预见，随着虚拟现实和增强现实产业被列为数字经济重点产业并进入国家规划布局，未来VR/AR技术在教育、影视、游戏、军工、政务、金融、医疗等领域将大有可为。

第四节　全球数字经济发展特征和典型发展模式

数字经济发展所带来的经济价值、社会价值、产业价值、商业价值和个人价值共同构成推动数字经济全球快速发展的巨大推动力。

一　全球数字经济发展特征

当前数字经济已成为世界各国应急反应、加快经济社会转型的重要选择，各国纷纷加速出台数字经济发展战略政策并落地实施，不断推动数字经济发展，形成了美中欧全球数字经济三极格局。从数字经济规模看，美、中、德位于前列，从数字经济增加值占GDP比重看，美、德、英占比超过65%，日、法、韩占比47%，中国、新加坡、墨西哥等占比在30%~45%。①

1.数字经济规模持续扩张，成为推动世界经济增长的重要引擎

据相关研究机构给出的数据，全球47个主要经济体2018~2022年数字经济规模分别为30.2万亿美元、31.8万亿美元、32.6万亿美元、38.1万亿美元、41.4万亿美元；2018~2022年数字经济增加值占GDP的比重分别为40.3%、41.5%、43.7%、45.1%、46.1%。数字经济规模持续扩张，成为推动世界经济持续恢复和保持增长活力的重要引擎。

2.数字经济增长强劲，数字经济增长活力进一步显现

2018~2022年，全球47个主要经济体数字经济平均名义增速均超过同

---

① 中国信息通信研究院：《全球数字经济白皮书（2022年）发布，中国规模居世界第二》，《新京报》2022年12月7日。

期 GDP 名义增速。2018 年为 9.2%，高于同期 GDP 名义增速 3.0 个百分点；2019 年为 5.4%，高于同期 GDP 名义增速 3.1 个百分点；2020 年为 3.0%，高于同期 GDP 名义增速 5.8 个百分点。2021 年为 15.6%，高于同期 GDP 名义增速 2.5 个百分点；2022 年为 7.6%，高于同期 GDP 名义增速 5.4 个百分点。

3. 美中德日韩成为全球数字经济"领头羊"，中国数字经济增速全球第一

2022 年，美国、中国、德国、日本、韩国等 5 个世界主要国家的数字经济总量为 31 万亿美元，约占全球数字经济总规模的 3/4，成为全球数字经济的"领头羊"。2022 年，美国、中国、德国、日本、韩国等 5 个世界主要国家的数字经济增加值占 GDP 比重为 58%，较 2016 年提升约 11 个百分点，数字经济规模同比增长 7.6%，高于 GDP 增速 5.4 个百分点。2016~2022 年中国数字经济年均复合增长率为 14.2%，是同期美、中、德、日、韩 5 国数字经济总体年均复合增长率的 1.6 倍[①]。

4. 产业数字化依然是全球数字经济发展的主导力量，数字产业化还处于缓慢发展时期

产业数字化仍然是数字经济发展的主引擎，2019 年全球数字产业化增加值占数字经济增加值比重为 15.7%，占全球 GDP 比重为 6.5%；产业数字化增加值占数字经济增加值比重达到 84.3%，占全球 GDP 比重为 35.0%。2020 年全球 47 个主要经济体数字产业化增加值占数字经济增加值比重为 15.6%，占比下降；产业数字化增加值占数字经济增加值比重为 84.4%。2021 年，全球 47 个主要经济体数字产业化增加值占数字经济增加值比重为 15%，占 GDP 比重为 6.8%；产业数字化增加值占数字经济增加值比重为 85%，占 GDP 比重较上年提升 1 个百分点，约为 38.2%。2022 年全球 47 个主要经济体数字产业化增加值占数字经济增加值比重为 14.7%，占 GDP 比

---

① 中国信息通信研究院：《全球数字经济白皮书（2023 年）发布，主要国家数字经济发展持续提速》，《人民邮电报》2023 年 7 月 11 日。

重为6.8%；产业数字化增加值占数字经济增加值比重为85.3%，占GDP比重为39.3%，较上年提升约1.8个百分点。可见，产业数字化成为驱动全球数字经济发展的关键主导力量。

5. 数字经济产业渗透加速，第三产业渗透率迅速攀升

2019年，第一、二、三产业数字经济增加值占行业增加值比重分别为7.5%、23.5%、39.4%。2020年，第一、二、三产业数字经济增加值占行业增加值比重分别为8.0%、24.1%、43.9%。2021年，第一、二、三产业数字经济增加值占行业增加值比重分别为8.6%、24.3%、45.3%。2022年，第一、二、三产业数字经济增加值占行业增加值比重分别为9.1%、24.7%和45.7%。2022年与2019年相比第一产业增加了1.6个百分点，第二产业增加了1.2个百分点，第三产业增加了6.3个百分点。英国第一产业渗透率高达30%，德国、韩国第二产业渗透率均超过40%，英国、德国、美国第三产业渗透率均超过40%。

二　全球数字经济发展典型模式

当前，数字经济的发展在各国政策中均处于核心位置，而由于各国资源禀赋、数字技术发展程度、数字基础设施情况存有差异，发展模式也呈现不同特点：美国以技术领先构筑竞争优势，德国重视集群平台建设赋能产业数字化，英国以"数字政府"建设拉动数字经济发展。

1. 美国模式：以技术领先构筑竞争优势

美国作为数字技术或信息技术创新的重要策源地，通过控制一些关键核心技术和关键产业，在数字经济领域始终处于优势地位。美国的数字经济呈现蓬勃活力，无论是产业规模、产业链完整度还是技术先进性，都处于全球前列。2021年美国数字经济规模达到15.3万亿美元，蝉联世界第一。2016~2021年，美国数字经济增长率平均为6.7%，高于经济增长率3个百分点左右。近年来，美国将推进数字经济发展作为经济发展的重点，并不断强化数字技术创新和数字化转型，以谋求国家竞争发展

第一章　数字经济理论与数字经济发展

的新优势,通过一系列发展战略和政策规划强化其数字产业的优势地位。

一是前瞻部署顶层战略,率先布局数字经济关键领域。1993年美国开始建设"信息高速公路";2016年开始人工智能研发战略计划;2018年实施5G Fast战略;2020年实施未来先进计算生态系统和云计算战略计划;2021年推出美国创新与竞争法案;2022年实施量子信息科学和技术劳动力发展国家战略计划。

二是重视先进技术研发,巩固数字技术创新优势。美国政府非常注重数字新兴产业的前沿性、前瞻性研究,通过政策战略、资金投入、机构设置等方式,积极推进芯片、人工智能、5G通信及下一代通信、先进计算机等数字技术研发。资金投入方面,2021财年预算中向人工智能、5G、微电子等关键领域投入70亿美元研究经费,2021年6月通过《2021年美国创新与竞争法案》,提出5年内向芯片、人工智能、量子计算、半导体等关键科技研究领域投入约2500亿美元预算。组织机构方面,美国注重根据具体需要灵活设置政府机构,作为技术研究和决策过程中与私营部门、学术界和其他利益相关者进行协调和协作的中心枢纽[1]。

三是发展先进制造,推动实体经济数字化转型。制造业被视为美国创新能力的核心。为大力支持国内先进制造业振兴,使美国在先进制造领域居于全球领先地位,其重大举措就是建设由45家制造业创新中心组成的国家制造业创新网络(NNMI),汇聚公私各方力量,发展颠覆性技术,加快先进制造技术商业化和劳动力培养,"确保下一轮制造业革命发生在美国"。实施综合性的制造业与创新战略,增加3000亿美元研发资金和4000亿美元联邦采购资金,以第二次世界大战后前所未有的方式整合联邦资源和各种政策手段,以增强美国先进工业实力[2]。

---

[1] 黄梁峻:《美国:着眼全球市场力促数字经济发展》,载《北京数字经济发展报告(2021~2022)》,社会科学文献出版社,2022。

[2] 赵志耘、刘润生:《2020年的美国科技:新冠肺炎疫情、大国竞争和政府更迭下的科技政策》,载《美国研究报告(2021)》,社会科学文献出版社,2021。

2. 德国模式：重视集群平台建设赋能产业数字化

德国作为全球经济强国，最先提出了工业4.0的概念，成立了智能技术系统网络联盟，输出数字化解决方案，带动各领域企业数字化升级，产业数字化得到迅速发展，智能制造领先全球。2022年，德国数字经济规模为2.9万亿美元，成为全球仅次于美、中的第三大数字经济体。2022年，德国数字经济行业营收首次突破2000亿欧元大关，预计2023年将再度增长3.8%，营收达到2034亿欧元。在各子行业中，预计智能手表等智能穿戴设备销售将增长15.3%，软件销售增长9.3%[①]。

一是率先改善数字基础设施。2014年，德国推出《数字议程2025》，旨在加强数字基础设施；2017年，数字德国网络联盟发布了《面向未来千兆德国》，为2025年在全德国范围内建成千兆融合网络制定了具体规划和路线图，尤其重视作为工业4.0的支撑的5G建设，通过加快5G商业化，促进5G技术研发和启动5G城市竞赛等方式，打造5G技术领先市场。

二是重视发展数字技术。2016年3月，德国发布《数字战略2025》，以广泛全面的促进措施帮助企业实现"工业4.0"；2019年2月，发布《国家工业战略2023》，扩大政府产业扶持范围，重点向高端制造业和前瞻性高新技术行业倾斜。希望通过提高数字创新能力，让德国成为信息与通信领域的全球领跑者。其所采取的具体措施包括加大扶持数字初创企业力度、对工业尤其是中小企业进行数字化改造和资助应用型研究等；重点关注的技术领域包括应用和软件领域的人工智能、安全技术、数字识别和区块链，基础设施与硬件领域的通信系统与网络、计算中心和云设施、高速及量子计算机、微电子与纳米电子，以及数字平台技术等。并掀起"数字教育宪章"运动，将数字教育纳入普通教育体系，培养数字人才，打造数字技术发展生态。

三是重视建立数据平台和数据仓库。数据平台是数字经济的中心，是连接数字基础设施和数字服务与运用的重要桥梁。德国建立数字机构，搭建数字技能池，支持数字议程，持续建设数字化能力，构建从内容、服务和应用

---

① 《德国数字经济产业保持快速增长》，中国国际贸易促进委员会，2023年2月9日。

层面到互联乃至设备及用户分析的整体数字化价值链。德国不仅非常重视数据平台建设，而且率先在位于被称为"欧洲硅谷"的德国城市德累斯顿的德累斯顿应用技术大学建设欧盟领导的数据仓库项目，数据仓库及决策支持系统已经应用于德国的电信、能源、医疗、政府财政和税务等部门。

四是高度重视"数字主权"。面对数字化浪潮的挑战和中美在数字经济领域的优势地位，德国出于国家与经济安全考虑，将"数字主权"置于国家治理的优先地位进行考量。2018年德国颁布了《德国联邦数据保护法》和《欧洲一般数据保护条例》。互联网时代全球产业链早已融为一体，德国不追求掌握数字经济各个环节，而是致力于利用自身比较优势，采取各种手段捍卫"数字主权"，确保本国在数字领域不对外过度依赖。

五是实行"中小企业数字化"计划创造新商业模式。通过"中小企业数字化"计划帮助中小企业适应数字化，稳固现有的市场地位并开拓新的市场；在"中小企业4.0—数字化生产和加工流程"资助项目下，设立专门针对手工业的技术中心；在Godigital项目下为信息技术安全、网络营销和数字化业务流程的中小企业尤其是手工企业提供资金支持；在"go-Inno"项目下，为员工不足100人的企业提供咨询费50%的资助。此外，启动"中小企业数字化运动"，核心是中小企业数字化投资项目，在2018年前投入10亿欧元，现有的"中小企业核心创新项目（ZIM）"和"工业社区研究（IGF）"等中小企业创新项目也将分别增资7亿欧元和2亿欧元。

3. 英国模式：以"数字政府"建设促进数字经济发展

曾经是工业革命领导者的英国先后诞生了"人工智能之父"艾伦·图灵和"互联网之父"蒂姆·伯纳斯·李，积极推出了《数字英国》《数字经济战略（2015-2018）》《英国数字战略》等战略计划，对打造世界领先的数字经济和全面推进数字化转型作出全面而周密的部署。近年来，英国政府全力推进数字政府建设从"服务数字化"到"数字服务化"的转变。2021年，英国数字经济规模达到2.17万亿美元，成为仅次于美、中、德、日的第五大数字经济体。

一是重视"数字政府"建设。自2017年出台《数字发展战略》之后，英国政府推出了与之相配套的《政府转型战略（2017—2020）》，对建设数字政府作出了进一步规划。此后，英国政府又出台了《公共服务标准》，为完善数字政务服务的用户体验和满意度设置了14条标准。最新的《政府数字服务：2021-2024年战略》宣布，政府将建立适用于所有人的单一数字身份，推出在线政务服务的单点登录方案，归口线上政府服务至单一平台。

二是布局人工智能产业。英国先后发布了《产业战略：人工智能领域行动》《国家计量战略实施计划》等一系列战略行动计划来支持人工智能产业的发展。2021年，英国还发布了《国家人工智能战略》，计划未来10年将以更大力度推动人工智能商业化进程。

三是激发创意和保护知识产权。英国计划到2025年把用于人工智能、下一代半导体、数字孪生、自主系统和量子计算等领域的公共研发支出增加到200亿英镑。同时，允许英国创作者通过流媒体与数字平台建立联系并产生新的收入来源，实施创意产业税收减免政策，促进数字媒体领域的创新。

四是重视人才培育和引进。英国政府致力于吸引全球优秀人才到英国发展。除了为数字经济企业提供的综合签证方案之外，英国还计划实施一项面向高级人才的无担保科技类"精英签证"，以帮助初创和快速发展的科技公司从海外招聘人才。

五是推动数字经济立法，保障数字技术安全，保护数字知识产权并确保治理体系的公平公正。

除此之外，全力推进"数字新政"、依托电子信息制造产业优势强化数字基础设施建设的日本模式，探索公共数据开放运用的韩国模式，依赖于大量的科技人才和IT服务业成为数字大国的印度模式，均可成为中国及区域发展数字经济可资借鉴的典型模式。

第五节　高质量发展背景下的中国数字经济发展

自2017年"数字经济"首次被写入政府工作报告，党的十九大报告提出建设数字中国，党的二十大报告再次提出加快发展数字经济，促进数字经济和实体经济深度融合，打造具有国际竞争力的数字产业集群，中国数字经济以惊人的速度加快发展，成为稳增长促转型的主要引擎，并成为加快赋能新质生产力、推进中国经济高质量发展和中国式现代化进程的主要驱动力量。

一　中国数字经济发展

据中国信息通信研究院发布的《中国数字经济发展研究报告（2023年）》，2022年中国数字经济正在进一步向做强做优做大方向迈进[①]。

1. 数字经济规模突破50万亿元，总量稳居全球第二

近年来，中国数字经济规模迅速壮大，从2012年的11万亿元增加到2022年的50.2万亿元，数字经济总量稳居全球第二，形成了较为完善的产业体系和产品链条，创造出超大规模市场和海量数据资源，积淀了丰富的应用场景和相关人力资本，在数据基础设施建设、数据资源体系、数字政务、数字城市建设、工业互联网和物联网用户数等方面处于世界前列。截至2022年底，中国累计建成5G基站231.2万个，用户达5.6亿个，在全球的占比均超过60%；数据产量8.1ZB，同比增长22.7%，全球占比10.5%，位居全球第二；全国一体化政务数据共享枢纽发布数据资源1.5万类；全国110个城市达到千兆城市建设标准，千兆光网覆盖家庭户达到5亿户；工业互联网已覆盖工业大类的85%以上，标识解析体系全面建成，重点平台连接设备超过8000万台（套），移动物联网终端用户数达18.5亿户，成为世界首个实现"物超人"的国家。

2. 数字经济名义增长率高于同期GDP增长率

中国数字经济增长率连续11年显著高于同期GDP增长率，2012~2021年，数字经济名义增长率为22.5%，高出同期GDP名义增长率（10.4%）

---

① 中国信息通信研究院：《中国数字经济发展研究报告（2023年）》，https://www.xdyanbao.com/doc/9eab46dm6z?bd_vid=5464833195128649449。

027

12.1个百分点[①]。其中，2018年名义增长率为20.9%，超出GDP增长率14.1个百分点；2019年名义增长率为15.6%，超出GDP增长率7.9个百分点；2020年名义增长率为9.7%，超出GDP增长率6.7个百分点；2021年名义增长率为16.2%，超出GDP增长率3.4个百分点；2022年名义增长率为10.3%，超出GDP增长率7.2个百分点。目前，数字经济增加值占GDP比重超过2/5。

3. 数字经济增加值占GDP比重超过40%，成为经济稳增长促转型的重要引擎

中国数字经济增加值占GDP比重从2012年的21.6%迅速提高到2022年的41.5%（见表1-1），超过第二产业增加值占国民经济比重1.6个百分点，成为中国经济稳增长促转型的重要引擎。

表1-1 2018~2022年中国数字经济增长状况

单位：万亿元，%

项目	2018年	2019年	2020年	2021年	2022年
规模	31.3	35.8	39.2	45.5	50.2
名义增长率	20.9	15.6	9.7	16.2	10.3
占GDP比重	34.8	36.2	38.6	39.8	41.5

资料来源：根据中国信息通信研究院2019~2021年《中国数字经济发展白皮书》、《中国数字经济发展报告（2022年）》、《中国数字经济发展研究报告（2023年）》整理。

4. 数字经济内部呈现稳定的"二八结构"特征，产业数字化成为拉动数字经济增长的主导力量

从数字经济两大构成看，中国数字经济内部呈现明显的且稳定的"二八结构"特征，产业数字化占比稳步提升，为数字经济高质量发展输出强劲动力，数字产业化趋于微降。2018~2022年，产业数字化占数字经济的比

---

① 江小娟：《立足数字中国建设整体布局，加快数字经济高质量发展》，《中国网信》2023年第3期。

重从79.6%提高到81.7%，增加了2.1个百分点，数字产业化从20.4%下降到18.3%，减少了2.1个百分点（见表1-2）。

表1-2 2018~2022年中国数字经济内部结构变化

单位：%

项目	2018年	2019年	2020年	2021年	2022年
产业数字化占比	79.6	80.2	80.9	81.6	81.7
数字产业化占比	20.4	19.8	19.1	18.4	18.3

资料来源：根据中国信息通信研究院2019~2021年《中国数字经济发展白皮书》、《中国数字经济发展报告（2022年）》、《中国数字经济发展研究报告（2023年）》整理。

5. 数字经济产业渗透率呈现"三二一"特点，形成二、三产业共同驱动发展的格局

2018~2022年，中国第一、二、三产业数字经济渗透率分别从7.3%、18.3%、35.9%提高到9.1%、24.7%、45.7%。其间，第一产业渗透率提高了1.8个百分点，第二产业提高了6.4个百分点，第三产业提高了9.8个百分点，基本形成第三产业和第二产业数字化共同驱动发展格局（见表1-3）。

表1-3 2018~2022年中国数字经济产业渗透率

单位：%

产业	2018年	2019年	2020年	2021年	2022年
第一产业	7.3	7.5	8.0	8.6	9.1
第二产业	18.3	23.5	24.1	24.3	24.7
第三产业	35.9	39.4	43.9	45.3	45.7

资料来源：根据中国信息通信研究院2019~2021年《中国数字经济发展白皮书》、《中国数字经济发展报告（2022年）》、《中国数字经济发展研究报告（2023年）》整理。

6. 数字经济全要素生产率显著高于同期整体国民经济生产效率，第三产业成为全要素生产率增长的关键力量

数字经济全要素生产率从2012年的1.66上升到2022年的1.75，生产

率水平和同比增幅都显著高于同期整体国民经济生产效率。分产业看，第一产业数字经济全要素生产率小幅上升，第二产业先升后降，第三产业大幅提升，成为驱动数字经济全要素生产率增长的关键力量[1]。

二 数字经济促进经济高质量发展的实践经验

从数字经济对我国经济增长的贡献率和促进经济增长的途径来分析认识数字经济发展在促进经济高质量发展方面的作用和意义。

1. 数字经济成为推动经济增长的重要引擎

一是数字经济对经济的贡献率不断提升。2014~2022 年，数字经济对中国经济增长的贡献率均在 50% 以上，2022 年更是超过 70%，达到 73.6%，数字经济成为推动中国经济增长的重要引擎。二是数字经济对经济复苏有重要意义。2022 年中国 GDP 增长 3%，但是信息传输、软件和信息技术服务业增加值同比增长 9.1%，有力地支撑了经济增长。从世界经济来看亦是如此，2020 年全球 GDP 下降 3.3% 左右（IMF 数据），但是全球数字经济在 2020 年同比增长了 2.5%，有力地支撑了经济增长[2]。

2. 数字经济成为践行新发展理念的重要推动力

创新、协调、绿色、开放、共享的新发展理念，也直接规定了高质量发展的基本内涵和方向。

一是数字经济在促进创新发展方面表现尤为明显。第一，科研经费支出大幅度增长。2023 年研究与试验开发（R&D）经费支出 33278 亿元，比上年增长 8.1%，占国内生产总值比重为 2.64%[3]。第二，数字经济专利创新呈现蓬勃发展态势。2022 年国内数字经济核心产业发明专利授权量达到 29.6 万件，占国内发明专利授权总量的 42.6%。自 2016 年起，年均增速

---

[1] 中国信息通信研究院：《中国数字经济发展研究报告（2023 年）》，https://www.xdyanbao.com/doc/9eab46dm6z?_bd_vid=5464833195128649449。

[2] 龚六堂：《新时代数字经济发展成就与机遇展望》，《人民论坛》2023 年第 17 期。

[3] 国家统计局：《2023 年国民经济和社会发展统计公报》。

为 22.6%，是同期国内发明专利授权总量年均增速的 1.5 倍。① 第三，数字技术创新能力快速提升。中国人工智能、云计算、大数据、区块链、量子信息等新兴技术跻身全球第一梯队。第四，在全球创新指数排名中，中国从 2015 年的第 29 位跃升到 2022 年的第 11 位，② 并成为全球最大的专利申请来源国。

二是在协调发展方面，数字经济通过加速消费市场提质扩容、助力产业结构优化升级、提高生产要素配置效率等方面加快促进区域协调发展，为后发地区、企业提供了"变道超车"的新机遇。

三是在绿色发展方面，数字经济的"去物质化""轻资产"特征有助于减少社会经济活动的物质消耗量，进而减少生产这些物质的能源消耗，数字经济可以减少工业污染，并通过和其他产业融合催生新模式、新产品，推动工业产业生态化可持续发展。

四是在开放发展方面，数字企业能够通过开放式创新、数据开放等方式，从技术层面构建更为开放的创新生态，使跨境电商与数字贸易成为国际贸易的新模式。

五是在共享发展方面，共享单车、共享汽车、共享房屋、共享办公等共享经济的发展都是数字经济体现共享发展的缩影，数字经济还通过促进公平竞争、降低交易成本、减少信息不对称等方面促进共享发展。

3. 数字经济为加快构建新发展格局提供新动能

在构建新发展格局方面，数字经济可以促进国内外贸易发展。

一是数字经济赋能国内市场消费扩容提质。第一，带动国内消费品零售总额保持较快增长态势，2023 年中国社会消费品零售总额达到 47.1 万亿元，同比增长 7.2%，最终消费支出拉动经济增长 4.3 个百分点，比上年提高 3.1 个百分点，对经济增长的贡献率是 82.5%，提高 43.1 个百分点，消费的基础性作用更加显著，消费重新成为经济增长的主动力。第二，数字经

---

① 赵艳艳：《我国数字经济核心产业发明专利呈蓬勃发展态势》，光明网，2023 年 11 月 9 日。
② 李军凯：《保护知识产权就是保护创新》，《光明日报》2022 年 10 月 13 日。

济带动网上零售规模不断增长。2023年,中国网络零售额15.4万亿元,增长11%,连续11年成为全球第一大网络零售市场。其中,实物商品网络零售额占社会消费品零售总额比重增至27.6%,创历史新高。绿色、健康、智能、"国潮"商品备受青睐,国产品牌销售额占重点监测品牌比重超过65%;在线服务消费更多元,在线旅游、在线文娱和在线餐饮销售额增长强劲,对网络零售增长贡献率达到23.5%。第三,数字技术的发展促进电子支付和移动支付体系不断完善,为消费扩容升级提供了有力支撑。中国人民银行发布的2023年支付体系运行总体情况显示,2023年我国完成电子支付业务2961.63亿笔,金额3395.27万亿元,同比分别增长6.17%和9.17%。其中,移动支付业务1851.47亿笔,金额555.33万亿元,同比分别增长16.81%和11.15%。

二是数字经济有力地支撑了进出口的高质量发展。得益于科技创新、场景创新、数字化技术设施迭代升级,对外贸易不断提质升级,新动能持续激发。第一,出口新动能进一步增强。据海关统计,2023年进出口总值41.8万亿元,出口23.8万亿元,装备制造业出口额占我国出口总值的比重提升到56.6%,其中电动载人汽车、锂离子蓄电池和太阳能电池"新三样"产品合计出口1.06万亿元,首次突破万亿元大关,增长了29.9%。汽车出口量连续跨越400万辆、500万辆两个百万级台阶,同比增长57.4%;其中,电动载人汽车全年出口177.3万辆,增长了67.1%。船舶出口增长35.4%,造船完工量、新接订单量、手持订单量三大指标全球领先,相关产品出口增长66%,拉动我国出口整体增长1.5个百分点。第二,服务贸易规模创历史新高。2023年,服务贸易总额6.6万亿元,同比增长10%,其中,知识密集型服务进出口总额2.7万亿元,同比增长8.5%;旅行服务进出口1.5万亿元,同比增长73.6%。第三,跨境电商已经成为全球贸易新势力。2023年中国跨境电商进出口总额2.4万亿元,增长15.6%。参与跨境电商进口的消费者人数也在逐年增加,2023年已达1.63亿人。

第六节　数字经济赋能新质生产力发展的理论基础与实现路径

新质生产力是由技术革命性突破、生产要素创新性配置、产业深度转型升级而催生的当代先进生产力，它以劳动者、劳动资料、劳动对象及其优化组合的质变为基本内涵，以全要素生产率提升为核心标志。数字经济赋能新质生产力是指数字经济因其显著的乘数效应和创新引擎作用，被认定为新质生产力的核心生产要素。

一　数字经济赋能新质生产力的理论基础

无论是按照生产资料优先增长理论还是迂回生产理论，数据作为新型生产要素和重要战略性资源，通过与其他生产要素协同联动并渗透生产、分配、流通、消费各环节，将显著促进生产资料的提质升级，优化产业结构，提升全要素生产率，进而引发生产力的跃迁和经济全场域的颠覆性变革。因此，需要系统梳理数字经济赋能新质生产力发展的理论基础，筑牢新质生产力形成的要素根基[①]。

1. 数字经济可以催生新型劳动者

数字经济时代，劳动者可以更加便捷地获取新知识、学习新技能，有助于不断提高素质与技能水平。并且，数字经济催生了大量新兴职业，为劳动者提供了充足的就业机会和广阔的发展前景，也为发展新质生产力培育了掌握新科技、拥有新技能的新型劳动者。

一是数字经济催生新型劳动主体。数字经济时代的生产力要素主体突破"人"的边界，扩展为人与人工智能相适应的现实与虚拟双劳动主体，并提升劳动技能，从而推动劳动力结构向高级化发展。

二是数字经济有效提升劳动者技能，提高劳动边际产出和内涵再生产水

---

① 秦开强、杨洋：《数字经济赋能新质生产力发展》，《光明日报》2024年3月19日。

平。数据要素驱动下的劳动相较于传统简单劳动，更加彰显创造性、高级性的复杂性劳动特征，在同等劳动时间内能推动更大规模的物质要素运行，从而大大提升劳动生产率，促进生产力"质"的提升。

三是数字经济能够催生新型劳动形式。数字经济衍生高附加值就业新形式"零工经济"模式下的新型自由职业者，拓展了劳动主体边界。

2. 数字经济可以催生新质劳动资料

云计算、大数据、人工智能等新一代信息技术使劳动资料实现智能化升级、生产过程更加高效精准，在劳动资料更新和生产过程优化的动态调整中，数字经济为发展新质生产力提供了迭代更新的劳动资料。

一是数据和数字平台作为数字经济的新型生产工具，能贯穿链式生产和决策的全流程，优化资源配置，提升劳动资料使用效率，优化生产要素组合结构。

二是数据要素同数智技术交互，在以规模化扩张和全景式应用颠覆革新以传统机械为主的生产工具，在促进传统设备和制造工艺数智化改造升级的同时，还将原有的研发设计、生产组装等环节进行解构、重组，驱动企业从"串行生产"的线性分工到"并行制造"的网络化分工的转型，激发架构创新和模块化生产，从而不断焕新劳动工具和生产模式。

三是数据资源及集成平台作为支撑创新活动的核心要素，能催生数字网络通信技术、高端智能设备等富含先进技术与绿色创新特质的新型劳动工具，进而激发企业生产和运作模式的创新及数智化、绿色化变革，有效延伸和更新传统产业链条，推动传统产业的转型升级。

3. 数字经济可以孕育新型劳动对象

数字经济时代，数据成为关键生产要素，促进了跨界融合和创新发展，使产业界限更加模糊，劳动对象的范围得以延展，进而为新质生产力提供了更广阔的发展空间。

一是数据作为新型劳动对象参与到物质生产和价值创造过程中，通过多场景应用和多主体复用，能突破并重构传统的生产空间，创造多样化的价值增量，催生数字化新领域，拓展经济增长新空间。

二是数据要素的嵌入使劳动对象从实体的自然物逐步升级为"自然物+人造自然物+虚拟的数字符号物"，日益呈现数智化特征。与此同时，高新技术基于数据要素的支撑，还能对传统劳动对象加以绿色化改造，创新出绿色合成材料，并加快新能源的发掘及其对传统能源的替代使用，进而催生一系列绿色新业态，加快形成绿色低碳的现代化产业体系。

二 数字经济赋能新质生产力发展的实现路径

数字经济作为新一轮科技革命和产业变革的重要驱动力量，已经成为推动新质生产力发展的重要引擎。理论界对数字经济赋能新质生产力发展的实现路径，也从多角度予以了阐述。

1. 着眼生产力三要素，增强新质生产力新要素支撑力

一是以数字技术突破为抓手，增强新质生产力发展驱动力。第一，加快数字技术基础设施建设。进一步加快以5G、光纤宽带、工业互联网、数据中心等为代表的数字信息基础设施建设，促进东西部算力高效互补和协同联动，引导通用超算中心、智能计算中心、边缘数据中心等合理梯次布局，整体提升应用基础设施水平，加强传统基础设施数字化、智能化改造。第二，要加快完善数据要素市场，推进数据确权体系建设，加快出台数据确权方面的制度办法，推动数据要素开放共享。第三，要加强和优化数字技术突破与供给。针对国家战略需要，聚焦大数据、云计算和人工智能等前沿领域部署国家重大科技项目，加大对中长期研发周期的支持力度，鼓励并保护原创性数字技术创新成果。打造国家实验室体系，构建高水平数字创新平台，推动重大研究项目和关键技术攻关。第四，持续开展大数据产业发展示范，支持各类经营主体探索数据利用模式，加强数据交易流通、开放共享、安全认证、工业数据资产登记等制度规范的研究制定，加快培育数据要素市场，扎实推进数据高效流通，赋能产业发展。

二是以拔尖创新人才培养为基础，筑牢新质生产力发展根基。加强产教融合，促进数字人才培养与产业需求之间的有效衔接，构建基于企业实际需

求的数字化人才培育方案，鼓励引导更多企业开展人工智能、大数据、区块链等技术的相关培训，推动社会人力资源的数字化升级。

三是加快数字劳动资料迭代升级。加强人工智能、大数据、物联网、工业互联网等数字技术融合应用，大力推广应用数字化、网络化、智能化生产工具，加快建设数字化车间和智能制造示范工厂。

2. 着眼战略性新兴产业，打造新质生产力发展新优势

战略性新兴产业是激发数字技术发展潜力和打造新质生产力核心优势的重要载体。在积极构建产学研深度融合的技术创新体系的前提和基础上。坚持服务于国家战略需要，以企业为主体、市场为导向、基础研究创新成果为依托，着力布局战略性新兴产业。

一是加快信息基础设施建设，发展集成电路、新型显示和高端服务器等核心基础产业。推动发展人工智能产业，加强核心算法研究，并将其与新能源汽车、电子商务、金融和医药等多领域结合，推动战略性新兴产业全面开花。

二是加强战略性新兴产业集群和产业园区建设，构建各具特色且优势互补的战略性新兴产业体系。数据是算力算法的基础，算力算法发展又为数据网络更新提供动力与支持，要大力推进数字产业集群建设，利用产业间溢出效应实现产业升级，巩固优势产业领先地位。

3. 着眼未来产业前瞻性布局，抢占新质生产力发展先机

对未来产业进行前瞻性布局规划，是抢占新质生产力发展先机的主要抓手。把握科技创新与市场需求趋势，根据不同地区的资源禀赋、产业基础以及科研条件的差异化特征，有针对性地设计未来产业发展蓝图，构建起全国各区域协调发展、重点培育且优势互补的产业链条，畅通数字技术研发、转化、应用渠道，打造一批未来产业先导区，打造具有国际竞争力的数字产业集群[①]。

---

① 盖凯程、韩文龙：《数字经济：新质生产力发展的不竭动力》，《中国社会科学报》2024年3月27日。

4. 着眼加快数实融合发展，助力新质生产力新产业新业态形成

一是培育壮大数字经济核心产业。利用数字技术的溢出效应和网络协同效应，拓展数字技术的应用范围和场景，在人工智能、大数据、电子信息等领域打造一批具有国际竞争力的数字产业集群。

二是加快推进产业数字化。以智能制造、智能家电、数字安防等产业为代表，利用数字技术促进产业链上下游的全要素数字化升级、转型和再造，将产品研发、生产、销售等过程与数字经济深度融合，增强数字产业链关键环节竞争力，推动传统产业尤其是制造业生产方式、组织方式的数字化转型和智能化升级，优化市场供需匹配机制，提高资源配置效率，铸造产业发展的新动能新优势。

三是推动现有业态和数字业态跨界融合。探索跨界融合过程中出现的生产消费新环节、新链条、新模式，加快发展智慧零售、智慧交通、智慧家居、智慧教育等新业态，促进新质生产力新业态发展，更好地满足和创造新需求。

5. 着眼数字化变革赋能社会全方位发展，助力新质生产力发展环境优化

一是建设智能高效数字政务。加快推进数字政务制度规则创新，推进政务数据有效共享、政务高效协同。统筹部署一体化政务系统建设，推进技术融合、业务融合、数据融合，加强政府数字化履职能力建设，提高公共服务在线服务效率。

二是建设普惠便捷数字社会。统筹推进智慧城市、数字乡村、智慧社区和家庭建设，满足多层次、个性化生活需求。运用数字技术为公共安全、城镇化管理、基层治理等提供高效支撑，提高数字社会治理效能，提升全民数字素养与技能。

第二章
甘肃数字经济总体发展水平评价

随着全球数字化的加速推进，数字经济已成为推动经济增长、促进产业升级的重要力量。近年来，习近平总书记关于"不断做强做优做大我国数字经济"的系列重要讲话、论述和国家陆续出台的《网络强国战略实施纲要》《数字经济发展战略纲要》《"十四五"数字经济发展规划》《"十四五"国家信息化规划》《"十四五"大数据产业发展规划》等战略规划，表明推进数字经济发展已成为事关国家发展全局的重要战略。

第一节 甘肃数字经济发展进程、政策体系建设和成效

甘肃作为我国西部重要省份，积极响应国家号召，抢抓数字经济发展机遇，将数字经济作为推动经济社会发展的新动能，通过制定实施一系列有关数字经济政策扶持、基础设施建设、产业布局等全方位措施，推动数字经济蓬勃发展。

一 甘肃数字经济发展历程

1. 起步阶段（2010年以前）

在"十三五"之前，甘肃数字经济发展处于起步阶段，主要聚焦于信息基础设施建设和数字技术的初步应用。网络基础设施的逐步完善，特别

是移动通信和宽带网络的快速发展，为数字经济的起步奠定了坚实基础。

2. 加速发展阶段（2011~2020年）

进入"十三五"时期，甘肃数字经济发展进入加速阶段。政府出台了一系列政策措施，推动数字经济与实体经济深度融合。信息基础设施建设取得显著成效，数据中心、云计算、大数据等新型基础设施建设加快，数字经济产业体系初步形成。

3. 全面提升阶段（2021年至今）

2021年至今（截至2023年底），甘肃数字经济发展进入全面提升阶段。其间甘肃于2021年制定发布了"十四五"时期甘肃数字经济发展的纲领性文件《甘肃省"十四五"数字经济创新发展规划》，明确了"十四五"期间数字经济发展的总体目标、主要任务和政策措施；随着2021年12月国家发展改革委等四部委批复同意甘肃省启动建设全国一体化算力网络国家枢纽节点，甘肃省正式启动全国一体化算力网络国家枢纽节点建设，实施"东数西算"工程，将数字经济发展推向了新阶段；其间甘肃在数字经济数字基础设施建设、推动数据要素市场培育、推动数字产业发展、推进产业数字化转型、促进政府数字化建设、推动数字技术与社会各行业各领域融合如智慧城乡等各方面进入全面提升发展阶段。

2021年，甘肃省政府办公厅发布了《甘肃省"十四五"数字经济创新发展规划》，为未来五年数字经济的发展制定了明确的目标和路径，规划强调了加快新一代网络基础设施建设，包括5G网络、大数据中心、人工智能等，以推动数字经济与实体经济深度融合。网络基础设施升级方面：2021年，甘肃省网络基础设施建设步伐继续加快，全省移动通信基站数量持续增加，4G基站数量占比接近60%，同时5G网络覆盖范围逐步扩大，兰州建成西北第二大信息通信网络枢纽，提升了与全国其他核心节点城市的互联互通能力。数据中心建设方面：2021年，甘肃省继续统筹布局大数据中心建设，推动数字化基础设施建设实现跨越式发展，多个大型数据中心投入运营，如金昌紫金云大数据中心、丝绸之路西北大数据产业园数据中心等。数字产业发展方面：2021 年，甘肃省加大数字经济招商引资力度，吸引了一批互联网龙头和新锐企业落地甘肃，如金山云、猪八戒网等，为数据信息产业发展注入新活力。产业园区建设方面：2021 年，甘肃省数字经济产业园区建设加快推进，如兰州电子商务孵化园、中科曙光甘肃先进计算中心等。

2022 年，甘肃出台了一系列数字经济发展配套政策，如《甘肃省"上云用数赋智"行动方案（2020—2025 年）》，支持企业数字化转型。数字技术与实体经济融合方面：鼓励利用新一代数字技术开展农业生产经营、工业智能制造、服务业数字化转型等，推动数字经济与实体经济深度融合。农业数字化稳步推进，农村电商蓬勃发展，工业数字化项目如兰石集团的"兰石云"工业互联网平台得到推广。数字政务体系建设方面：数字政务平台建设获得长足发展，政务服务便利化程度显著提升，甘肃政务服务网网上可办率由 66.90% 提升至 92.68%。建成"甘快办"移动端服务平台，实现政务服务事项的"一网通办"和"掌上办""指尖办"。人才培养与引进方面：实施"数字人才计划"，将数字经济高层次人才纳入全省急需紧缺高层次人才引进计划，支持国内外知名高校、科研院所在甘肃设立分院（所）。

2023 年，甘肃实现全省城区 5G 网络全覆盖，新一代网络基础设施基本建成。数字经济规模扩大：2023 年上半年，软件和信息技术服务业增加值同比增长 16.1%，有关统计分析表明，到 2023 年底，甘肃省数字经济规模将进一步扩大，为全省经济发展提供新动力。数据要素市场培育方面：2023 年甘肃省着力推动数据要素市场培育，提高数据资源的利用效率和价值，支持数据交易和流通，有效地促进了数字经济创新发展。智慧城市建设方面：2023 年甘肃省智慧城乡、智慧交通、智慧文旅、智慧教育、智慧医疗等领域取得显著进展，推广发展云医院、在线医生业务等智慧医疗应用，互联网医院由最初 2019 年的 5 家增长到 2023 年的 23 家。区域协同发展方面：2023 年甘肃省在数字经济建设中致力充分发挥兰州数字经济引领带动作用，在全省"一核三带"区域发展新格局中彰显兰州中心城市的数字化带动效应。其他市州立足特色产业和资源禀赋走差异化发展道路，构建具有比较优势的良性竞争格局。

二 甘肃数字经济发展成效

1. 基础设施建设成效显著

在信息基础设施建设方面，截至 2023 年底，甘肃省已实现城区 5G 网络全覆盖，移动通信基站数量达到 22.4 万个，其中，5G 基站占比为 25.90%。5G 网络人口覆盖率显著提高，行政村光纤宽带和 4G 网络覆盖率达到 99%以上。兰州建成西北第二大信息通信网络枢纽，互联网出省带宽达到较高水平。在数据中心建设方面，作为全国一体化算力网络国家枢纽节点，庆阳数据中心集群已成为全国重要的算力保障基地之一，吸引了众多数字经济企业入驻。全省数据中心机架总数大幅增长，绿色集约大数据集群初步形成。

2. 产业体系不断完善

在数字产业发展层面，金山云、猪八戒网、有牛网等一批互联网龙头和新锐企业落地甘肃，为数字产业发展注入新活力。同时，传统产业数字化转型加速推进，农业、工业、服务业等领域数字化应用不断深入。在数字产业集群形成层面，通过加强政策引导、推动协同创新，甘肃省数字经济产业集群正逐步形成。如庆阳市作为数字经济发展的重要基地，吸引了大量数字经济企业入驻，形成了包括数据中心、算力调度平台、配套设施等在内的大数据产业集群完整产业链。

3. 技术创新能力不断提升

从研发投入与人才引进角度看，甘肃省高度重视研发投入和人才引进工作。政府和企业共同加大在关键技术、核心产品研发上的投入，推动数字经济技术创新。同时，通过出台一系列优惠政策，吸引国内外高端人才来甘发展，为数字经济技术创新提供了坚实的人才支撑。从创新平台与成果转化角度看，甘肃省积极构建数字经济创新平台，包括创新实验室、技术研发中心、创新孵化器等，为中小企业和创业团队提供技术支持和孵化服务。此外，还建立了较完善的科技成果转化机制，推动科技成果从实验室走向市场，转化为现实生产力。

4.社会经济效应显著

数字经济已成为甘肃省经济增长的重要引擎。近年来，随着数字经济产业的快速发展，其增加值占GDP的比重逐年上升，对经济增长的贡献率显著提高。按规划要求，到2025年甘肃省数字经济规模总量将突破5000亿元，数字经济增加值占GDP的比重将上升15个百分点。同时，数字经济还带动了相关产业的发展，形成了良好的产业生态。数字经济的发展促进了就业结构的优化。一方面，数字经济产业本身创造了大量就业机会，吸纳了大量高素质人才；另一方面，传统产业的数字化转型也催生了新的就业岗位，提高了就业质量。社会服务数字化明显加快，智慧医疗、智慧教育、智慧交通等项目的实施，为民众提供了更加便捷、高效的服务体验。同时，数字技术在应急管理等方面也发挥了重要作用。

第二节 甘肃数字经济发展水平评价指标体系和方法

科学合理评价甘肃省数字经济发展水平，一是可以清晰地掌握甘肃省数字经济发展的实际状况，包括基础设施建设、数字产业化、产业数字化、数字化治理、创新能力等多个方面，从而明确甘肃省在数字经济发展中的优势和短板，为制定更加精准、有效的发展战略和政策提供依据；二是有助于识别传统产业升级的潜力和方向，推动制造业、农业、服务业等行业的数字化转型，提升产业附加值和竞争力，实现经济结构的优化升级；三是数字经济的核心在于创新，包括技术创新、模式创新、业态创新等，科学评价能够激励甘肃省加大研发投入，推动产学研深度融合，培育壮大数字经济领域的高新技术企业和创新型中小企业，形成以创新为主要引领和支撑的数字经济发展模式；四是通过科学评价，可以更加准确地把握数字经济发展的需求和趋势，引导政府、企业和社会各界合理配置资源，加大对数字经济关键领域和薄弱环节的投入，提升资源利用效率，促进数字经济持续健康发展。为此，本节在对数字经济基本理论和测度方法全面把握的基础上，结合甘肃数字经济发展条件和发展现状，选择设计了科学合理的甘肃省数字经济发展水平评价指标体系和方法，对甘肃省2019~2023年数字经济发展水平进行全面评估，力求准确评估反映甘肃省数字经济的发展趋势、发展成效、现状、特征和问题，为促进甘肃省数字经济进一步加快发展，尽快形成全方位、多领域的数字经济新质生产力提供思路方向和决策参考。

一 甘肃数字经济评价指标体系

1.国外相关数字经济评价指标体系构建的借鉴

在探讨数字经济发展水平评价指标体系构建理论的过程中，国外相关理论体系的研究成果为我们提供了丰富的参考和启发。OECD早在数字经济兴起初期，便推出了综合性的评价测度框架，致力于评估成员国在数字化转型过程中的综合表现。该框架涵盖了宽带基础设施、信息技术应用、电子商务和数字化创新等多个领域的核心指标。此外，该框架强调了数据的透明度，确保通过统一的标准和方法收集数据，提升国际比较的有效性和一致性。

本书将参考吸收国外成熟的数字经济发展水平评估测度理论，结合甘肃省实际情况，形成一套合理的甘肃省数字经济发展水平评价体系。通过对相关理论的筛选和本土化改造，为甘肃省提供一个量化分析框架，对其数字经济发展水平进行更准确地判定和评估。在此过程中，将注重把理论与甘肃省的特定社会经济环境结合起来，以便使模型能更好地适用于本地背景。同时，通过实际数据的收集和分析，本书还将进一步验证模型的适用性和有效性。

2.国内相关数字经济评价指标体系构建的借鉴

在探索甘肃数字经济发展水平的评估测度时，国内的相关研究提供了多种视角和方法论。这些研究不仅奠定了国内数字经济量化分析的基础，而且对地方性评价体系的构建具有重要的参考意义。目前，国内公开发布比较权威的数字经济评价指标体系主要有两种：一是中国信息通信研究院借助现有的信息化基础设施及其在新型数字产业的发展状态，设立了一套综合性的数字经济指数，该指数结合了网络基础、数据要素、创新环境和产业数字化四个方面的主要测量指标，这一指数旨在通过综合反映数字经济的覆盖面和深度，为政策制定者和研究人员提供一个量化参照；二是中国社会科学院提出的数字经济竞争力指数，该指数通过综合考量技术实力、产业生态、创新能力等多个维度，从竞争力角度给出地区数字经济的实力判断，它更侧重于评价技术进步带来的产业变革，以及这些变革如何推动经济增长和社会进步，此外，该指数还考虑了数字化发展对整体经济结构的影响，揭示数字技术对传统产业升级和经济效率提升的带动作用。此外，江苏、广东、上海、陕西、四川、广西等省区市相继推出本省区市数字经济发展水平评价报告，其数字经济评价指标体系设计中突出了本地区数字经济发展的特色和潜力方面的评估测度，关注通信基础设施、数字产业化应用、数字化转型成效、创新研发活动等方面的地方特征。

在测度方法上，国内学者普遍倾向于运用主成分分析（PCA）来降维处理综合指标，挖掘背后的关键因素，并运用层次分析法（AHP）来确定各指标的权重，确保评价结果具有相对公正与科学性。同时，熵权法在处理主观与客观指标权重结合上显示出独特的优势，能够客观反映各个指标在数字经济发展中的真实作用和贡献。

具体到甘肃省，构建适用于该省特点的数字经济发展水平评价体系，需要融入以上国内外优秀的评估测度理论，同时结合甘肃省实际情况进行适当的调整。

3. 甘肃数字经济评价指标体系的构建思路

从本书的研究视角和应用方向出发，要求能从评价要素的优劣变化追溯到下级具体指标的变动，以利于相关政策措施的精准优化调整，因此，本书甘肃数字经济评价指标体系的构建采用了从定性分析的角度明确数字经济内涵和评价构成要素，再将定性因素分解为具体量化指标的设计思路。

甘肃数字经济的主体基本评价构成要素主要体现为数字产业化发展水平、产业数字化发展水平和数字化治理水平。同时，从动态发展的视角来看，内生增长理论认为，资本投入和技术进步是推动经济长期增长的关键因素，因此，数字基础设施完善度、数字经济创新能力也应被视为评价数字经济发展的关键要素。综上所述，本书构建的甘肃数字经济综合发展水平评价指标体系由以下五方面的要素构成：数字化基础设施发展水平、数字产业化发展水平、产业数字化发展水平、数字化治理水平以及数字创新能力发展水平。

4.甘肃数字经济评价指标选取原则

具体指标选择依据相关理论研究和甘肃省实际情况，在兼顾科学性和实用性的前提下主要遵循以下基础原则：系统性和层次性、动态性和针对性、可比性和可操作性。

系统性和层次性原则要求指标体系能全面反映数字经济的多维度特征，并通过设定不同层级的指标，满足对数字经济各方面的综合评价需求。指标的选择需覆盖数字基础设施、数字产业化、产业数字化、数字治理、数字创新能力全部五项数字经济评价要素。同时，层次性的设计使指标体系既能够进行分项评估，又能合成为综合指数，对数字经济发展水平进行整体评价。

动态性和针对性原则保证了评价系统的时效性和针对特定经济发展阶段的适配性。这意味着在指标设置时不仅要考虑当前的数字经济发展状况，而且要预留空间适应未来技术发展和市场变化的可能性。根据甘肃省的经济特点和发展重点，特别关注那些能够反映地方特色和发展潜力的指标，如"两化"融合水平、数字治理在民生领域的发展等。

可比性和可操作性原则确保了指标体系不仅对政策制定者有指导价值，而且能为企业和其他社会成员提供参考。指标体系的设计需确保不同时间点、不同区域、不同规模的数字经济发展水平可进行有效比较，这需要选取具有广泛公认度的统一标准和明确的度量单位。例如，通过采用国内外公认的移动电话基站密度、企业电子商务销售额等数据，反映甘肃省数字基础设施和数字市场的发展状况。同时，可操作性原则还要求指标的数据获取相对容易，确保能够定期更新数据，进一步提升评价体系的实用性与准确性。

5. 甘肃数字经济评价指标体系

本书在充分吸收理解国内外数字经济评价测度先进成果的基础上，结合甘肃数字经济发展实际条件和特点，按从定性分析角度明确数字经济内涵和评价构成要素，再将定性因素分解为具体量化指标的设计思路研究制定出合理适用的甘肃数字经济发展水平评价指标体系，如表 2-1 所示。

表 2-1　甘肃数字经济发展水平评价指标体系

评价目标	评价要素	评价指标	单位
地区数字经济综合发展水平	数字基础设施	移动电话基站密度	个/公里^2
		每平方公里光缆线路长度	公里
		互联网宽带接入端口	万个
		互联网宽带接入用户数	万户
		移动电话普及率	%
	数字产业化	数字经济核心产业增加值占 GDP 比重	%
		软件及信息服务业主营业务收入	亿元
		计算机、通信和其他电子设备业主营业务收入	亿元
		电信业务总量占 GDP 比重	%
	产业数字化	农产品网上销售额	亿元
		两化融合水平	分
		网上商品零售额占社会消费品零售总额比重	%
		企业电子商务销售额	亿元
		数字普惠金融指数	分
	数字治理	互联网医院数	家
		政务网全程网办率	%
	数字创新能力	R&D 经费投入强度	%
		技术市场成交额	亿元
		科技成果中软件和信息技术服务业成果占比	%

二　甘肃数字经济发展水平评价方法

1. 甘肃数字经济综合发展水平评价方法——层次分析法

目前，国内外数字经济的评价普遍多采用多目标综合评价法，其中的层次分析法，通过构建层次结构模型，将复杂的数字经济评价问题分解成若干层次和要素，然后通过成对比较，得出各要素之间相对重要性的一致性矩阵，最终确定各指标的权重。此方法充分考虑了各因素的系统层次性和内在联系，与本书从定性分析角度明确数字经济内涵和评价构成要素，再将定性因素分解为具体量化指标的设计思路相契合，因此，甘肃数字经济发展水平评价将主要采用层次分析法。

多元统计分析方法中的主成分分析（PCA）作为一种常用的数据降维技术，有效地将多个相互关联的指标转化为少数几个独立的主成分，这有助于识别和浓缩关键因子。本书将同时按主成分分析从多维数据中提取出影响数字经济最显著的主成分，并据此对各项指标赋予权重，作为层次分析法的参考和补充。

多元统计分析方法中的熵权法，作为衡量各指标间相对重要性的补充，有助于从客观角度准确反映原始数据的信息量。该方法利用熵值的概念来确定权重，能够克服主观赋权可能带来的偏差。在本书处理甘肃省数字经济数据时，将同时按熵权法计算各指标的信息熵及其权重，作为层次分析法的参考和补充。

最终，甘肃数字经济综合发展水平评估值由下式计算。

$$G = \sum_{i=1}^{m} W_i P_i \qquad (2-1)$$

其中，G—综合评估分值；W_i—第 i 个指标的权重；P_i—第 i 个指标的评分值；m—指标的个数。

2. 甘肃数字经济发展水平评价指标的数据处理

数字经济指标的单位各不相同，在进行数字经济发展水平评估时应将各指标的实际值转化为无量纲的评分值。本书采用了直线型无量纲法中的阈值法：$P_i = x_i / x_{\max}$ 式中，x_i—第 i 个指标的实际值，$x_{\max}$—同类指标最大值，P_i—第 i 个指标的评分值。

此外，个别缺失数据采用规划目标值、移动平均值等方法进行了合理推定。

第三节 甘肃数字经济发展水平评估分析

一 甘肃数字经济发展水平评估结果

表2-2 2019~2023年甘肃数字经济发展水平评估

单位：分

指标	2019年	2020年	2021年	2022年	2023年
数字经济综合发展水平	100.00	117.56	127.12	150.00	177.22
数字基础设施发展水平	20.00	21.10	22.96	24.33	26.00
数字产业化发展水平	25.00	27.97	26.86	32.07	34.56
产业数字化发展水平	25.00	26.73	38.33	42.64	49.57
数字治理发展水平	15.00	16.50	24.00	31.09	45.98
数字创新能力发展水平	15.00	25.26	14.96	19.87	21.10

资料来源：甘肃省统计局编《甘肃发展年鉴》（2020~2023），甘肃省统计局编《甘肃统计提要2024》，北京大学数字金融研究中心发布《数字普惠金融指数2024》，甘肃省科技厅网站。

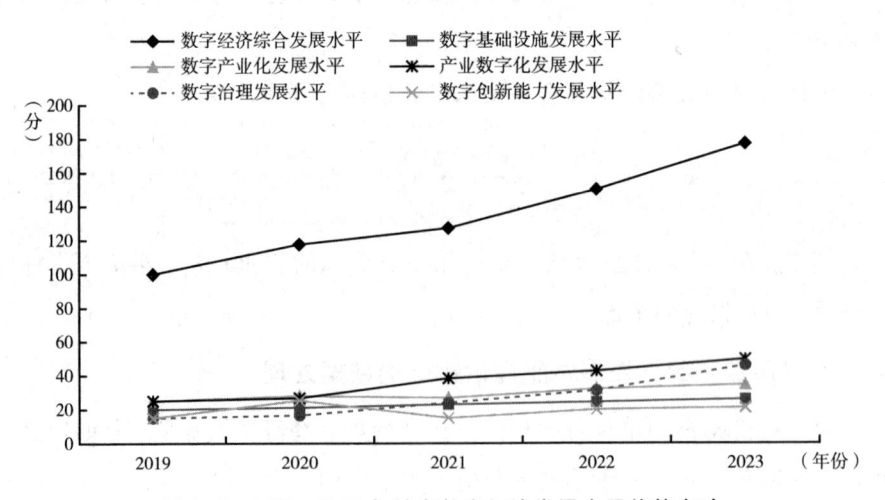

图2-1 2019~2023年甘肃数字经济发展水平趋势变动

二 甘肃数字经济发展水平评估结论

1. 数字经济总体保持快速发展态势

2023年，甘肃数字经济综合发展水平得分为177.22分，较2019年（评价基期）得分增长了77.22分，增长幅度达77.22%，显示出近年来甘肃数字经济发展水平实现较大程度提升，从甘肃数字经济综合发展水平指数得分的变动趋势来看（见表2-2、图2-1），2019~2023年，甘肃数字经济综合发展水平总体上保持着快速稳步提升的良好态势。

2. 数字基础设施持续完善

2019~2023年，甘肃数字基础设施发展水平得分从20.00分增长到26.00分，增幅为30.00%，表明近年来甘肃数字基础设施正在持续完善中。2019~2023年，甘肃省移动电话基站密度从0.40个/公里^{2}增加到0.53个/公里^2；每平方公里光缆线路长度从2.09米增长到2.75米；互联网宽带接入端口从1405.7万个增加到1958.6万个；互联网宽带接入用户数从870.7万户增长到1186.7万户；移动电话普及率从103.92%增加到116.7%。

3. 数字产业化、产业数字化正处在稳步推进阶段

2019~2023年，甘肃数字产业化发展水平得分从25.00分增长到34.56分，增幅为38.24%；产业数字化发展水平得分从25.00分增长到49.57分，增幅达98.28%，发展趋势总体均呈稳步推进态势。评估结果表明，甘肃谋深做实数字产业化和产业数字化"两篇"文章，全力打造数字经济算力"底座"，发展壮大数据要素市场，推动数字技术与实体经济深度融合，数字经济新质生产力正在有效形成发展中。

4. 数字治理迎来加速发展新时期

2019~2023年，甘肃数字治理发展水平得分从15.00分增长到45.98分，增幅达206.53%，是所有评价要素中增幅最大的，表明近年来甘肃省数字治理实现加速发展。其中，在民生服务数字化方面，互联网医院数由最初的5家增长到23家；数字政府建设方面，甘肃政务网全程网办率由64%提高到98%。

5. 数字创新能力逐步提升

2019~2023年，甘肃省数字创新能力发展水平得分从15.00分增长到21.10分，增幅为40.67%，其发展趋势总体呈小幅波动上升态势，表明甘肃省数字创新能力在逐步提升中，进一步分析具体指标表明，甘肃省数字创新能力实现进一步稳步增长需要保持R&D经费投入强度的稳定性和进一步加大数字经济领域的科技研发力度。

三 甘肃数字经济进一步发展的对策建议

对甘肃省数字经济的评估表明，近年来，甘肃省数字经济发展取得长足进步，但相对而言，甘肃省数字经济发展仍然存在不足，对甘肃省数字经济发展的主要指标与全国平均水平做对比显示，甘肃省数字经济的主要发展指标全面落后，结合甘肃省数字经济发展的条件和现状，甘肃省数字经济发展存在的问题和不足主要表现为：基础设施建设相对滞后、创新研发投入不足与人才短缺、数字经济与传统产业融合不深、数字经济发展环境有待完善等，需要有关方面综合施策、协同发力逐步解决。

1. 加快数字基础设施建设

一是要继续加大数字基础设施建设的投入力度，推动5G、物联网、大数据中心等新型基础设施建设，提升网络覆盖率和传输速率；二是要优化大数据基础设施布局，向规模化、集约化、智能化、绿色化方向发展，促进公共数据共享开放；三是要鼓励社会资本参与数字基础设施建设，形成多元化投入机制，提升基础设施的服务水平和效率。

2. 加大研发投入力度，强化人才引进与培养

一是要持续加大全社会创新投入力度，保持数字经济研发投入的足够强度和持续性，引导全社会研发投入资金向数字经济领域一定程度倾斜；二是要制定更加优惠的人才引进政策，吸引高端数字经济人才落户甘肃；三是要加强与高校、科研机构的合作，建立数字经济人才培养基地和实训基地，提升本地人才的素质和能力。

3.深化数字经济与传统产业融合

一是要制订传统产业数字化转型的政策支持和资金扶持计划，鼓励企业利用大数据、云计算、人工智能等技术优化生产流程、提高管理效率；二是要推动数字经济与农业、制造业等传统产业的深度融合，打造智慧农业、智能制造等新型业态和模式；三是要加强数字经济与传统产业的跨界合作，促进产业间的相互融合和协同发展。

4.促进产业链协同发展

建立数字经济产业联盟或协会，加强企业间的沟通与合作，推动产业链上下游之间的协同发展；搭建公共服务平台，提供技术咨询、资源共享、市场开拓等服务，降低企业数字化转型的门槛和成本；推动数据共享和资源整合，打破信息孤岛，提升产业链的整体竞争力和协同性。

5.加强政策引导与支持

一是要进一步完善数字经济政策法规的顶层设计，及时跟进落实数字经济发展的保障性措施；二是要加强政府部门的协调配合，形成推动数字经济发展的合力，共同推进数字经济的高质量发展。

综上所述，甘肃数字经济发展需要在基础设施建设、人才引进与培养、传统产业融合、产业链协同以及政策引导与支持等方面持续发力。通过综合施策、协同推进，推动数字经济成为甘肃经济社会发展的新引擎和增长点。

第四节 甘肃14市州数字经济发展水平分析

对甘肃14市州数字经济发展水平进行科学评价和准确定位的重要理论和现实意义如下。一是对各地区数字经济发展水平进行科学评价定位，可以准确了解甘肃省各地区数字经济发展的实际状况，包括发展水平、优势领域和薄弱环节等，有助于各地区对自身在全省乃至全国数字经济发展中的位置有清晰的认识。二是通过科学评价各地区数字经济发展水平，能够揭示不同地区之间数字经济发展的差距，包括发展基础、数字产业化、产业数字化、创新能力等多个维度。这种差距的揭示为制定差异化的发展策略提供了重要依据。三是评价结果可以作为政府部门制定或优化调整数字经济发展政策的重要依据，通过分析各地区数字经济发展的实际情况，在评价中发现问题和不足，有助于更有针对性地制定或优化调整政策措施，推动数字经济健康发展。四是科学评价有助于发现不同地区在数字经济发展中的比较优势，通过加强地区间的合作与交流，可以实现优势互补，推动区域经济协调发展。

一　甘肃市州层面数字经济发展水平评价指标体系

市州层面的数字经济发展水平评价指标体系设计构建相较省级层面面临更多困难，为此本书对前文甘肃整体数字经济发展水平评价指标体系进行了一些合理简化调整，力求使经简化调整的指标体系仍能较准确地反映甘肃各地区数字经济发展的概貌。指标体系由数字基础设施、数字产业化、产业数字化、数字创新能力四个维度的评价要素构成，每个评价要素赋予两个表征性指标，指标设计选取充分考虑到数据来源的权威性、公开性、可得性，由此构建出一个简易适用的甘肃市州数字经济发展水平评价指标体系，如表2-3所示。

表2-3　甘肃市州数字经济发展水平评价指标体系

评价目标	一级指标	二级指标	单位
市州数字经济综合发展水平	数字基础设施	互联网宽带接入用户数	万户
		移动电话普及率	%
	数字产业化	软件及信息服务业从业人数	万人
		电信业务总量占GDP比重	%
	产业数字化	高新技术企业主营业务收入占二、三产业产值比重	%
		数字普惠金融指数	分
	数字创新能力	技术市场成交额	万元
		R&D经费投入强度	%

二　甘肃14市州数字经济发展水平评估结果

对当前甘肃省14市州数字经济综合发展水平的评估显示（评估结果

见表 2-4、图 2-2)：兰州市以绝对优势领跑甘肃省数字经济，其数字经济综合发展水平得分远高于甘肃省其他地区，数字经济四个评价维度得分均位居全省前三，表明兰州市作为甘肃省省会城市和省内地区间第一大经济体，其在全省数字经济发展中的重要地位和对全省数字经济的创新引领作用无可置疑，兰州兴则全省兴、兰州强则全省强。兰州市须在"强省会"战略引领下，继续加快数字经济发展步伐，尽快形成高质量多领域的数字经济新质生产力，充分发挥其作为核心增长极对甘肃省数字经济发展的重任担当和创新引领作用。金昌市、嘉峪关市两市数字经济总体发展水平得分较高，表明金昌市以打造"5G 赋能"数字经济产业基地建设和嘉峪关市以"两化"融合及两条千亿级产业链建设为主线发展数字经济措施得力、推进有度，已取得良好成效。酒泉市、天水市、白银市、张掖市、定西市、武威市、庆阳市、平凉市位处数字经济综合发展水平中间层次，其数字经济在数字基础设施、数字产业化、产业数字化、数字创新能力等方面互有优劣，其数字经济发展的重点在于依托本地区的发展条件和特点，找到数字经济的优势赛道实现推进。这方面如天水依托先进制造业基地建设发展数字经济，酒泉依托新能源及新能源装备制造业基地建设发展数字经济，庆阳"东数西算"工程发展大数据产业集群，均取得一定成效。临夏州、陇南市、甘南州由于地理位置、资源条件、经济社会条件等多方面因素受限，在数字经济发展方面可能面临更大的挑战，需要在契合的数字经济发展战略下得到更多的支持。

表 2-4 甘肃 14 市州数字经济发展水平评价

市州数字经济总体发展水平得分		数字基础设施水平得分		数字产业化水平得分		产业数字化水平得分		数字创新能力水平得分	
地区	得分(分)	地区	得分(分)	地区	得分(分)	地区	得分(分)	城市	得分(分)
兰州	83.82	嘉峪关	20.00	兰州	21.08	嘉峪关	29.38	兰州	20.00
金昌	63.36	兰州	16.95	金昌	15.91	金昌	26.03	酒泉	14.70
嘉峪关	61.22	酒泉	16.76	临夏	10.27	兰州	25.79	张掖	9.32
酒泉	53.61	金昌	16.61	定西	9.45	白银	22.34	天水	9.25

续表

市州数字经济总体发展水平得分		数字基础设施水平得分		数字产业化水平得分		产业数字化水平得分		数字创新能力水平得分	
地区	得分(分)	地区	得分(分)	地区	得分(分)	地区	得分(分)	城市	得分(分)
天水	49.13	张掖	16.15	天水	8.70	定西	18.40	嘉峪关	8.63
白银	46.64	武威	14.82	甘南	8.146	酒泉	18.11	庆阳	6.17
张掖	45.90	天水	13.49	庆阳	7.19	天水	17.68	武威	6.04
定西	44.33	庆阳	13.39	平凉	6.82	甘南	16.60	白银	5.22
武威	41.62	平凉	12.95	白银	6.27	张掖	15.96	金昌	4.82
庆阳	40.79	白银	12.81	武威	5.381	陇南	15.68	定西	4.64
平凉	38.06	定西	11.84	陇南	4.65	武威	15.38	陇南	4.55
临夏	36.36	陇南	10.87	张掖	4.46	临夏	15.07	平凉	3.28
陇南	35.72	临夏	9.83	酒泉	4.04	平凉	15.01	临夏	1.20
甘南	34.80	甘南	9.69	嘉峪关	3.21	庆阳	14.04	甘南	0.37

资料来源：甘肃省统计局编《甘肃统计提要2024》，甘肃省各地州市《2023年国民经济和社会发展统计公报》，北京大学数字金融研究中心发布《数字普惠金融指数2024》，甘肃省科技厅网站。

地区	得分
兰州	83.8
金昌	63.4
嘉峪关	61.2
酒泉	53.6
天水	49.1
白银	46.6
张掖	45.9
定西	44.3
武威	41.6
庆阳	40.8
平凉	38.1
临夏	36.4
陇南	35.7
甘南	34.8

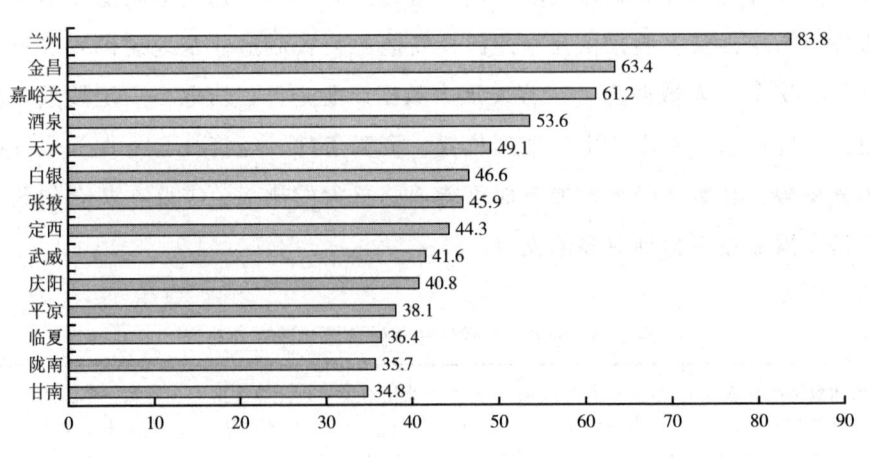

图2-2 甘肃省14市州数字经济综合发展水平

第三章

甘肃产业数字化发展

产业数字化是指传统产业利用数字技术进行产品、服务、流程和组织模式的变革，以实现产业升级和价值创造。随着全球经济的发展，产业数字化已成为各国经济发展的重要驱动力。我国政府高度重视产业数字化，并出台了一系列政策推动产业数字化转型。我国产业数字化蓬勃发展，2022 年数字经济规模达到 50.2 万亿元，占国内生产总值（GDP）比重为 41.5%，其中产业数字化规模达到 41 万亿元，占数字经济规模比重为 81.7%。[①] 随着科技的快速发展，产业数字化已经成为推动产业转型升级的重要手段[②]。

第一节　甘肃现代产业体系建设与产业数字化布局

甘肃省作为我国西部重要省份，积极响应国家产业数字化政策，推进产业转型升级。甘肃省位于我国西北部，拥有丰富的自然资源和人文资源。然而，由于地理、交通、人才等多方面因素的影响，甘肃省的经济发展相对滞后。甘肃省亟须通过产业数字化，提高产业的附加值，提升经济效益，推动产业转型升级。

---

① 中央网信办、国家网信办：《数字中国发展报告（2022 年）》，中华人民共和国中央人民政府网，2023 年 4 月 28 日。

② 王耀华：《数字经济与实体经济融合发展路径的研究》，《现代工业经济和信息化》2024 年第 3 期。

一 甘肃产业发展现状分析

通过深入分析甘肃产业发展现状，可以观察到甘肃正在经历深刻的结构性变革与转型升级，其正逐步绘就更加多元化、高质量的发展蓝图。

1. 产业结构持续优化，新兴产业蓬勃发展

近年来，甘肃省积极响应国家发展战略，致力于产业结构优化升级，传统产业转型升级步伐显著加快。以电力热力、数据信息为代表的主导产业在甘肃电投集团的引领下，通过战略转型与技术创新，实现了产业布局的深度优化与高效整合。这不仅提升了传统产业的核心竞争力，更为新兴产业的快速崛起提供了坚实的基础。在此过程中，甘肃省积极培育高新技术产业，推动形成以新能源、新材料、高端装备制造等为代表的战略性新兴产业集群[1]，为经济增长注入强劲动力。

2. 新能源产业异军突起，引领绿色转型

依托得天独厚的风光资源，甘肃省大力发展新能源产业，取得了显著成效。2024年前5个月，甘肃新能源装备出口总额已达3.4亿元，同比增长1.6倍，连续14个月保持增长态势，这充分显示了甘肃省新能源产业的蓬勃生机与广阔前景。[2] 新能源产业的快速发展，不仅有效缓解了能源供应紧张的局面，还促进了绿色低碳转型，为实现碳达峰、碳中和目标贡献了"甘肃力量"。

3. 制造业根基稳固，创新驱动发展

作为老工业基地，甘肃省拥有坚实的制造业基础，多个国家级和省级开发区的建设，为制造业的转型升级与现代产业体系的构建提供了重要平台。面对新一轮科技革命和产业变革浪潮，甘肃省制造业正加速向信息化、智能化、绿色化方向迈进。新一代信息技术的深度融合使产品研发、生产、物

---

[1] 舒先林、常城：《国家级开发区转型升级和可持续发展研究——以武汉经济技术开发区为例》，《长江大学学报》（社会科学版）2012年第4期。
[2] 《甘肃新能源装备类出口连续14个月完成高速增长》，每日甘肃网，2024年6月19日。

流、服务等全价值链环节实现了智能化升级，推动了制造业生产模式的深刻变革。同时，基于工业互联网的开放创新平台，促进了跨行业、跨领域的数据共享与协同创新，进一步提高了供应链的韧性与灵活性，为制造业高质量发展开辟了新路径。

甘肃省在产业结构优化、新能源产业崛起以及制造业创新发展等方面取得了显著成就，为全省乃至全国的经济转型升级提供了宝贵经验。然而，面对日益复杂多变的国内外经济环境，甘肃省仍需持续加大创新力度，补齐产业链短板，推动产业向更高层次、高质量发展迈进。

二　甘肃现代产业体系建设与产业数字化布局实践和发展

构建现代产业体系需要从多元化产业结构构建、高度集成产业链形成、创新驱动发展战略实施以及绿色可持续发展推进等多个方面入手，形成全方位、多层次的发展格局。只有这样，才能推动区域经济实现高质量发展，为全面建设社会主义现代化国家贡献更大力量。

1. 甘肃现代产业体系建设与产业数字化布局实践

一是传统产业转型升级：焕发新活力。甘肃省，作为我国西部地区重要的老工业基地，面对经济新常态的挑战，积极寻求产业转型升级的路径。通过实施信息化、智能化、绿色化的"三化"改造战略，传统产业焕发了新的生机与活力。金昌市，这座被誉为"中国镍都"的城市，依托其丰富的镍资源，通过金川集团等企业的技术创新和产业升级，不仅提升了镍钴新材料产品的国际竞争力，还促进了产业链上下游的协同发展。酒钢集团则通过加大科技创新力度，实现了不锈钢产品的进口替代，打破了国外技术的垄断，为传统冶金行业树立了转型升级的典范。这一系列举措不仅增强了企业的核心竞争力，也为甘肃经济高质量发展奠定了坚实基础。

二是新兴产业培育壮大：注入新动能。在推动传统产业转型升级的同时，甘肃省也高度重视新兴产业的培育与发展。通过政策扶持、项目带动、人才引进等多种措施，甘肃省在新材料、新能源、生物医药等领域取得了显著成效。金川集团在新材料领域精耕细作，不仅开发出多个具有自主知识产权的新产品，还推动了相关产业链的延伸和完善。甘肃电气集团则在风电装备领域异军突起，凭借先进的技术和优质的产品，赢得了国内外市场的广泛认可。这些新兴产业的快速发展，不仅为甘肃经济注入新的增长动力，而且为构建现代产业体系提供了有力支撑。

三是产业数字化布局：加速转型升级。随着信息技术的飞速发展，甘肃省积极响应国家数字化转型的号召，大力推进产业数字化布局。通过建设工业大数据平台、推广智能制造等举措，甘肃省不断提升产业数字化水平。兰石集团作为制造业数字化转型的先行者，通过打造焊接数字化车间和核能装备焊接数字化平台，实现了生产效率和质量的双重飞跃。甘肃电投集团则通过建设大数据产业园，推动了新能源产业与大数据产业的深度融合，为产业的智能化、高效化发展提供了有力保障。数字经济重大项目的实施，如中国能建"东数西算"源网荷储一体化智慧零碳大数据产业园项目、秦淮数据零碳数据中心产业基地项目等，进一步加速了甘肃省产业数字化进程，为数字经济时代的到来做好了充分准备。

甘肃省在产业转型升级与新兴动能培育方面取得了显著成效。未来，随着各项政策的持续落地和技术的不断进步，甘肃省的产业结构将更加优化、经济发展质量将进一步提升，为实现高质量发展目标奠定坚实基础。

2. 甘肃现代产业体系建设与产业数字化布局发展

在当前全球数字化转型的浪潮中，甘肃省凭借其独特的地理位置与资源优势，正积极构建数字经济新高地，加速推动新兴产业与传统产业的深度融合。其中，大数据与云计算深度融合、新材料与高端装备制造崛起、工业互联网与智能制造加速发展，以及绿色低碳产业全面布局，共同绘就了甘肃省产业升级的宏伟蓝图。

一是大数据与云计算深度融合，引领数字经济发展。随着"东数西算"工程的深入实施，甘肃省庆阳市与兰州新区逐渐成为数据中心的核心区域。这一战略布局不仅促进了大数据资源的汇聚与高效利用，还极大地推动了云计算技术的广泛应用。大数据与云计算的深度融合，为甘肃省乃至全国范围内的数据处理、分析及应用提供了强大的技术支撑，进一步激活了数据要素潜能，为数字经济发展注入了新动力。通过建设高效、绿色、安全的数据中心集群，甘肃省正逐步构建起数字经济的基础设施体系，为数字政府、智慧城市、智慧医疗等应用场景的落地提供了坚实的基础。

二是新材料与高端装备制造崛起，塑造产业升级新引擎。依托其丰富的矿产资源和深厚的工业基础，甘肃省正积极发展先进钢铁、有色金属、新能源等新材料产业，同时加快高端装备制造产业的布局。这些新兴产业的崛起，不仅优化了甘肃省的产业结构，还为其经济增长提供了新的动力源。通过技术创新和产业升级，甘肃省的新材料产业在高性能合金、稀土功能材料等领域取得了显著进展，高端装备制造产业也在智能制造、精密制造等领域实现了突破。这些产业的发展，不仅提升了甘肃省在全球产业链中的地位，还为其他产业的转型升级提供了有力支撑。

三是工业互联网与智能制造加速发展，推动制造业转型升级。面对制造业转型升级的迫切需求，甘肃省不断完善工业互联网政策保障体系，加强网络基础设施建设，为制造业向智能化、网络化、服务化方向转型升级提供了有力保障。通过构建工业互联网平台，甘肃省正逐步实现生产过程的数字化、网络化、智能化，提高了生产效率和产品质量，降低了运营成本。同时，智能制造的广泛应用，还推动了制造业与服务业的深度融合，催生了新的业态和商业模式。这些变化不仅提升了甘肃省制造业的竞争力，还为其经济高质量发展注入了新的活力。

四是绿色低碳产业成为新方向，助力可持续发展。在全球气候变化的背景下，绿色低碳已成为全球产业发展的新趋势[1]。甘肃省积极响应国家号召，加快节能降碳装备应用，推进绿色低碳供应链创建，发展绿色工厂、绿色园区，推动产业低碳发展。通过优化能源结构、推广清洁能源、加强能效管理等一系列措施，甘肃省正逐步实现产业发展与环境保护的和谐共生。这些努力不仅提升了甘肃省的生态环境质量，还为其经济可持续发展奠定了坚

---

[1] 杨昌荣：《低碳经济国际趋势与我国的策略取向》，《国际商务财会》2009 年第 11 期。

实的基础。

甘肃省在数字经济发展与新兴产业崛起方面取得了显著成效，但仍需持续加大投入力度，加强科技创新和人才培养，以更好地适应全球产业发展的新趋势，实现更高质量的发展。

三　甘肃现代产业体系建设与产业数字化布局发展策略

在当前国家推动高质量发展的新阶段，甘肃省作为西部大开发的重要阵地，正积极探索符合自身实际的产业发展路径。在这一过程中，政策引导、技术创新、基础设施建设、区域协同、人才队伍建设以及绿色低碳发展成为关键的驱动力，共同构筑了甘肃省产业发展的多维支撑体系。

1. 政策引导与支持：强化顶层设计，优化发展环境

甘肃省政府积极响应国家号召，制定了一系列产业发展政策，旨在通过优化规划布局、加大财政支持和金融扶持力度，为产业发展营造良好的外部环境。这些政策的出台，不仅明确了产业发展的重点方向和优先领域，还通过税收优惠、资金补助等方式，有效降低了企业运营成本、激发了市场活力。同时，政府还加强了与企业的沟通协作，及时了解企业需求，精准施策，确保政策红利真正惠及广大市场主体。

2. 技术创新与产业升级：激发内在动力，提升核心竞争力

面对日益激烈的市场竞争，甘肃省深刻认识到技术创新对于产业升级的重要性。因此，政府积极引导企业加大研发投入，建立研发机构，培育创新主体。同时，通过构建产学研用深度融合的创新体系，推动科技成果快速转化为现实生产力。在传统产业改造升级方面，甘肃省鼓励企业采用先进适用技术，提高产品附加值和市场竞争力；在新兴产业培育方面，则聚焦数字经济、新能源、新材料等领域，通过引进和培育一批具有核心竞争力的龙头企业，推动产业链上下游协同发展，形成新的增长点。

3. 加快基础设施建设：夯实发展基础，提升承载能力

基础设施建设是产业发展的重要保障。甘肃省在加快交通、能源、信息

等基础设施建设方面不遗余力，不断提升产业承载能力。特别是在数字经济领域，甘肃省积极推进数据中心集群建设，打造了一批高标准的智能算力中心和数据产业基地，为数字经济产业发展提供了坚实的支撑。同时，通过完善信息通信网络、提升物流服务水平等措施，进一步降低了企业运营成本、提高了市场响应速度。

4.促进区域协同发展：强化联动合作，实现共赢发展

甘肃省积极加强与其他地区的产业合作和联动，推动形成优势互补、协同共赢的产业生态。通过参与"一带一路"建设、加强与周边省份的经贸合作等方式，不断拓展市场空间和资源来源。同时，通过建立健全跨区域协调机制，加强在产业规划、项目布局、市场开拓等方面的协同配合，实现了资源共享、优势互补和互利共赢。

5.强化人才队伍建设：构建人才高地，提供智力支持

人才是产业发展的第一资源。甘肃省高度重视人才队伍建设工作，通过加大人才培养和引进力度、优化人才发展环境等措施，不断吸引和集聚各类优秀人才。在人才培养方面，注重与企业合作开展技能培训和职业教育活动；在人才引进方面，则通过提供优惠政策、搭建创新创业平台等方式吸引高层次人才落户甘肃。此外还积极构建适应产业发展需求的人才体系，为产业发展提供强有力的智力支持。

6.推进绿色低碳发展：践行绿色发展理念，实现可持续发展

甘肃省在产业发展过程中始终坚持绿色低碳理念，通过制定绿色低碳发展战略、推广节能降碳技术和产品、加强资源循环利用和环境保护等措施推动产业可持续发展。特别是在新能源领域，甘肃省依托丰富的风能、太阳能等资源优势大力发展风电、光伏等新能源产业，不仅为当地经济增长注入新动力，还为实现碳达峰碳中和目标作出积极贡献。

第二节 甘肃农业现代化与农业数字化转型发展

当前，我国正处在信息化与农业农村现代化的历史交汇期，而农业产

数字化转型无疑是实现农业农村现代化的战略方向和重要内容①。"十四五"时期，数字中国建设的重点任务之一便是"推进产业数字化转型"，要围绕加快发展现代产业体系，推动互联网、大数据、人工智能等同各产业深度融合，大力推进产业数字化转型，发展现代供应链，提高全要素生产率，提高核心竞争力。

一 甘肃农业数字化转型的实践

甘肃省在加大推广特色种植业数字技术应用、智能养殖、农产品加工业"三化"改造、社会化服务体系建设方面取得了显著成效，不断加快农业数字化转型发展步伐。

1. 特色种植业中数字技术应用

精准农业技术的深度应用。在甘肃省的广袤田野上，精准农业技术正逐步成为推动特色种植业高质量发展的新引擎。通过引入无人机遥感监测、智能灌溉系统等先进技术，实现了对作物生长环境的实时监测与精准管理。无人机搭载的高清相机和多光谱传感器，能够高效采集农田的土壤湿度、养分含量及作物生长状态等关键信息，为农户提供精确的数据支持。智能灌溉系统则根据作物需水规律和土壤水分状况，自动调节灌溉量，既节约了水资源，又显著提升了作物产量与品质②。这些技术的应用，不仅减少了农业生产的盲目性和随意性，还促进了农业资源的优化配置和高效利用，为甘肃省特色种植业的可持续发展奠定了坚实基础。

数字化种植管理平台的构建。为了进一步提升农业生产的智能化水平，甘肃省积极构建数字化种植管理平台。该平台集成了气象、土壤、病虫害等多源数据，通过大数据分析和云计算技术，为农户提供全面的种植决策支持。农户可以通过手机 App 或电脑端实时查看农田的各项指标，并根据平

---

① 吴彬、许旭初：《农业数字化转型：共生系统及其形式困境——基于对甘肃省临洮县的考察》，《学习与探索》2022年第2期。
② 张佳林、章鉴烽：《基于双钻模型的智慧农业监测产品设计研究与实践》，《农村经济与科技》2024年第8期。

台推荐的种植方案进行科学管理。这种数字化管理方式，不仅能够帮助农户优化种植结构，减少农药化肥的过量使用；还能有效降低生产成本，提高农业生产效益。同时，平台还具备预警功能，能够及时发现并处理病虫害等潜在风险，保障作物健康生长。数字化种植管理平台的广泛应用，标志着甘肃省特色种植业正加速向智能化、精细化方向发展。

农产品追溯系统的全面推广。在保障农产品质量安全方面，甘肃省也迈出了坚实步伐。通过利用区块链、物联网等先进技术，甘肃省建立了完善的农产品追溯系统。该系统实现了从田间到餐桌的全链条追溯，消费者只需扫描二维码，即可查看农产品的生产信息、加工过程、物流轨迹等详细信息。这一举措不仅提升了农产品的附加值和消费者信任度，还增强了农产品的市场竞争力。同时，农产品追溯系统的建立，也为监管部门提供了有效的监管手段，使其能够及时发现并处理农产品质量安全问题，确保人民群众"舌尖上的安全"。随着追溯系统的不断推广和完善，甘肃省特色种植业的品牌形象将更加鲜明，市场竞争力也将持续提升。

2.畜牧业数字化管理与智能养殖

随着科技的不断进步，智能技术正逐步渗透到传统畜牧业的各个环节，引领着行业的深刻变革。智能养殖设备的应用、畜牧业大数据的深入分析及疫病防控数字化平台的建立，共同构筑了畜牧业智能化转型的坚实基础。

智能养殖设备的应用：精准管理，提升效率。智能养殖设备，如智能耳标、自动饲喂系统等，已成为现代畜牧业不可或缺的一部分。智能耳标能够实时监测牲畜的体温、活动量等关键健康指标，为饲养员提供精准的个体健康状况反馈。而自动饲喂系统则根据牲畜的生长阶段和营养需求，自动调节饲料配比和投喂量，实现精准喂养，既保证了牲畜的营养均衡，又有效地减少了饲料浪费。智能养殖设备的应用还显著提高了养殖环境的控制精度，如自动调节温湿度、通风量等，为牲畜创造了一个更加舒适、健康的生长环境。这种智能化管理模式的推广，不仅提升了养殖效率，还显著提高了动物福利水平、促进了畜牧业的可持续发展。

畜牧业大数据的深入分析：科学决策，优化生产。畜牧业生产过程中的海量数据，如牲畜生长数据、饲料消耗数据、疾病发生数据等，是宝贵的信息资源。通过运用大数据分析技术，可以对这些数据进行深度挖掘，揭示出养殖过程中的潜在规律和问题，为畜牧业的科学决策和精准管理提供有力支持。例如，通过对历史数据的分析，可以预测牲畜的生长趋势和市场需求，从而合理调整生产计划，避免产能过剩或短缺。同时，大数据分析还能帮助养殖企业优化饲料配方、提高疾病防控能力，进一步降低生产成本、提高经济效益。在智能技术的赋能下，畜牧业正逐步迈向数据驱动、科学决策的新阶段。

疫病防控数字化平台的建立：早期预警，精准防控。疫病防控是畜牧业发展的重中之重。传统的疫病防控手段往往存在反应滞后、防控不精准等问题。而疫病防控数字化平台的建立，则为解决这些问题提供了有效途径。该平台通过集成物联网、云计算、人工智能等先进技术，实现了对牲畜健康状况的实时监测和疫病的早期预警。一旦发现异常情况，平台能够迅速启动应急响应机制，进行快速诊断和精准防控，有效遏制疫病的扩散和蔓延。同时，平台还能提供丰富的防疫知识库和专家咨询服务，为养殖企业提供全方位的疫病防控支持。这种数字化、智能化的疫病防控模式，不仅提高了畜牧业的生物安全水平，还为行业的健康稳定发展提供了有力保障。

3. 农产品加工业数字化转型

在农业与食品加工业的深度融合与转型升级进程中，科技创新成为推动产业高质量发展的核心驱动力。随着智能制造、大数据、云计算等先进技术的广泛应用，农产品加工业正逐步迈向智能化、数字化时代，为提升产业竞争力、优化资源配置、拓展市场渠道提供了坚实支撑。

智能制造技术引领生产革新。在农产品加工业中，智能制造技术的应用正深刻改变传统生产模式。通过引入自动化生产线、智能机器人等高端装备，企业实现了生产流程的精准控制与高效协同。这些技术不仅显著提升了生产效率与产品质量，还有效降低了人力成本，增强了企业的市场竞争力。例如，在果蔬加工领域，智能分拣系统能够准确识别并分辨不同品质的果实，确保加工原料的一致性，为后续加工环节的顺利进行奠定基础。同时，智能机器人在包装、码垛等重复性劳动中展现出卓越性能，降低了工人劳动强度，提高了作业安全性。

数字化供应链管理优化资源配置。构建数字化供应链管理系统，是农产品加工业实现精准管理与高效运营的关键。该系统能够全面覆盖原材料采购、生产加工、仓储物流等各个环节，通过数据集成与分析，实现供应链各环节的紧密协同与动态优化。在原材料采购环节，数字化平台能够精准匹配供需信息，降低采购成本与库存风险；在生产加工环节，实时监控与数据分析有助于及时调整生产计划，提高生产灵活性与响应速度；在仓储物流环节，智能仓储系统与物联网技术的应用，则大大提升了库存周转率与物流效率。通过数字化供应链管理，企业能够更好地应对市场变化，优化资源配置，提高整体运营效率。

农产品电商平台拓展销售渠道。随着互联网技术的普及与电商行业的蓬勃发展，农产品电商平台已成为拓展农产品销售渠道、提升品牌影响力的重要途径。通过搭建农产品电商平台，企业能够直接对接消费者，减少中间环节，降低流通成本。同时，电商平台还能够利用大数据分析技术，精准定位消费者需求，提供个性化、定制化的产品与服务。电商平台还具备强大的营销推广能力，能够帮助农产品企业快速提升品牌知名度与市场占有率。近年来，多地政府与企业积极合作，共同推动农产品电商平台的建设与发展，形成了线上线下融合、产销对接顺畅的农产品销售网络，为农产品加工业的转型升级注入了新的活力。

4. 农业社会化服务体系数字化建设案例分析

在当前农业现代化进程中，天水市甘谷县正以其独特的智慧农业实践，引领着区域农业发展的新风尚。通过深度融入现代信息技术，甘谷县不仅提升了农业生产效率，还促进了农业产业结构的优化升级。以下是对甘谷县智慧农业发展的几个关键要点的详细分析。

甘谷县积极响应国家乡村振兴战略，构建了全面的农业信息服务平台，该平台集成了丰富的农业政策解读、市场动态分析、技术资源共享等功能，为农户提供了便捷、高效的信息获取渠道。这一平台的建立，极大地促进了农业信息的快速传递与有效对接，帮助农户精准把握市场动态，科学调整种植结构，从而实现了农业生产的精准管理与高效运营。通过平台的引导，农户能够及时了解国家扶持政策、享受技术红利，为农业可持续发展奠定坚实基础。

甘谷县在农业科技推广方面，积极探索数字化路径，利用互联网、大数据等现代信息技术手段，打破了传统农技推广的地域限制，实现了农技知识的广泛传播与深度应用。通过在线培训、远程指导等方式，农户可以随时随地学习先进的农业技术和管理理念，极大地提升了农民的科技素质与生产能力。同时，智慧农业设备的广泛应用，如智能化日光温室、水肥一体化灌溉系统等，进一步推动了农业生产的智能化、精细化发展，有效地降低了农业生产成本、提高了农产品质量与市场竞争力。

面对农业发展中的资金瓶颈问题，甘谷县积极推动农业金融服务创新，开发了一系列数字化金融产品，如农业保险、农业信贷等，为农户提供了多元化的融资渠道与风险保障。这些金融产品的推出，不仅降低了农户的融资难度与成本，还增强了农业抵御自然灾害和市场风险的能力，为农业可持续发展提供了坚实的金融支持。通过金融与科技的深度融合，甘谷县还探索了一条"信贷+保险+科技"的农业金融服务新模式，进一步激发了农业发展的内生动力。

甘谷县在智慧农业发展方面取得了显著成效，其农业信息服务平台建设、农业科技推广数字化以及农业金融服务创新等举措，共同构成了推动农业现代化发展的强大引擎。未来，随着信息技术的不断进步与应用，甘谷县的智慧农业实践必将迎来更加广阔的发展空间与前景。

二 甘肃农业现代化与农业数字化转型的策略与路径

在当前全球数字化转型的浪潮中，农业作为国民经济的基础产业，其数字化转型的进程尤为关键。农业数字化转型不仅关乎农业生产效率的提升，更是推动乡村振兴、实现农业现代化的重要途径[1]。

---

[1] 李思琪：《河南省数字农业发展现状与对策研究》，《山西农经》2022 年第 24 期。

1. 加强基础设施建设，筑牢转型基石

农业数字化转型的基础在于完善的信息基础设施。这包括拓展农村地区的网络覆盖广度与深度，确保高速、稳定、安全的网络接入服务，为农业数据的实时采集、传输与处理提供有力保障。同时，加强农业大数据中心、云计算平台等数据存储与计算设施的建设，提升农业数据资源的汇聚、共享与利用能力。金昌市在高标准农田建设中的成功经验（如高效节水灌溉技术的应用）表明，基础设施的完善能够显著提升农业生产效率，为农业数字化转型奠定坚实基础。

2. 提升农民数字化素养，激发转型动力

农民作为农业生产的主体，其数字化素养直接影响农业数字化转型的成效。因此，需通过多样化的培训方式，如线上课程、现场教学、实践指导等，普及数字农业知识，提升农民的数字化技能和应用能力。还应加强农业数字化应用的示范推广，让农民切身感受到数字化转型带来的便利与效益，从而激发其主动参与转型的积极性。同时，鼓励农民利用社交媒体、电商平台等新兴渠道，拓宽农产品销售渠道，提升品牌影响力和市场竞争力。

3. 加大技术创新和研发投入力度，强化转型支撑

技术创新是农业数字化转型的核心驱动力。应加大对农业数字化技术的研发投入，聚焦智能感知、精准作业、智能决策等关键技术领域，推动农业装备智能化、生产过程精准化、管理决策科学化。同时，促进产学研用深度融合，加快农业科技创新成果转化应用，培育一批具有自主知识产权的农业数字化技术和产品。还需加强农业数字化领域的人才队伍建设，引进和培养一批既懂农业又懂信息技术的复合型人才，为农业数字化转型提供有力的人才保障。

4. 完善政策支持和法规体系，护航转型之路

政策支持和法规体系是农业数字化转型的重要保障。应制定和完善农业数字化转型的相关政策，明确发展目标、重点任务和保障措施，为农业数字化转型提供方向指引和政策支持。同时，加强农业数据安全管理，建立健全农业数据资源采集、存储、处理、共享和使用的安全管理机制,确保农业数据安全可控。还应加强对农业数字化市场秩序的监管,打击假冒伪劣、侵犯知识产权等行为,营造公平竞争的市场环境。

5. 优化市场环境,激发转型活力

市场环境的优化是农业数字化转型的关键环节。应加强农产品市场体系建设,完善农产品流通渠道,推动农产品产销对接,提高农产品流通效率。同时,加强农产品品牌建设,提升农产品附加值和市场竞争力。还应加强农业社会化服务体系建设,为农户提供全方位、多层次的社会化服务,降低农户的生产成本和经营风险,提高农户参与农业数字化转型的积极性和可持续性。

农业数字化转型是一项系统工程,需要政府、企业和农民等多方共同努力。加强基础设施建设、提升农民数字化素养、加大技术创新和研发投入、完善政策支持和法规体系以及优化市场环境等措施的实施,必将推动农业数字化转型取得显著成效,为实现农业现代化、促进乡村振兴注入强大动力。

第三节 甘肃"强工业"行动中传统产业"三化"改造

为了实现高质量的经济增长,甘肃省提出了"强工业"行动计划,旨在通过传统产业的"三化"(改造信息化、智能化、绿色化)来推动产业结构的优化升级,增强工业经济的核心竞争力。

一 甘肃"强工业"行动和传统产业的"三化"改造

甘肃,作为中国的老工业基地,承载着厚重的工业历史,拥有丰富的资源禀赋。然而,面对全球科技革命与产业变革的浪潮,甘肃传统产业转型升级的紧迫性日益凸显。"强工业"战略的核心在于"强龙头、补链条、聚集群",通过政策扶持和市场机制,促进龙头企业做大做强,引领行业发展。同时,针对产业链中的短板和弱项,加大投入和研发力度,补齐产业链短板,提升整体竞争力。通过优化产业布局和资源配置,促进产业集群的形成和发展，从而实现规模效应和协同效应。在实施"强工业"行动中，甘肃省还注重传统产业的信息化、智能化和绿色化改造。

二 传统产业信息化改造成效

1. 信息化技术应用与推广

随着信息技术的迅猛发展，信息化管理已成为企业提升竞争力的重要手段。在推广信息化管理的策略上，甘肃采取了多种措施。通过选取典型企业作为信息化改造的示范点，以成功案例的展示，有效带动更多企业参与到信息化改造中。政府也出台了相关政策，如提供税收减免和资金补贴，以激励企业加大对信息化的投入。甘肃还重视信息化人才的培养和引进，通过提供专业的培训和指导服务，帮助企业更好地掌握和应用信息化技术。这一系列综合措施的实施，不仅推动了企业信息化管理的普及，也为甘肃地区的经济发展注入新的活力。

2. 产业链协同信息平台建设

在当前经济转型升级的大背景下，构建高效协同的产业链平台已成为推动县域工业经济发展的关键举措。该平台旨在通过深度整合产业链资源，强化信息共享与协同作业能力，进而实现产业竞争力的全面提升。平台建设首先要聚焦于实现产业链上下游企业之间的无缝对接，通过构建信息化桥梁，打破信息孤岛，确保各环节信息的实时传递与共享。

信息共享是平台构建的核心功能之一。通过标准化的数据采集与整合机制，确保产业链上下游企业间的信息畅通无阻。这不仅有助于企业及时了解市场动态、客户需求变化及供应链状态，还能促进企业间的协同作业，减少重复劳动，提高整体响应速度。例如，在原材料采购、生产计划安排及物流配送等环节，通过信息共享平台，企业能够更精准地预测需求、优化库存管理、降低运营成本。

资源整合是平台提升产业竞争力的另一个重要手段。平台通过整合产业链资源，包括但不限于生产资源、技术资源、市场资源等，形成资源池，实现资源的优化配置与高效利用。在此过程中，平台将利用大数据分析技术，对产业链资源进行深度剖析，发现潜在的资源浪费与低效环节，并有针对性地提出改进建议。平台还将鼓励企业间的资源共享与互补，促进产业生态的和谐共生，形成可持续发展的良好局面。

创新驱动是平台建设的核心动力。平台通过提供技术创新与模式创新的沃土，鼓励企业加大研发投入，探索新技术、新工艺、新业态。同时，平台将积极引入外部创新资源，如高校、科研机构及创新型企业等，形成产学研用紧密结合的创新体系。在此基础上，平台将运用大数据与人工智能技术，对产业链数据进行深度挖掘与分析，发现潜在的市场机会与风险点，为企业决策提供有力支持。这些举措将有助于企业快速响应市场变化，提升核心竞争力，推动产业向高端化、智能化、绿色化、融合化方向发展。

三 传统产业智能化改造成效

1. 智能制造技术与应用场景

在当前数字经济浪潮的推动下，传统制造业正面临前所未有的转型挑战与机遇。为了实现可持续发展与竞争力提升，制造业正逐步向数字化、智能化转型，这一转型过程深刻影响着企业的生产模式、管理效率和创新能力。以下是对关键转型技术应用的详细剖析。

一是物联网技术的深度融合。物联网技术作为制造业数字化转型的基础设施，通过传感器、RFID 标签等设备的广泛应用，实现了生产设备的互联互通与数据实时采集。这不仅极大提升了生产过程的透明度，还使企业能够实时监控生产状态，快速响应异常情况。物联网技术促进了数据在供应链各环节的共享，有助于优化库存管理、提高物流效率，从而构建更加灵活高效的供应链体系。例如，在钢铁制造领域，通过物联网技术监测炉温、材料流量等关键参数，能够精确控制生产流程，减少资源浪费，提升产品质量。

二是大数据与云计算的赋能作用。大数据与云计算技术的结合，为制造业提供了强大的数据处理与分析能力。通过对海量生产数据的收集、整理和分析，企业能够挖掘出隐藏在数据背后的价值信息，为生产决策提供科学依据[1]。云计算平台提供了弹性可扩展的计算资源，支持企业进行大规模数据处理和高性能计算，进一步加速了数字化转型的进程。在智能制造领域，大数据分析被广泛应用于质量预测、能耗优化、设备维护等方面，显著提升了生产效率和资源利用率。例如，利用大数据模型预测产品质量趋势，提前干预生产过程，降低不良品率。

三是机器人与自动化技术的广泛应用。机器人与自动化技术的引入，是实现制造业智能化转型的重要手段。通过引入自动化生产线、工业机器人、智能物流系统等设备，企业能够显著降低人力成本，提高生产效率和产品质量。同时，自动化技术还提高了生产线的柔性和响应速度，使其能够更快地适应市场变化和客户需求。在危险或重复性高的工作岗位上，机器人的应用更是有效保障了员工的安全与健康。例如，在汽车零部件制造中，自动化装配线实现了高精度、高效率的零部件组装，显著提升了产品的整体质量。

四是数字化车间与智能工厂的构建。数字化车间与智能工厂的构建，是制造业数字化转型的高级阶段。通过集成物联网、大数据、云计算、人工智能等先进技术，企业能够实现对生产过程的全面感知、智能分析和精准控制。数字化车间通过数字化模型模拟生产过程，优化生产流程，减少浪费；智能工厂则在此基础上，进一步实现生产决策的自主化和生产执行的自动化。这种高度智能化的生产方式，不仅提升了生产效率和产品质量，还促进了生产模式的创新和产业结构的升级。例如，通过集成各类传感器和智能控制系统，智能钢铁工厂实现了从原料进厂到成品出厂的全流程智能化管理，大大提高了生产效率和资源利用率。

2. 人工智能在传统产业的应用前景

在考察庆阳市如何利用人工智能技术推动产业转型升级的活动中，课题组观察到一系列关键领域的深度变革，这些变革不仅重塑了传统产业的运作模式，还为数字经济的高质量发展奠定了坚实基础。

---

[1] 李彦彪：《大数据技术在国库退库业务中的应用探索》，《金融科技时代》2022年第9期。

庆阳市积极引入 AI 技术进行生产设备的预测性维护，实现了从被动应对故障到主动预防的跨越。通过部署传感器网络，实时监测设备运行数据，利用机器学习算法分析设备健康状态，预测潜在故障点，有效减少了非计划停机时间，降低了维护成本。这一策略不仅提高了生产效率，还促进了资源的高效利用，为企业的持续稳定发展提供了有力保障。

在质量控制环节，庆阳市企业借助 AI 算法，对生产流程中的海量质量数据进行深度挖掘与分析。这些算法能够自动识别生产过程中的异常波动，精准定位问题源头，从而实现对产品质量的全面监控与优化。这种智能化的质量控制体系，不仅提高了产品质量的稳定性和一致性，还显著增强了企业的市场竞争力，为打造高品质品牌奠定了坚实基础。

庆阳市利用 AI 技术优化供应链管理，构建了一个高度透明、协同高效的供应链生态系统。通过智能算法对供应链各环节的数据进行集成与分析，企业能够更准确地预测市场需求变化，合理调整生产计划与库存策略。同时，AI 技术还促进了供应商之间的信息共享与协同，降低了沟通成本，提高了供应链的响应速度与灵活性。这一系列变革，不仅减少了库存积压与浪费，还降低了物流风险，为企业的稳健运营提供了有力支撑。

在客户服务领域，庆阳市企业部署了智能客服系统，通过自然语言处理、情感分析等技术，为客户提供更加个性化、智能化的服务体验。这些系统能够准确理解客户需求，快速响应客户问题，提供定制化的解决方案。智能客服还能通过数据分析，预测客户行为，主动推送相关服务与优惠信息，进一步增强客户黏性与忠诚度。这种以客户为中心的服务模式，不仅提升了客户满意度，还为企业赢得了良好的市场口碑。

庆阳市通过深度融合 AI 技术，在预测性维护、质量控制、供应链管理和客户服务等多个领域实现了显著突破，为产业的转型升级注入了强大动力。这些实践不仅展现了 AI 技术在推动数字经济发展中的巨大潜力，也为其他城市提供了可借鉴的经验与模式。

四 传统产业绿色化改造成效

1. 节能减排技术应用与推广

在当前绿色低碳发展的大背景下，甘肃省工业领域正积极响应国家节能减排号召，通过多维度、多层次的策略实施，推动能源利用效率的提升与产业结构的优化。这一过程中，高效节能设备的引进、清洁能源的替代以及节能技术的改进成为关键举措，共同构建起绿色发展的坚实支撑。

高效节能设备引进方面，甘肃省积极引导企业更新换代，引进国际先进的高效节能生产设备。例如，在电力、冶金等高耗能行业，政府鼓励企业采用高效电机，通过优化电机设计、提升材料性能等手段，显著降低电机在运行过程中的能量损耗。同时，针对传统锅炉系统，推广使用节能锅炉，结合先进的燃烧技术和控制系统，实现热效率的大幅提升，从而减少煤炭等化石燃料的消耗。这些高效节能设备的广泛应用，为企业节能减排、降低成本提供了有力保障。

清洁能源替代方面，甘肃省充分利用其丰富的太阳能、风能等可再生能源资源，积极推动清洁能源在工业生产中的广泛应用。政府通过出台一系列政策，如提供财政补贴、税收优惠等，鼓励企业建设太阳能光伏电站、风力发电场等设施，实现生产能源的自给自足或部分替代。甘肃省还积极探索氢能、生物质能等新型清洁能源的利用方式，为工业生产注入更多绿色动力。清洁能源的广泛替代，不仅有助于减少温室气体排放，还促进了能源结构的多元化和可持续发展。

节能技术改进方面，甘肃省大力支持企业对现有生产流程进行节能技术改进，通过技术升级实现能效提升。例如，在化工、建材等行业，推广余热回收技术，将生产过程中产生的余热进行回收利用，用于预热原料、加热水等，从而减少新鲜能源的消耗。同时，实施能源梯级利用策略，根据能源的品质和用能需求，合理分配和利用各级能源，提高整体能源利用效率。还通过智能化改进，引入先进的控制系统和优化算法，对生产过程进行精细化管理，进一步挖掘节能潜力。这些节能技术改进的实施，不仅提高了企业的经济效益，也为推动全省工业绿色发展作出积极贡献。

2. 循环经济与绿色供应链管理

一是抓住环保转型的关键路径，加大废弃物资源化利用力度。在推进绿色低碳发展的进程中，废弃物资源化利用成为不可或缺的一环。甘肃省作为传统工业重镇，近年来在废弃物处理上展现出显著的变革势头，通过技术创新与政策引导，逐步构建起废弃物资源化利用的高效体系。这一转变不仅缓解了环境污染问题，还促进了资源的高效循环利用，为可持续发展奠定了坚实基础。甘肃省通过探索危险废弃物环境管理的"五全联动"特色举措，展现了其在废弃物资源化利用领域的深度布局与前瞻性思考，为其他地区提供了可借鉴的范例。具体而言，废弃物资源化利用涉及多个层面。政府应加大对废弃物处理技术的研发投入，推动技术创新与成果转化，提高废弃物转化效率与资源回收率。企业应承担起主体责任，优化生产流程，减少废弃物产生，并积极探索废弃物内部循环利用的可能性。同时，加强废弃物分类收集与运输体系建设，确保各类废弃物得到妥善处理与利用。还应鼓励社会力量参与废弃物资源化利用，通过市场机制促进资源优化配置，形成政府、企业、社会协同推进的良好格局。

二是以绿色采购与供应链管理为重点，加快构建绿色生产体系的基石。绿色采购和供应链管理的推广与实施，是推动制造业绿色转型、构建绿色生产体系的重要手段。当前，国内大多数制造业企业在供应链管理上仍处于起步阶段，缺乏系统性政策引导与现代供应链创新发展理念的认识[①]。因此，强化供应链标准体系建设、提升供应链管理水平显得尤为重要。通过建立绿色采购体系，优先选择环保材料与产品，不仅能够降低企业自身的环境风险与成本，还能带动供应链上下游企业共同实现绿色化转型。同时，加强供应链管理中的数字化与智能化建设，提高供应链透明度与协同效率，进一步促进资源的节约与高效利用。工业和信息化部运行监测协调局在此方面所做的努力与取得的成效，为我国制造业企业树立了标杆与榜样。

[①] 郭倩：《三部门发文促制造业企业提升供应链管理水平》，《经济参考报》2024 年 5 月 21 日。

三是探索资源高效利用的新路径，着力循环经济模式创新。循环经济模式作为一种新型的经济发展方式，以资源的高效利用与循环利用为核心，对于推动绿色低碳发展具有重要意义。甘肃省等传统工业基地在转型升级过程中，应积极探索循环经济模式的应用与创新。例如，通过产品租赁、再制造等方式延长产品生命周期，减少资源浪费与环境污染；在产业园区建设中引入循环经济理念，构建产业共生、资源共享的循环经济体系；加强废弃物回收与再利用体系建设，推动废弃物向资源转化。这些创新实践不仅能够为企业带来新的经济增长点，还能够促进产业结构的优化升级与生态环境的持续改善。废弃物资源化利用、绿色采购与供应链管理以及循环经济模式创新是推动制造业绿色低碳发展的重要途径。通过这些措施的实施与推广，可以逐步构建起绿色、低碳、循环的现代化经济体系，为实现可持续发展目标贡献力量。

3. 绿色工厂与生态工业园区建设

在当前全球绿色发展的浪潮下，甘肃作为西部地区的重要省份，正积极响应国家生态文明建设号召，推动绿色工厂建设与生态工业园区规划，以绿色循环产业为引领，实现经济发展与环境保护的双赢局面。

甘肃在绿色工厂建设方面，已着手制定详细且全面的建设标准。这些标准不仅涵盖了原材料的绿色采购、生产过程的节能减排，还涉及产品包装的环保要求及废弃物的无害化处理等多个维度。以红川酒业为例，其将绿色标准贯穿于原粮选择、水质选取等酿酒的每一个环节，通过精选东北高粱、河西大麦等绿色无公害原料，以及利用珍珠龙泉水进行酿造，从源头上确保了产品的绿色属性与高品质，成为绿色工厂建设的典范。此类实践为甘肃乃至全国范围内绿色工厂标准的制定提供了宝贵的实践经验与数据支持。

为实现企业间的资源高效利用与环境污染的集中治理，甘肃正大力推进生态工业园区的规划与建设。通过优化产业布局，引导相同或相关联产业向特定园区集中，形成产业链条完善、资源循环利用的生态工业系统。甘肃酒泉作为陆上风电装备制造基地，其风电产业的快速发展正是生态工业园区规划成效的直观体现。金昌经开区也在积极打造有色金属新材料、智能制造、数字经济等多元化产业集群，通过产业链延伸与绿色循环产业的壮大，推动园区经济高质量发展。这种生态工业园区的建设模式，不仅促进了资源的高效利用，还有效降低了企业的环保成本，实现了经济效益与环境效益的双提升。

为更好地推广绿色化改造的成功经验，甘肃积极实施绿色工厂示范项目，通过典型引路、示范带动的方式，引导更多企业参与到绿色化改造中。这些示范项目不仅展示了绿色技术在生产过程中的具体应用与成效，还为企业提供了可借鉴的绿色转型路径。通过举办经验交流会、现场观摩会等活动，企业间可以相互学习、取长补短，共同提升绿色发展水平。同时，政府部门也加大对绿色工厂示范项目的支持力度，通过政策引导、资金扶持等手段，为企业的绿色化改造提供有力保障，加速推动绿色工厂在甘肃乃至全国的普及与发展。

第四节　甘肃战略性新兴产业数字化布局与重点产业集群培育

甘肃省作为一个资源丰富且具有地理优势的地区，其战略性新兴产业的发展对区域经济发展具有重要意义。当前，甘肃省在新一代信息技术、高端装备制造、新能源汽车等领域面临资金和技术的劣势，而在节能环保、生物、新能源、新材料等领域则具有一定的优势[①]。

一　甘肃战略性新兴产业数字化布局与重点产业集群培育状况

数字化布局作为现代产业发展的关键因素，在提升产业链的附加值、优化产业结构、提高生产效率等方面起到了至关重要的作用。

1. 甘肃战略性新兴产业发展

近年来，甘肃在工业领域表现出强劲的发展势头，特别是在新能源、新

---

① 刘家庆：《促进战略性新兴产业发展的财政政策研究——以甘肃省为例》，《财政研究》2011年第4期。

材料、生物医药以及信息技术等新兴产业上，取得了显著成果。

在新能源方面，依托得天独厚的风能、太阳能资源，甘肃已经成功打造了多个风电和光伏发电基地。这些基地不仅为地区提供了稳定的清洁能源，而且也推动了新能源产业链的发展，使新能源产业成为甘肃增速最快、潜力巨大的新兴产业之一。

新材料领域，甘肃同样取得了不俗的成绩。特别是在镍钴新材料、高温合金、耐蚀合金等研发方面，甘肃的企业和科研机构已形成了一批拥有自主知识产权的优质产品和技术。这些新材料不仅在国内外市场上具有较强的竞争力，也为甘肃的工业升级和转型提供了坚实的物质基础。

甘肃生物医药产业也呈现稳步发展的态势。通过持续的技术创新和产业升级，甘肃的生物医药企业不断提升产品质量和市场竞争力，逐步在国内外市场上占据了一席之地。这对于优化甘肃的产业结构、增强经济实力具有重要意义。

随着数字经济的蓬勃发展，甘肃的信息技术产业也迎来了快速发展的机遇。云计算、大数据、物联网等新技术在甘肃的各个领域得到广泛应用，极大地推动了产业的转型升级和效率提升。这不仅为甘肃的经济发展注入了新的活力，也为未来的可持续发展奠定了坚实基础。

2. 甘肃重点产业集群培育的现状

甘肃省作为中国西部地区的重要老工业基地，近年来在经济转型升级的过程中，特别注重战略性新兴产业的培育与发展。甘肃省依托现有的工业基础优势，结合本地实际情况，围绕战略性新兴产业的需求，重点建设了一系列国家级和省级创新平台，以促进产业集群的形成与发展。

甘肃省在能源装备、微电子、电工电器、中药现代制药、农产品干燥装备等领域已经初步形成了特色产业聚集区。这些产业聚集区的建立，不仅优化了产业结构，也为区域经济的发展注入了新的活力。2023年，甘肃省发展动能不断增强，战略性新兴产业发展强劲。"强科技"行动扎实推进，新获批国家级和省部级创新平台14个，建成甘肃省科技成果转化综合服务平台，争取国家自然科学基金项目立项704个，经费4.2亿元，均创历史新高。全省共签订技术合同14148项，增长6.85%；技术合同成交金额468.15亿元，增长38.27%。新能源产业持续稳定发展，新能源并网装机规模达到3908万千瓦，新能源装机占比达到54%，占比居全国第2位，成为省内第一大电源；新能源发电量1302亿千瓦时，占比达到26.7%；新型储能装机规模达到110万千瓦，新能源已成为全省经济发展的重要支撑和产业构建的重要牵引。数字经济和实体经济深度融合，数字经济发展水平有效提升。大力推进全国一体化算力网络国家枢纽节点（甘肃）建设，实施"东数西算"源网荷储一体化智慧零碳大数据产业园、秦淮数据零碳数据中心产业基地、兰州国家级互联网骨干直联点等重点项目。持续推进信息技术赋能产业转型升级，实施"上云用数赋智"，省属企业上云率达到70%，重点企业生产设备联网率达到40%以上，中小企业上云数达到6.2万家，助推产业数字化转型。深入开展"营商环境攻坚突破年"行动，加快"数字政府"建设，深化"标准地"和信用承诺制改革，全省新增经营主体32.74万家，同比增长18.32%，其中新增企业9.08万家，增长24%。新增个体工商户23.33万户，同比增长17.33%，市场活力不断被激发释放[①]。

在重点产业集群的培育方面，甘肃省的发展战略聚焦于有色金属新材料、生物制品、集成电路、生物医药、先进装备制造等优势行业，同时也在新能源装备制造、功能材料、现代中藏药、水性高分子材料、芯片设计制造等行业中寻求进一步的发展与突破。通过强化系统集成和技术研发，甘肃省在这些关键技术和领域上正逐步实现技术突破，这不仅能引领产业科技创新，也有助于形成新的经济增长点。

此外，甘肃省还围绕白银高新技术开发区、兰州新区、武威能源装备制造产业园区等，积极发挥人才、环境、市场、产业等优势，推动技术创新[②]。这些措施的实施，不仅促进了产业园区内部企业之间的协同与配合，也有助

[①] 张帆、杨永、张旭春、李丹：《2023年甘肃省经济运行情况及2024年展望》，甘肃经济信息网（甘肃省经济研究院），https://www.gsei.com.cn/html/1286/2024-04-17/content-498911.html。

[②] 王晓鸿、吕璇：《经济新常态下甘肃省战略性新兴产业创新发展模式探索》，《科学管理研究》2018年第4期。

于优化升级产业结构,进一步推动了重点产业集群的培育与发展。

综上所述,甘肃省在重点产业集群的培育方面已经取得了初步的成效,通过建设创新平台、优化产业结构、推动技术进步等措施,正在形成具有区域特色的战略性新兴产业集群,为甘肃省的经济转型升级和可持续发展奠定了坚实的基础。未来,甘肃省仍需持续关注产业集群的培育,进一步提升其创新能力和市场竞争力,以更好地服务于区域经济的全面发展。

二 甘肃战略性新兴产业数字化布局与重点产业集群培育存在的问题和不足

1. 甘肃战略性新兴产业数字化布局存在的问题与不足

首先,甘肃省在推进战略性新兴产业数字化布局方面存在明显的产业链条短问题。尽管部分骨干企业已经入驻园区,但相关配套企业之间的整合与协调不足,导致产业链发展呈现较为松散的状态。这种情况在一定程度上限制了产业链的延伸和优化,使数字化布局难以形成合力,影响了整体产业链的效率和效益。

其次,甘肃战略性新兴产业在数字化转型过程中,普遍缺乏高效运作的管理协调机制。这种机制的缺失不仅影响了产业链的紧密连接,也限制了跨企业、跨领域的资源整合与优化配置,进而影响了数字化布局的整体效能。

再次,甘肃省的研发投入与产出之间存在较大的反差,科技成果就地转化率不高,产学研融合度低。这表明在数字化布局中,甘肃省的创新成果转化机制尚不完善,科研与产业需求之间存在脱节,影响了数字化布局的实际效果。

最后,甘肃战略性新兴产业在数字化布局中还面临着技术同质化严重、缺乏核心技术和知识产权、关键技术依赖进口等问题。这些技术瓶颈和创新能力的短板,限制了甘肃省在新兴产业数字化布局中的竞争力和可持续发展能力。

2. 甘肃重点产业集群培育存在的问题与不足

首先,甘肃战略性新兴产业普遍面临产业链较短和配套体系不完善的问题。以兰白科技创新试验区为例，虽然已有高端装备制造、生物医药、电子信息等产业链得到初步的建设和发展，但在实际操作中，由于相关配套企业缺乏整合与协调，产业链呈现较为松散的状态，中间衔接度不够，缺少高效运作的管理协调机制①。这种情况直接影响了产业集群的整体竞争力和可持续发展能力。

其次，甘肃战略性新兴产业在技术水平和经济效益方面存在较大的不足。许多企业缺乏对前沿技术的探索和研发，导致研发能力较弱、技术同质化严重。这不仅限制了企业的创新发展，也使甘肃省在一些高精尖领域对外部技术存在较大依赖，进一步加剧了产业竞争力的不足。

再次，甘肃省的科技投入虽然呈现稳步增长的趋势，但与东部发达地区相比，仍存在较大的差距。特别是与同处西部的陕西省相比，甘肃省的R&D经费投入强度低，专利申请和授权量也处于全国中下水平。这表明甘肃省在自主创新能力上还有很大的提升空间。

最后，甘肃省在人才结构和人才培养方面也面临挑战。高端人才短缺，特别是骨干人才、创新型人才、企业家等缺乏，成为产业集群培育和发展的瓶颈。此外，专业技术人才流失严重，人才评价激励机制和服务保障体系不完善，进一步加剧了这一问题。

三 甘肃战略性新兴产业数字化布局与重点产业集群培育路径

1. 新能源产业集群

在能源结构转型与绿色发展的全球浪潮中，甘肃省以得天独厚的自然条件与前瞻性的战略规划，正逐步构建起以风电、光伏为核心，以氢能产业为探索方向，以新能源装备制造为支撑的多元化、高质量发展体系。这一体系不仅彰显了甘肃省在能源转型道路上的坚定决心，也为区域经济的高质量发展注入了强劲动力。

---

① 王晓鸿、吕璇：《经济新常态下甘肃省战略性新兴产业创新发展模式探索》，《科学管理研究》2018年第4期。

甘肃省依托其丰富的风能、太阳能资源，已成为国内风电与光伏产业的重要基地。风电产业方面，甘肃省致力于推动风电设备本地化生产，通过引进国内外先进技术，不断提升风机制造和运维能力，形成了从研发设计到生产制造的完整产业链条。同时，针对光伏产业，甘肃省加速光伏电池组件、逆变器、支架等关键部件的研发与生产，构建起了高效、稳定的光伏产业链。通过技术创新与产业协同，甘肃省在风电与光伏领域实现了资源的高效利用与产业的快速发展，为能源结构的持续优化奠定了坚实基础。

面对全球能源变革的新趋势，甘肃省前瞻性地布局氢能产业，将氢能视为未来清洁能源的重要发展方向。通过构建氢能制取、储存、运输和应用的全产业链体系，甘肃省正逐步推动氢能燃料电池汽车、氢能发电站等示范项目的落地实施。这一举措不仅有助于提升能源利用效率、减少碳排放，还将为甘肃省乃至全国的能源结构转型提供新的动力源泉。氢能产业的发展还带动了相关产业链的延伸与拓展，为区域经济的多元化发展注入了新的活力。

新能源装备制造业作为新能源产业发展的关键支撑，在甘肃省得到高度重视与大力发展。甘肃省通过政策扶持与市场引导，积极支持新能源装备制造企业的发展壮大。鼓励企业加大研发投入，突破关键技术瓶颈，提高设备性能与质量，提升新能源装备的国产化率和市场竞争力。同时，通过构建产业联盟、加强产学研合作等方式，推动新能源装备制造业的协同创新与技术进步。这一系列举措不仅促进了新能源装备制造业的快速发展，也为甘肃省乃至全国的新能源产业发展提供了强有力的装备保障。

甘肃省在新能源产业发展方面取得了显著成效，形成了风电、光伏、氢能及新能源装备制造等多领域协同发展的良好局面。未来，随着技术的不断进步与政策的持续支持，甘肃省新能源产业有望迎来更加广阔的发展前景。

2. 新材料产业集群

在推动经济高质量发展的背景下，甘肃省依托其丰富的资源禀赋，正加速构建以有色金属新材料、稀土功能材料及新能源材料为核心的新材料产业体系，为产业升级和能源转型注入强劲动力。

一是以创新驱动为先导，加快数字赋能高端制造的有色金属新材料产业集群建设。甘肃省有色金属资源丰富，特别是铜、铝、镍等金属储量可观，为发展新材料产业提供了坚实基础。当前，甘肃省正积极推动有色金属新材料的高端化发展，聚焦高精度铜板带、铝合金型材、镍基合金等产品的研发与生产。通过技术创新与工艺优化，这些新材料不仅满足了航空航天、汽车制造、电子信息等高端领域对材料性能的严格要求，还实现了产能的就地消化，有效地促进了地方经济循环。例如，金昌市围绕龙头企业，打造有色金属新材料千亿级产业链，不仅提升了区域产业的竞争力，更为甘肃整体经济结构的优化升级贡献力量。

二是以资源转化提升附加值为核心，加快稀土功能材料产业集群建设。依托丰富的稀土资源，甘肃省正加快稀土功能材料的研发与应用步伐。稀土永磁材料、稀土发光材料、稀土催化材料等作为稀土产业链中的高端产品，在新能源汽车、节能环保、电子信息等多个领域展现出巨大应用潜力。通过加强稀土资源的综合利用，提高稀土产品附加值，甘肃省正逐步构建起完善的稀土产业链，实现从资源依赖向技术创新驱动的转变。特别值得一提的是，兰州大学等科研机构的突破性研究成果，如开发新型工程化生物膜实现稀土离子的精确识别与高效分离，不仅为稀土资源的绿色提取提供了新思路，也为稀土功能材料的进一步发展奠定了科学基础。

三是聚焦前沿和未来产业，加快打造引领绿色发展的新能源材料产业集群。随着全球能源结构的转型，新能源材料成为甘肃新材料产业发展的另一个重要方向。聚焦于锂离子电池、太阳能电池等关键领域，甘肃省积极推动正极材料、负极材料、电解液等核心组件的研发与生产，通过产学研深度融合，不断突破技术瓶颈，提升新能源材料的性能与成本效益，为新能源产业的快速发展提供了有力支撑。这些新能源材料不仅广泛应用于电动汽车、储能系统等领域，还促进了新能源发电与智能电网的协同发展，为甘肃乃至全国的绿色低碳转型贡献力量。

3. 生物医药产业集群

近年来，甘肃省依托其独特的自然资源和深厚的产业基础，在生物医药与医疗器械领域取得了显著成就，形成了集中药材种植与加工、生物制药、医疗器械与医疗服务于一体的多元化发展格局。这一产业生态不仅促进了地方经济的繁荣，也为全国乃至全球医疗健康事业的发展贡献了重要力量。

一是持续扩大中药材种植与加工规模、提升品质。甘肃省作为中国重要的中药材产区，依托其得天独厚的自然条件，中药材资源丰富、品质优良。当地政府及企业积极推动中药材的规范化种植和标准化加工，通过加强中药材种质资源保护，提升中药材品质和产量，奠定了坚实的产业基础。同时，甘肃中药材出口"朋友圈"持续扩大，得益于兰州海关等部门的政策扶持与通关便利化措施，甘肃中药材在国际市场上的竞争力不断增强。这不仅提升了中药材的附加值，而且促进了中药材产业链的延伸和升级，为甘肃生物医药产业的持续发展注入了新动力。

二是围绕生物制药技术的创新与应用，引领生物制药产业升级创新。在生物制药领域，甘肃省依托兰州高新区等生物医药产业园区，聚集了一批具有国际竞争力的生物制药企业。这些企业在基因工程药物、疫苗、诊断试剂等产品的研发与生产上取得了显著成果，不仅推动了生物制药技术的创新与应用，也为地方经济的转型升级提供了重要支撑。兰州高新区作为甘肃生物医药产业的核心区域，其生物医药产业的发展成果显著，年产值持续攀升，并在国内外生物医药园区竞争力排名中不断提升。

三是加强高端医疗器械的研发与生产，加速医疗器械国产化进程。甘肃省积极响应国家号召，推动医疗器械国产化进程，加强高端医疗器械的研发与生产。甘肃省在医用重离子加速器等高端医疗器械的研发与应用上取得了突破性进展，国产医用重离子加速器正式投入临床应用，标志着我国在这一领域的技术水平迈上新的台阶。这不仅为患者提供了更加先进、精准的治疗手段，也为我国医疗器械产业的发展注入了新的活力。同时，甘肃省不断完善医疗服务体系，提高医疗服务水平和质量。

4. 信息技术产业集群

近年来，甘肃省凭借其独特的地理位置和丰富的资源禀赋，在数字化转型的浪潮中展现出强劲的发展势头。随着云计算、大数据、人工智能及物联网等技术的不断融合与创新，甘肃省正逐步构建起以数字技术为核心驱动力的现代信息服务业体系，为区域经济的高质量发展注入了新的活力。

云计算与大数据产业的深度融合。甘肃省依托其完善的数据中心资源，积极推动云计算和大数据产业的发展。加强数据中心基础设施建设，不仅显著提升了数据存储和处理能力，还进一步促进了数据的共享与开放，为政府决策和企业运营提供了坚实的数据支撑。在"交响丝路·如意甘肃"智慧文旅品牌的打造过程中，云计算和大数据技术发挥了至关重要的作用，通过智慧旅游平台的构建，实现了旅游资源的精准推送和游客体验的个性化定制，显著提升了文旅产业的信息化、数字化、智慧化水平。这一系列举措不仅展示了甘肃省在数字化转型中的前瞻布局，也为其他地区提供了可借鉴的经验与模式。

人工智能与物联网技术的广泛应用。甘肃省在人工智能与物联网技术的推广应用上也取得了显著成效。通过加大对人工智能技术研发的投入，不断拓展其应用场景，尤其是在智慧城市和智能制造等领域，物联网技术更是展现出强大的生命力和广阔的应用前景。例如，在智慧城市建设中，物联网技术被广泛应用于智能交通、环境监测、公共安全等多个方面，有效提升了城市管理效率和居民生活质量。同时，人工智能技术的引入也为智能制造行业带来了革命性的变化，推动了生产过程的智能化、自动化，显著提高了生产效率和产品质量。

网络安全与信息技术服务的强化保障。在数字化转型的进程中，网络安全问题日益凸显。甘肃省深刻认识到加强网络安全保障体系建设的重要性，不断提升网络安全防护能力，为数字经济的健康发展提供了坚实保障。甘肃省加强了对关键信息基础设施的保护，建立健全了网络安全应急响应机制；也积极发展信息技术服务业，为各行业提供全面的信息化解决方案和技术支持。在此过程中，甘肃检察机关移动侦协网应用凭借其卓越的创新性和实用性，荣获了全国政法智能化建设智慧检务创新案例，这不仅是对其工作成果的肯定，也为甘肃省在网络安全领域的探索与实践树立了典范。像元支点这样的企业也致力于网络安全产品的研发与创新，以用户需求为导向，制定新思维模式的安全策略，为构建安全可信的数字环境贡献力量。

第五节 甘肃现代服务业数字化转型发展

甘肃现代服务业的发展相对滞后，这在一定程度上制约了地区经济的整体进步。数字化转型作为现代服务业发展的重要途径，对于提升服务业的整体竞争力、促进信息资源的高效利用、推动传统产业升级等方面具有重要意义。

一 现代服务业发展现状及创新趋势

近年来，甘肃现代服务业呈现蓬勃发展的态势，不仅成为经济结构转型的关键驱动力，还显著提升了居民生活质量与社会福祉。在这一过程中，产业结构的持续优化、政策支持的深度强化，以及基础设施建设的不断完善，共同构筑了现代服务业高速发展的坚实基石。

1. 甘肃现代服务业发展现状

一是产业结构优化，服务业引领经济增长新引擎。随着经济发展模式的转变，甘肃现代服务业展现出强劲的增长潜力，服务业增加值占GDP比重逐年攀升，已成为推动全省经济转型升级的重要力量。这一趋势不仅反映了经济结构的深刻调整，也预示着未来经济增长的新方向。服务业内部，文化、旅游、健康、医疗、教育等生活性服务业的发展尤为显著，这些领域不仅直接关联民生福祉，还通过创新驱动，不断催生新业态、新模式，为经济注入新的活力。据预测，至"十五五"初期，我国居民服务消费支出占比有望超过50%，到21世纪中叶有望达到发达国家水平，这一趋势为甘肃现代服务业的持续发展提供了广阔的市场空间与巨大的消费潜力。

二是政策支持力度加大，多措并举助力服务业腾飞。甘肃省政府深刻认识到现代服务业对于经济发展的重要性，因此出台了一系列针对性强、可操作性好的政策措施，旨在全方位、多角度地推动现代服务业发展。财政补贴与税收优惠政策的实施，有效降低了企业的运营成本、激发了市场活力；人才引进与培养计划的推进，则为服务业的发展提供了坚实的人才支撑。特别是在家政服务领域，政府通过开展"金城家政"等"社区行"和"乡村行"活动，以及大规模的政府补贴性就业技能培训，不仅促进了家政服务的供需对接，还显著提升了家政服务行业的专业化、规范化水平，为现代服务业的全面发展树立了典范。

三是基础设施建设完善，筑牢服务业发展硬件基础。基础设施的完善是现代服务业发展的重要支撑。甘肃省在基础设施建设方面取得了显著成就，特别是交通、通信、互联网等关键领域的快速发展，为现代服务业的数字化转型提供了强有力的硬件保障。便捷的交通网络突破了距离的限制，促进了人才、信息、资源的快速流动；高效的通信网络则打破了时空限制，使远程办公、在线教育、远程医疗等新兴业态得以蓬勃发展。这些基础设施的完善不仅提升了服务效率与质量，还为现代服务业的创新发展提供了无限可能。

甘肃现代服务业的快速发展得益于产业结构的不断优化、政策支持力度的加大以及基础设施建设的完善。展望未来，随着这些有利因素的持续作用，甘肃省现代服务业将迎来更加广阔的发展前景。

2. 甘肃现代服务业发展及创新趋势

在甘肃现代服务业的快速发展进程中，一系列创新举措与战略部署正逐步显现其深远影响。这一领域的企业，不仅在国内市场中展现出强劲的竞争力，更在全球化浪潮中积极探索，以更加开放和包容的姿态迎接挑战。

一是业务模式创新，探索多元化服务路径。甘肃现代服务业企业紧跟时代步伐，不断突破传统框架，探索出多种新型业务模式。其中，平台经济与共享经济的兴起尤为显著。通过搭建高效便捷的服务平台，企业实现了资源的优化配置与高效利用，如兰州公共资源交易中心推出的"清兰交易"阳光平台便是一个典型的案例。该平台借助"数字+交易"的改革力量，成功推动了公共资源交易的数字化转型，不仅提高了交易效率，还大大增强了交易的透明度与公信力。定制化服务的兴起也满足了市场日益增长的个性化需求，推动了服务行业的精细化发展。

二是技术创新引领，驱动服务智能化升级。技术创新作为现代服务业发展的核心驱动力,在甘肃省得到了充分体现。企业纷纷加大研发投入,积极引进先进技术和设备,推动服务流程的智能化改造。通过大数据、云计算、人工智能等前沿技术的应用,服务产品不断迭代升级,用户体验得到显著提升。技术创新不仅提高了服务效率和质量,还为企业带来了新的增长点,推动了服务行业的转型升级。

三是绿色低碳发展,践行可持续发展理念。在全球绿色低碳发展的大背景下,甘肃现代服务业企业也积极响应号召,将绿色发展理念融入日常经营中。通过推广绿色服务、实施节能减排措施、优化资源配置等手段,企业努力降低自身运营对环境的影响,同时引导消费者形成绿色消费习惯。这种绿色低碳的发展模式不仅有助于企业实现可持续发展,也为社会经济的绿色转型贡献了力量。

四是国际化战略推进,拓展全球市场版图。面对日益激烈的国际竞争环境,甘肃现代服务业企业积极实施国际化战略,主动融入全球经济体系。通过拓展海外市场、参与国际竞争、加强国际合作等方式,企业不断提升自身的国际影响力和竞争力。同时,企业还注重提升品牌价值和文化软实力,通过打造具有中国特色的服务品牌,向世界展示中国服务的魅力与实力。这一系列的国际化举措不仅为企业带来了新的发展空间和机遇,也为推动中国服务业走向世界奠定了坚实基础。

二 甘肃现代服务业数字化转型发展面临的挑战

在当前经济格局下,数字化转型已成为企业转型升级的关键路径,尤其是在生活服务业及更广泛的商业领域,其重要性愈加凸显。然而,企业在推进数字化转型进程中,面临多重挑战与机遇并存的局面。

1. 数字化成熟度差异的挑战

不同企业在数字化转型的浪潮中,展现出明显的成熟度差异。对于部分领先企业而言,它们已建立起完善的数字化基础设施,并具备丰富的数字化运营经验,能够迅速响应市场变化、优化服务流程、提升客户体验。然而,仍有大量企业,尤其是中小微企业,受资金、技术、人才等资源约束,难以快速跨越数字化的门槛。这导致它们在数字化转型中步履维艰，难以与市场前沿接轨。为解决这一问题，政府及社会各界需加大支持力度，通过政策引导、技术培训、资金扶持等手段，帮助这些企业提高数字化水平、缩小与领先企业的差距。

2. 数据安全与隐私保护的紧迫性

随着数字化转型的深入，数据已成为企业的核心资产。然而，数据安全和隐私保护问题也日益凸显。企业在收集、存储、处理和使用数据时，必须严格遵守相关法律法规，建立健全数据管理和安全保障体系。这不仅是对用户负责的表现，也是企业可持续发展的基石。为此，企业应加大对数据安全技术的投入，提升数据防护能力，同时加强员工培训，增强数据安全意识。政府监管部门也应加大监管力度，确保企业合规运营，保护用户数据安全。

3. 业务流程再造与组织架构调整的深度变革

数字化转型不仅是技术层面的更新，更是一场深刻的业务流程和组织架构变革。企业需要打破传统的运营模式，以客户需求为中心，重新设计服务流程，优化资源配置，提升服务效率和质量。同时，组织架构也需相应调整，以适应数字化转型的需求。这要求企业具备高度的组织协调能力和创新能力，能够迅速响应市场变化，灵活调整策略，实现可持续发展。在实践中，企业可以通过引入敏捷管理、精益生产等先进理念，推动内部管理的变革和升级，为数字化转型提供有力支撑。

4. 资金投入与成本控制的平衡艺术

数字化转型需要大量的资金投入，包括技术研发、设备购置、人才培养等多个方面[①]。然而，企业在数字化转型的同时，也必须关注成本控制问题，确保投入的效益最大化。为此，企业需要制定科学合理的预算计划，明确投资方向和重点，避免盲目投资和资源浪费。同时，企业还应加强内部管

---

① 李明月：《数字化转型对中国国有企业高质量发展的影响研究》，吉林大学博士学位论文，2023。

理，提高运营效率，降低成本支出。企业还可以通过与合作伙伴共建共享、引入社会资本等方式，拓宽资金来源渠道，降低投资风险。在潍坊市城投集团助力亚星化学数字化转型的案例中，可以看到，通过合理的资金投入和成本控制策略，企业能够在数字化转型中取得显著成效，为企业高质量发展注入强劲动力。

企业在推进数字化转型的过程中，需直面数字化成熟度差异、数据安全与隐私保护、业务流程再造与组织架构调整以及资金投入与成本控制等多重挑战。通过采取有针对性的措施和策略，企业可以克服这些挑战，把握数字化转型的机遇，实现可持续发展。

三　甘肃现代服务业数字化转型发展的对策建议

在数字经济发展浪潮的推动下，现代服务业的数字化转型已成为提升行业竞争力、优化资源配置、促进经济高质量发展的关键路径。这一过程不仅要求技术创新与业务模式的深度融合，还需政府、企业和社会各界的共同努力，构建一个开放、协同、可持续的数字化转型生态。

1. 强化顶层设计，引领转型方向

现代服务业数字化转型的首要任务是加强顶层设计、制定科学合理的发展规划。这包括明确转型的发展目标、路径和具体措施，确保转型工作有章可循、有序推进。顶层设计应紧密结合国家发展战略和区域产业布局，充分考虑市场需求和技术发展趋势，为现代服务业的数字化转型提供清晰的指引和有力的支撑。通过构建完善的政策体系，如出台数字化转型专项规划、设立转型引导基金等，激发市场主体的积极性和创造性，推动转型工作落地见效。

2. 加大投入力度，提升转型效能

数字化转型是一个系统工程，需要大量的人力、物力和财力投入。企业作为转型的主体，应主动加大投入力度，积极引进先进技术和人才，推动业务流程再造和服务模式创新。同时，政府也应发挥引导作用，通过提供必要的资金支持和税收优惠，降低企业转型成本，提高企业转型动力；还应加强金融服务创新，拓宽融资渠道，为现代服务业的数字化转型提供充足的资金支持，例如，可以设立数字化转型专项贷款、风险补偿基金等，支持企业开展数字化转型项目。

3. 深化跨界融合，拓展服务领域

现代服务业的数字化转型不仅是技术层面的革新，更是业务模式和服务内容的深刻变革。推动现代服务业与制造业、农业等其他产业的深度融合，可以拓展新的服务领域和市场空间，促进产业间的协同发展。通过跨界融合，可以实现资源共享、优势互补，提升服务质量和效率。例如，在金融服务领域，可以利用大数据、人工智能等技术手段，为制造业企业提供精准的信贷支持和风险管理服务；在农业领域，可以发展智慧农业，利用物联网、云计算等技术手段提升农业生产效率和农产品质量。

4. 强化人才培养，支撑转型需求

人才是现代服务业数字化转型的核心要素。加强数字化转型所需人才的培养和引进，是转型工作顺利进行的重要保障。企业应注重内部人才培养，通过培训、交流等方式提升员工的数字化技能和素养；同时，也应积极引进外部优秀人才，特别是具备跨界融合能力和创新思维的高端人才。政府和教育机构应加强合作，共同构建数字化人才培养体系，为现代服务业的数字化转型提供有力的人才支撑。应加强国际交流与合作，借鉴国际先进经验和技术成果，推动数字化转型的国际化进程。

5. 注重绿色发展，实现双赢局面

在推动现代服务业数字化转型的过程中，应注重绿色发展理念的融入。通过应用绿色技术、优化服务流程、降低能耗排放等措施，实现经济效益与生态效益的双赢。例如，在数字基础设施建设过程中，可以采用低碳环保的材料和技术；在数据处理和存储方面，可以推广使用节能高效的服务器和存储设备；在服务提供过程中，可以引导用户采用低碳环保的消费方式。这些措施的实施，可以推动现代服务业数字化转型向更加绿色、可持续的方向发展。

第三章　甘肃产业数字化发展

　　现代服务业的数字化转型是一个复杂而长期的过程，需要政府、企业和社会各界的共同努力和持续投入。强化顶层设计、加大投入力度、深化跨界融合、强化人才培养和注重绿色发展等措施的实施，可以推动现代服务业实现数字化转型的目标，为经济发展注入新的动力。兰州公共资源交易中心打造的"清兰交易"阳光平台便是一个成功案例，展示了数字化转型在提升服务质量和效率方面的巨大潜力。

第四章
甘肃数字产业化发展

数字产业化，是数字经济发展的根基和动力源泉，数字经济的核心产业主要包括提供数字技术、产品、服务、基础设施和解决方案，以及完全依赖于数字技术、数据要素的各类经济活动。近年来，甘肃紧抓数字经济发展的历史机遇，把握数字经济发展趋势和规律，聚力在夯实数字经济关键支撑上攻坚突破，着力构建了一批科技创新平台，有效地增强了关键领域数字核心技术创新能力，大力推动数字基础设施建设扩容提速，不断促进数字经济经营主体发展壮大，为筑牢数字经济发展根基、加速数字经济产业发展要素积累提供了有力支撑。

第一节 甘肃"强科技"行动中的科技创新平台建设

2022年4月，甘肃省政府通过了《甘肃省强科技行动实施方案（2022—2025年）》，随着"强科技"行动开启，致力于构建高水平省级创新平台的行动也在逐步开展。

一 科技创新平台建设的基本任务

1. 建设国家级创新基地

甘肃国家级创新基地的建设，主要是根据重组国家重点实验室体系方案，坚持"一室一策、一事一议"，依托相关建设单位制定重组方案，对现有国家重点实验室开展高标准重组工作。一是重点在核科学、文物保护、生物医药等领域争取新建全国重点实验室，支持中国科学院近代物理研究所在核科学与技术领域建设全国重点实验室，支持兰州大学和中国科学院西北生态环境资源研究院在干旱环境国家安全领域建设全国重点实验室，支持兰州大学在生物医药领域建设全国重点实验室，支持敦煌研究院在文物保护领域建设省部共建全国重点实验室。二是结合国家能源领域"十四五"科技创新规划，协调兰州大学、中国科学院近代物理研究所、中国科学院上海应用物理研究所、中核四〇四和中核五〇四等单位，联合培育建设核技术国家实验室。三是支持兰州大学、中国科学院兰州分院、中国农业科学院兰州兽医研究所、金川集团、天水电器传动研究所有限公司重组全国重点实验室，支持兰州理工大学和甘肃农业大学拓展研究方向，加强省部共建国家重点实验室建设。四是推动国家工程技术研究中心优化整合，重点推动国家干燥技术及装备工程技术研究中心、国家绿色镀膜技术与装备工程技术研究中心、国家镍钴新材料工程技术研究中心、国家古代壁画和土遗址保护工程技术研究中心、国家种子加工成套装备工程技术研究中心优化整合。五是支持培育国家创新平台，到2025年，争取新建国家技术创新中心、国家制造业创新中心、国家应用数学中心等国家创新平台2~3个。

2. 整合省级科技创新基地

2022年，由甘肃省科技厅牵头，开始对全省省级重点实验室、工程技术研究中心、技术创新中心、临床医学研究中心、野外科学观测研究站等创新基地进行系统评估，科学厘定功能定位，通过充实、整合、转改、新建等，稳步推进优化整合和力量重塑，增强研发能力和竞争实力。计划到2025年，基本建成布局合理、定位清晰、管理科学、开放共享、多元投入、动态调整的省级科技创新基地体系。

3. 组建企业创新联合体

创新联合体，是一种促进科技发展、关键核心技术突破的有效组织形式。"强科技"行动在支持全省企业创新联合体成员单位联合组建重点实验室、技术创新中心、工程研究中心、产业技术研究院、新型研发机构等创新平台的同时,计划到2025年,在新能源、新材料、装备制造、生物医药、电子信息、精细化工、现代农业、数字经济等领域组建20个左右企业创新联合体,带动上中下游企业协同发展。其中,重点聚焦风电、光伏、光热和先进核能等新能源高效综合利用,实施关键共性技术攻坚行动,到2025年,围绕新能源产业链组建2家以上企业创新联合体,培育建设技术创新中心等创新平台3~5家。要落实国家加快新材料产业创新发展实施意见和关键基础材料能力提升行动计划,聚焦新材料产业高质量发展的关键环节和重点方向,围绕新材料产业链组建2~3家企业创新联合体,培育建设省级以上创新平台3~5家。要聚焦石油化工、电工电气、电子信息及高端数控机床等装备制造产业创新发展,集聚各类创新要素,培育新技术、新产品、新业态、新模式,围绕装备制造产业链,组建1~2家企业创新联合体。

4. 搭建科技型企业孵化平台

科技型企业孵化平台主要包括众创空间、科技企业孵化器、大学科技园、留学生回国创业园等,为全面增强孵化、育成能力,"强科技"行动提出,到2025年,争取新增省级以上科技企业孵化平台30家。

二 甘肃支持科技创新的政策措施

为加快实施创新驱动发展战略,支持科技创新,早在2016年,甘肃省委办公厅、甘肃省人民政府办公厅结合省情实际,已制定并印发了《甘肃省支持科技创新若干措施》。

1. 构建开放合作创新体系

对与高等学校、科研院所、科技创新服务机构及科技型企业以合作共建、独立建设等形式在省内设立的科研分支机构、联合实验室或技术转移机构给予50万元资金补助。对新认定的国家级工程(技术)研究中心、国家级重点实验室、国家级工程实验室、国家级开发区、国家级农业科技园区、国家级国际科技合作基地、国家级企业技术中心、国家制造业创新中心给予300万元补助；对新认定的省级工程（技术）研究中心、省级重点实验室、省级工程实验室、省级开发区、省级农业科技园区、省级国际科技合作基地、省级企业技术中心、省级行业技术中心、省级制造业创新中心给予50万元补助；对新认定的国家级科技企业孵化器、国家级大学科技园给予100万元补助，对新认定的省级科技企业孵化器、省级大学科技园给予50万元补助；对新认定的国家级技术转移中心给予50万元补助，对新认定的省级技术转移中心给予30万元补助；对新成立的产业技术创新战略联盟给予牵头单位30万元补助。

2. 培育科技创新主体

一是给予新认定的高新技术企业一次性补助20万元，给予复审通过的高新技术企业补助5万元，给予新认定的省级科技创新型企业一次性补助5万元。二是对申请登记注册从事无安全生产隐患、无环境污染、无社会危害行业的科技型企业和科技服务机构住所登记可实行"一址多照"；对领取营业执照后未开展经营活动或已开展经营活动无债权债务纠纷的企业，试点开展企业简易注销登记，便利企业市场退出。优化企业变更登记流程，引导支持企业兼并重组，激发企业创新创业活力。三是开通建设用地审批绿色通道，优先保障创新型企业、创新项目用地。新建科技企业孵化器和加速器项目用地符合《划拨用地目录》的可以划拨供应，不符合《划拨用地目录》的依法有偿供应。利用工业用地、教育科研用地建设的孵化器可以实行产权分割出售，商业配套及高层次人才公寓建设用地规模可按不超过30%的比例控制。

3. 完善省级科研项目资金管理

一是简化省级科研项目预算编制，下放预算调剂权限，在项目总预算不变的情况下，将直接费用中的材料费、测试费、化验加工费、燃料动力费、出版/文献/信息传播/知识产权事务费及其他支出预算调剂权下放给项目承担单位，并简化预算编制科目。二是提高省级科研项目间接费用比重，加大绩效激励力度。实行公开竞争方式的省级研发类项目，均要设立间接费用，间接费用按直接费用扣除设备购置费的一定比例确定，即500万元以下的项目为20%，500万元（含500万元）至1000万元的项目为15%，1000万元（含1000万元）以上的项目为13%。三是明确省级科研项目劳务费开支范围，不设比例限制，调整劳务费开支范围，将项目临时聘用人员的社会保险补助纳入劳务费科目列支。四是改进省级科研项目结转结余资金留用处理方式。科研项目承担单位在项目实施期间，要合理安排支出，年度剩余资金可结转下一年度继续使用。五是自主规范管理横向经费。项目承担单位以市场委托方式取得的横向经费，纳入单位财务统一管理，由项目承担单位按照委托方要求或合同约定管理使用。横向项目经委托方验收后的结余经费由项目负责人自主决定。六是对高等学校、科研院所利用自有资金、自有土地建设的用于科技创新活动的项目，由高等学校、科研院所自主决策，按原渠道备案，依法履行基本建设程序。

4. 扶持创新创业人才队伍

一是经评审认定，引进人才持有经济社会效益潜力较大、具备转化条件的科技创新成果，给予500万元以上项目转化资金扶持；引进人才正在开展具有较大经济社会效益前景的科研项目，给予100万元以上项目研发资金扶持。二是经评审认定，引进的各类急需紧缺高层次专业技术人才，享受甘肃省高层次急需紧缺引进人才个人所得、住房保障、配偶就业、子女入学、人才"服务绿卡"等优惠政策。愿意在甘肃长期工作并签订5年以上劳动合同的，给予20万元安家费补贴，为引进的急需人才提供专家公寓或周转住房。三是各高新区、工业集中区、工业园区、经济开发区设立集体户口方便科研人才落户。四是扩大高等学校用人自主权，将岗位设置、职称评聘、选人用人、薪酬分配等权限下放给高等学校；科研院所根据事业发展、学科建设和队伍建设需要补充工作人员时，面向社会公开招聘，招聘时间、岗位标准等由用人单位自主决定。五是高等学校、科研院所对引进业绩贡献特别突出的高层次人才，可不受职数限制直接聘任。六是高等学校、科研院所作为第一完成单位获得国家级科学技术奖、省科技进步奖一等奖或实现重大科技成果转化、社会经济效益显著的，经第三方机构认定，产生1亿元及以上科技成果转化收益的，主要完成人在评聘上一级专业技术职务时，不受单位岗位数额限制。七是高等学校、科研院所对急需紧缺的高层次人才、业绩贡献特别突出的优秀人才，可实行协议工资、项目工资或年薪制等分配形式。

5.优化成果转化激励机制

一是鼓励省属高等学校、科研院所、院所转制企业和科技创新企业对作出突出贡献的科技人员和经营管理人员以科技成果入股、科技成果收益分成、科技成果折股、股权奖励、股权出售、股票（份）期权等方式进行激励。二是对担任领导职务科技人员的科技成果转化收益分配实行公开公示制度，不得利用职权侵占他人科技成果转化收益。三是经选派的科技特派员从事创新创业和科技成果转化，可以取得技术服务报酬或者从企业获得股权、期权和分红。四是建立省知识产权交易中心，发展知识产权服务业。完善科技型企业贷款风险补偿机制，将专利权质押贷款纳入风险补偿范围。督促企事业单位建立职务发明奖励报酬制度，落实与发明人约定的专利转化、实施的奖励和报酬。

6.营造良好创新创业环境

一是鼓励银行业金融机构加强差异化信贷管理，建立中小企业信用平台，放宽创新型中小微企业不良贷款容忍率。鼓励金融机构开展科技保险业务。二是向省内中小微企业或创新创业团队发放创新券，用于研究开发、技术转移、检验检测认证、创业孵化、知识产权、科技咨询、科技金融、科学技术普及等专业科技服务和综合科技服务，促进科技创新供需有效对接，激发创新活力。三是高等学校、科研院所可自行采购科研仪器设备，自行选择科研仪器设备评审专家。简化政府采购项目预算调剂和变更政府采购方式审批流程。四是优化进口科教用品采购服务。对高等学校、科研院所采购免税进口科教用品实施资格备案管理。以科学研究和教学为目的，在合理数量范围内进口国内不能生产或不能满足需要的科学研究和教学用品，除国家规定不予免税的20种商品外，免征进口关税和进口环节增值税、消费税。五是一个纳税年度内，符合条件的技术转让所得不超过500万元的部分，免征企业所得税；超过500万元的部分，减半征收企业所得税。六是企业引进高层次人才实际发生的有关合理支出允许在计算企业所得税时税前扣除。企业从高等学校、科研院所外聘研发人员直接从事研究开发活动，实际发生的劳务费用可计入企业研发费用，并在计算企业所得税时按税法规定加计扣除或摊销。

7.建立宽容失败机制

全面把握科技创新的规律，重点区分因缺乏经验、先行先试出现的失误和明知故犯的违纪违法行为，区分尚无限制的探索性试验中的失误和明令禁止后依然我行我素的违纪违法行为，区分创新工作中的无意过失和谋取私利的违纪违法行为，实事求是地反映问题，客观审慎地作出处理。

三 科技创新平台建设的成效

2022年以来，在"强科技"行动的支撑下，甘肃省加快创新平台提档扩容，抢抓全国重点实验室体系建设契机，"一室一策"制定重组和建设方案，目前已获批"全国重点实验室"数量达到4家。新创建国家企业技术中心、科技企业孵化器、引才引智示范基地、创新型产业集群等国家级和省部级创新平台15个。围绕服务"东数西算"、保障青藏科考、推进"双一流"建设和支撑重点产业发展，新建10家省重点实验室、2家省基础学科研究中心和22家省技术创新中心。[1]

1.生物医药及资源综合利用等领域全国重点实验室成功获批

2022年，甘肃省在原有11家国家重点实验室的基础上，通过整合优势资源，成功获批3家全国重点实验室；2023年，兰州大学获批建设多肽药物及临床转化全国重点实验室，标志着全省已完成4家全国重点实验室组建工作。

---

[1] 房惠玲：《2023年我省创新平台建设成效显著》，《甘肃经济日报》2024年2月8日。

其中，兰州大学在原草地农业生态系统国家重点实验室的基础上，通过优势资源重组建设草种创新与草地农业生态系统全国重点实验室，于当年5月获科技部批准成为首批20家试点全国重点实验室之一，也是我国草业科学研究领域唯一的全国重点实验室。实验室面向国家食物安全、生态安全和乡村振兴的重大战略需求，基于我国良草繁育和草地生态保护尚存重大短板及系列亟待解决的重大科学问题，聚焦草种创新与新品种培育的"卡脖子"技术，围绕"种质—品种—种子生产—应用"任务链，组织攻关完成"双十计划"，力争建设成为全球草业领域的"四中心一基地"。

金川集团根据自身资源优势与研究基础，通过重组建设了镍钴共伴生资源开发与综合利用全国重点实验室，主攻方向包括镍钴共伴生资源绿色高效勘查及采选，镍钴金属低碳高效冶金，伴生铂族金属高效富集提纯，高纯化及高质化镍钴铂族金属基础原材料开发。镍钴共伴生资源开发与综合利用全国重点实验室作为国家科技创新体系的重要组成部分，承载着基础理论研究、应用技术研发和重大科技成果转化的重任。

中国农业科学院哈尔滨兽医研究所、兰州兽医研究所、华南农业大学和兰州大学共同组建动物疫病防控全国重点实验室。实验室立足"四个面向"，紧紧围绕禽流感、口蹄疫、非洲猪瘟等重大动物疫病和布鲁氏菌病、包虫病等人兽共患疫病防控战略需求，实现关键技术和重大理论创新，为保障我国养殖业健康发展、公共卫生和生物安全发挥了不可替代的关键科技支撑作用。实验室着力打造国际动物疫病防控科技创新高地、生物安全基础保障示范基地、创新人才培养基地，形成不可替代的核心竞争力，成为全球动物疫病防控原始科技创新的策源地。

2023年，根据《教育部关于兰州大学西部高发疾病转化医学与新药研发科教平台建设项目可行性研究报告的批复》，兰州大学优质医学——西部高发疾病转化医学与新药研发科教平台建设项目（以下简称"优质医学建设项目"）获教育部批复立项建设。项目主要建设内容为医学研究设备，项目总投资21383万元，其中申请中央预算内投资1亿元。根据《关于做好"十四五"时期中央预算内投资项目储备及2023年中央预算内投资申报工作的通知》，兰州大学被列入拟支持的18所教育部直属优质医学院校名单，重点支持医学教学科研设施建设。学校优质医学建设项目强化"自上而下"的顶层设计，发挥优势特色，优化整合创新力量。项目共设有4个子项目，包括多肽药物及临床转化全国重点实验室建设项目、西部高发肿瘤医药基础研究创新基地建设项目、交叉学科及转化医学平台建设项目和优质医学创新实践平台建设项目，标志着兰州大学在生物医药领域已成功争取到全国重点实验室建设名额。

2.核科学、文物保护领域全国重点实验室组建积极推进

根据"强科技"重组国家重点实验室体系方案，甘肃省也在积极推进核科学、文物保护等领域的全国重点实验室建设。同时，兰州大学与国家气候中心正在共建丝路环境与干旱气候监测预警全国重点实验室。

甘肃省是国家核工业体系比较完备的省份之一，在"一带一路"核产业链上有着极其重要的战略地位。经过多年发展，甘肃已经形成了核燃料生产、乏燃料后处理、高放废物处置、重离子技术应用等核能核技术产业集群，是国家重要的核产业基地，为"两弹一艇"的研制和核电安全高效发展作出过重大贡献。2021年，兰州大学已与中核兰州铀浓缩有限公司在兰州举行共建"核燃料循环与核技术应用联合实验室"，不仅有助于推动生产与科研的紧密结合，实现优势科技资源的整合，而且对于建立高效的创新协作机制、促进企业的发展和学校科研水平的持续提高，以及后续建立全国重点实验室都具有重要的意义。

2020年，甘肃省敦煌文物保护研究中心在敦煌莫高窟正式揭牌成立。2021年，敦煌研究院积极申报文化遗产领域首个国家重点实验室。2022年两会上，全国人大代表、敦煌研究院院长苏伯民，带来了"支持敦煌研究院申请国家重点实验室"的建议。建议科技部依托敦煌研究院、兰州大学等文博单位和高校，组建丝绸之路文化遗产保护国家重点实验室。2023年，《甘肃省"十四五"文化和旅游发展规划》中提出，要加强国家级和行业级两级文物科研基地建设，积极申报创建文化遗产领域国家研究中心或重点实验室。近两年，敦煌文物保护研究中心已研发了我国首座考古发掘现场移动

实验室，建成文化遗产领域唯一的全气候大型物理仿真模拟平台——多场耦合实验室，打造了全球首个基于风险理论的丝路遗产监测预警体系，为建立国家重点实验室奠定了坚实基础。

2023年11月，兰州大学与国家气候中心共建丝路环境与干旱气候监测预警全国重点实验室（以下简称"实验室"）合作协议签署仪式在京举行。实验室是贯彻落实党中央重大决策部署的重要举措，对服务保障共建"一带一路"、支撑黄河流域生态保护和高质量发展以及新时代西部大开发等重大战略实施具有重要意义，也是贯彻落实《气象高质量发展纲要（2022—2035年）》、深化新时代局校合作的重要举措，可为我国干旱半干旱区和丝路环境安全提供强有力科技支撑。2024年1月，实验室（等）组建方案专家咨询会在北京召开。专家组认为，实验室方案定位准确、研究方向布局合理、任务目标明确、实施路径清晰，在人员、经费、用房、实验设备等方面满足全国重点实验室要求，同意该组建方案。

3.省部共建国家重点实验室研究实力不断增强

目前，甘肃省共有省部共建国家重点实验室2家，分别为2013年批建的兰州理工大学省部共建有色金属先进加工与再利用国家重点实验室，2021年批建的甘肃农业大学省部共建干旱生境作物学国家重点实验室。近年来，两家省部共建实验室紧紧围绕重大科学问题和关键技术，加大科技攻关力度，取得了显著成效。

2013年12月，科技部批准建设有色金属先进加工与再利用国家重点实验室，主要依托于兰州理工大学，是国家针对有色金属资源特色在西部的重要战略布局，兰州理工大学一直在有色金属领域有着强大的科研实力，并成功研发出一批极具行业影响力的研究成果。近五年来，该实验室共承担国家级及省部级科研项目176项，其中国家重点研发计划子课题3项，"973"前期研究专项项目1项，国际合作项目9项，国家自然科学基金79项，甘肃省重大专项和甘肃省战略性新兴产业技术研究专项8项。同时，该实验室还高度重视人才引进和培育力度。近年来，先后柔性引进国家杰青等高层次学术人才12人，培养甘肃省"飞天学者"等高层次学术人才6人。引进青年博士人才20余人，获得甘肃省"杰青""西部之光"等青年人才计划支持15人，已形成固定人员129人的创新人才队伍①。

2021年9月，省部共建干旱生境作物学国家重点实验室获科技部批准建设。实验室立足西北地区干旱缺水严重，但光资源丰富、部分逆境利于作物优良品质形成的自然资源基础，面对区域粮食安全、品质农业和生态安全需求，以干旱生境主要粮油作物、中草药、蔬菜和饲草作物为研究对象，重点开展作物抗逆丰产与品质性状基因发掘、作物抗逆优质种质资源创新与品种培育、干旱生境作物生产系统抗逆增产调控方向研究，解决作物适应干旱及其常伴逆境以及高效用光、节水提质、稳产增效重大科学问题和关键技术，为我国西北乃至全国干旱地区作物抗逆、优质、高效生产提供科技支撑。"十一五"以来，共承担"ACIAR"国际合作、"973"前期基础研究、国家"863"计划、国家科技支撑计划、国家自然科学基金、农业部行业专项和甘肃省重大专项、科技支撑计划和杰出青年基金等研究课题60余项。实验室现有固定人员98人。其中，2人入选国家科技创新领军人才和"国家中青年科技创新领军人才"，1人入选"国家中青年科技创新领军人才"，1人获第五届"全国杰出专业技术人才"荣誉称号，1人被评为教育部新世纪优秀人才，1人被评为甘肃省科技功臣，获甘肃省五一劳动奖章1人，入选甘肃省拔尖领军人才2人②。

4. 新能源、新材料等领域省级创新联合体加快组建

2021年，甘肃在全国率先印发《甘肃省企业创新联合体组建与运行管理办法（试行）》，省科技厅筛选并支持酒钢集团、金川集团、中核404有限公司、天水华天集团等骨干龙头企业，在有色冶金、钢铁新材料、集成电路等重点产业领域，牵头组建10家企业创新联合体。目前，新能源、新材料及装备制造产业链领域共建有5家省级创新联合体。

---

① 省部共建有色金属先进加工与再利用国家重点实验室简介，https://sklab.lut.edu.cn/sysgk1/sysjj.htm。

② 干旱生境作物学重点实验室简介，https://klacs.gsau.edu.cn/info/1160/5802.htm。

2021年5月，由酒钢集团牵头成立了甘肃省钢铁新材料研发及产业化应用创新联合体[①]。2021年6月，由兰石集团牵头创建了甘肃省能源装备创新联合体[②]。2022年1月，由华天集团牵头，联合省内外高等院校、科研院所和行业上下游企业23家单位组建"甘肃省集成电路制造材料创新联合体"。2022年9月，兰州石化公司牵头组建甘肃省化工新材料创新联合体，以科技创新驱动甘肃省化工新材料产业高质量发展[③]。2024年6月，兰州大学与国家电投集团甘肃电力有限公司、隆基绿能科技股份有限公司签署"绿动陇原"能源创新联合体合作协议，充分发挥各自优势，强化联合研究和科教融汇、产教融合，共同推动新能源市场发展，推进甘肃省从风光大省走向风光强省，实现合作共赢的发展战略目标。

5.省级创新基地优化重组工作顺利完成

2022年，为贯彻落实《甘肃省强科技行动实施方案（2022—2025年）》，进一步推进省级科技创新基地重构，构建布局合理、定位清晰的科技创新基地体系，省科技厅决定推进省级科技创新基地优化整合和力量重塑，开展了省级创新基地优化重组工作。经过优化整合，目前，全省共有省级重点实验室94家、工程技术研究中心5家、技术创新中心133家、临床医学研究中心51家、国家级野外科学观测研究站9家、省级野外科学观测研究站27家。

第二节 甘肃"新基建"总体进展及数字产业化发展特征

新型基础设施建设（以下简称"新基建"），主要包括5G基站建设、

[①] 徐俊勇、张志方：《甘肃省钢铁新材料研发及产业化应用创新联合体启动》，《新甘肃》2021年5月11日。
[②] 《甘肃省能源装备创新联合体成立》，中国甘肃网，2021年6月28日。
[③] 张君屹：《兰州石化公司牵头组建甘肃省化工新材料创新联合体》，兰州新闻网，2022年9月25日。

特高压、城际高速铁路和城市轨道交通、新能源汽车充电桩、大数据中心、人工智能、工业互联网七大领域，涉及诸多产业链，是以新发展理念为引领，以技术创新为驱动，以信息网络为基础，面向高质量发展需要，提供数字化转型、智能升级、融合创新等服务的基础设施体系。

一 甘肃"新基建"总体进展

1.5G 基站建设加快推进

甘肃省十分重视 5G 基站建设，谋划较早，在甘肃省委、省政府的前瞻部署下，2019 年积极出台了《甘肃省人民政府办公厅关于进一步支持 5G 通信网建设发展的意见》，2020 年出台了《甘肃省 5G 建设及应用专项实施方案》等重要文件，率先编印"上云用数赋智"行动方案，发起成立了甘肃省数字化转型伙伴行动和全国"东数西算"产业联盟，对加快 5G 发展起到了极大的推动作用。

中国移动作为省内 5G 建设的"国家队"和"主力军"，在 5G+新基建能力方面表现出全面的领先优势。2020 年 6 月，中国移动甘肃公司在海拔 3670 米的马衔山开通兰州海拔最高的移动 5G 基站；2020 年 8 月，率先实现全省 5G 网络覆盖；2020 年 9 月，率先在全省实现 5G 独立组网；2020 年 12 月，率先实现兰州轨道交通 1 号线 5G 全覆盖。2020 年底，全省 14 个市州实现主城区 5G 网络覆盖，5G 网络人口覆盖率达到 24%以上。2023 年，甘肃加快推进 5G 网络覆盖，全年全省移动电话用户 2879.4 万户，较上年增长 3.4%，其中 5G 移动电话用户数 1318.6 万户，增长 47.4%，5G 基站数 5.8 万个，较上年增长 57.6%，其中新建成 5G 基站 2.12 万个。5G 在全省大型企业的渗透率达到 34%，同比提高 9 个百分点，为传统产业数字化改造和新兴产业数字赋能提供了有力支撑。2024 年，甘肃省出台的《甘肃省加快推进工业领域"智改数转网联"三年行动计划（2024—2026 年）》（以下简称《行动计划》）明确，到 2026 年，甘肃省基本建成覆盖重点行业的工业互联网网络基础设施，每万人拥有 5G 基站数超过 30 座。

2.特高压建设规模创历史新高

随着"双碳"进程和新型电力系统建设加快推进，国网甘肃省电力公司作为西北电网"总枢纽"、西电东送"主通道"、支撑新型电力系统构建"重基地"的发展定位愈加明晰，甘肃省新型电力系统在电源构成、电网形态、负荷特性、技术基础、运行特性等方面特性充分显现，将成为国网系统电网开发建设的高地、能源转型的典范、落实国家战略的窗口。

2022年，国网甘肃省电力公司持续加大投资力度，推动总投资规模为183亿元的电网项目建设。另外，国家电网有限公司直接投资66.51亿元，用于加快推进"陇电外送"特高压直流工程建设，将甘肃电网打造成为科学合理、适度超前的"大送端"电网，服务甘肃经济社会发展和能源开发外送需要。

2024年，甘肃电网建设迎来历史最高峰，国网甘肃省电力公司加快重点工程建设，稳步推进全年各项建设任务。在建35~750千伏输变电工程共计135项，线路总长度达到4837公里，变电容量达到3038万千伏安。其中，3项特高压线路长度为1786公里。年内，庆北等6项750工程以及甘露等7项330工程集中投产，德尚等11项330工程计划于2024年下半年开工①。年内开工建设的线路包括陇电入浙特高压、庆阳北至夏州750千伏线路工程、平凉大秦工程、庆阳德尚工程、甘南拉仁关等工程；陇东、宁湘、哈重特高压及750千伏秦川、庆北、金塔、玉门等工程建设有序推进；750千伏庆北工程、陇东换流站接入工程、陇东直流配套火电送出工程、秦川以及330千伏兰州甘露工程、兰张三四线等工程年内竣工投产，"甘电速度"和"甘电力量"将为甘肃经济发展注入新活力。

3.城际高速铁路和城市轨道交通更加完善

中川国际机场三期扩建工程主体施工完成。2023年末，中川国际机场三期扩建工程主体施工全部完成，兰州机场的保障能力、运行效率和服务水平都会得到全面提升。

---

① 马静娜：《甘肃省2024年电网建设项目全面复工》，中国日报网，2024年2月28日。

兰州轨道交通2号线一期工程正式开通试运营。2023年6月，兰州轨道交通2号线一期工程正式开通试运营，与兰州轨道交通1号线一期工程在城关区内部呈十字构架，初步形成城关中心区轨道交通骨干网，以公共交通为主体，现代化、一体化的中心城区综合交通运输体系更加完善。

平庆铁路正式开工建设。平庆铁路线路全长约92公里，为国家Ⅰ级双线客货共线电气化铁路，项目建成后将进一步完善甘肃铁路网布局，陇东地区群众出行更加便捷。2024年5月，由中铁二十一局承建的甘肃"十四五"铁路规划重点项目平（凉）庆（阳）铁路西峰隧道开工建设，标志着该铁路西峰段正式进入主体施工阶段。

兰张三四线中川机场至武威段开通运营。兰州至张掖三四线铁路中川机场至武威段，是国家"八纵八横"高速铁路网陆桥通道和丝绸之路经济带快速客运通道的重要组成部分，是西北至中东部地区东西向的重要骨干线。2024年6月，兰州至张掖三四线铁路中川机场至武威段开通运营。建成通车后有利于甘肃省更好融入和服务"一带一路"建设，推动形成西北至中东部地区大能力客运通道，为沿线群众畅通出行提供便捷条件，加速释放既有兰新铁路货运能力，有效保障疆煤外运以及国家能源安全，以大通道支撑新时代推动西部大开发形成新格局，标志着甘肃省以兰州为中心的"准米字形"高（快）速铁路网进一步完善、武威至张掖段开工建设进程进一步加快、河西走廊同城化进程进一步加快、区域经济高质量发展动能进一步释放①。

4. 新能源汽车充电桩覆盖率持续提高

根据甘肃省交通运输厅相关信息，为加快甘肃省公路沿线充电基础设施建设，省交通运输厅积极推进公路沿线充电基础设施建设，构建充电设施智能服务平台。截至2024年5月底，全省高速（一级）公路165个服务区建成充电桩892个（充电车位1744个），高速公路沿线充电设施覆盖率达95.54%；国省干线公路具备条件的48个服务区建成充电桩118个，国省干

---

① 金鑫：《兰州至张掖三四线铁路中川机场至武威段开通运营》，《甘肃日报》2024年6月30日。

线公路沿线充电设施覆盖率达到100%。

目前,"甘肃省公路沿线充电基础设施管理平台"已搭建完成,与"全国公路沿线充电基础设施管理平台"实现互联互通,全省公路沿线充电设施运营企业平台与省公路沿线充电基础设施管理平台实现互联互通,电动车主可通过全国"随手查"服务"e路畅通"微信小程序实现对服务区充电桩数据的实时查询。

在强化制度保障方面,甘肃省交通运输厅联合关联单位建立协同联动机制,明确工作职责和任务分工,统筹推进公路沿线充电基础设施建设。充分利用各方资源优势,与能源企业、充电桩运营商等合作,共同推进充电桩建设。

同时,设立专项资金用于公路沿线充电桩建设,确保资金供给充足;确定以高速公路服务区、主要交通枢纽为关键节点的建设规划和布局方案;采用统一的充电桩标准进行建设,保证充电桩设施的互联互通性,提高使用便捷度;鼓励不同充电设施运营企业间进行技术对接和合作,共享技术资源,提高平台之间的兼容性和互联互通性;制定促进充电设施运营企业平台互联互通的政策措施,包括提供奖励政策、优惠政策等[①]。

5.大数据中心快速发展

随着数字经济的蓬勃发展以及"新基建"和"双碳"政策的大力推动,数据中心产业正处于快速发展阶段,赋能效应逐步显现。按照《甘肃省数据中心建设指引》要求,甘肃省将以"一核两翼六中心"的架构总体布局数据中心,形成以兰州为核心,以庆阳、酒泉为两翼,以金昌、张掖、武威、天水、白银、陇南为六中心的数据中心集聚区。

兰州新区大数据产业园是新区积极抢抓"新基建""东数西算"战略机遇的重点工程。新区大数据产业园依托新区优越的自然条件和区位政策优势,致力于打造集"数据存储、数据处理、云服务、数据应用、先进计算"于一体的大型绿色数据产业园区。截至目前,项目一期已建成1号IDC、智

---

① 王梓懿:《甘肃高速公路沿线充电设施覆盖率达95.54%》,每日甘肃,2024年6月6日。

慧城市运营中心、动力楼、产业研发楼等，装配机柜容量为5144台。项目二期正在加速建设中，总装配机柜容量为1.08万台，将于2024年建成投运，建成后将成为西北地区最大的大数据产业聚集区[①]。

庆阳是全国一体化算力网络国家八大枢纽节点和十大数据中心集群之一。目前，全国一体化算力网络甘肃枢纽节点庆阳数据中心集群算力规模超过1万P（1P约等于每秒1000万亿次计算速度）。截至2024年6月，庆阳数据中心集群已建成投运标准机架1.5万个，算力规模从2023年底的5000P增加到12000P。这是"东数西算"国家战略在甘肃省庆阳市落地实施的重要里程碑[②]。

酒泉市云计算大数据中心以"平台+产业园"理念进行建设，规划了1万个机架，按照国际T3+、国标A级标准分三期建设，构建了集"信息共享、技术研发、创业孵化、产业发展、运营维护、合作交流"功能于一体的综合性大数据中心平台。2021年一期工程已建成，数据中心建筑面积18299平方米，配置2200个标准机架并投入运营。

金昌紫金云大数据产业园规划建设数据中心24栋，形成5万个机架的服务能力。2024年5月，紫金云数据中心项目一期通过竣工验收。一期项目建成后数据中心可以提供5000个机架的服务能力，已成为目前甘肃省建成的最大规模的数据中心。

张掖大数据（一期）项目包括综合楼、数据中心、商务综合楼、配套工业厂房、广播电视传媒技术中心等。数据中心机房配置完成政务云平台和算力平台，以及近300台存储服务器，算力平台可提供算力65P，数据中心在满足当前客户需求外，还可对外提供算力出租、存储服务以及机柜租赁等多项服务。

临夏州大数据云计算中心项目是甘肃移动与政府合作共建的首个大型数

[①] 霍鸿宇：《打通数字"动脉" 赶乘算力"快车"——兰州新区大数据产业园崭露头角》，每日甘肃，2023年12月12日。

[②] 宋喜群、王冰雅：《甘肃庆阳数据中心集群算力规模取得新突破》，《光明日报》2024年6月25日。

据中心,按照城市会客厅、IDC算力中心、综合指挥中心、运营中心"一厅三中心"的设计思路,以打造"全州数据归集汇聚的总仓库、数据共享交换的总通道、数据治理清洗的总平台、数据规范标准的总策划和数据安全开放的总闸门"为目标,集约化、一体化推进基础设施、数据资源和应用支撑体系共建共享,为加快数字政府建设、传统产业转型和促进招商引资注智赋能。

二 甘肃数字产业化发展的基本特征

1.产业规模持续扩大、增速持续提升

近年来,甘肃省数字经济规模持续扩大,增速高于传统行业,成为推动经济发展的新引擎。高新技术产业、电子信息制造业、软件和信息服务业等数字产业快速发展,为甘肃省的经济增长注入新动力。同时,数字产业在优化经济结构、提升产业效率方面发挥了重要作用。

2.政策支持与投入力度不断加大

甘肃省政府高度重视数字产业的发展,出台了一系列政策措施,支持数字产业化的发展。政策覆盖税收优惠、资金扶持、人才引进等方面,为数字产业提供了良好的发展环境。此外,甘肃省还加大了对数字产业的投入力度,包括建设数字产业园区、提供孵化器等,促进了数字产业的集聚和发展。

3.数字技术创新能力不断增强

技术创新方面取得了一定的成果,高校、科研机构和企业紧密合作,形成了一批具有自主知识产权的技术成果。在云计算、大数据、物联网、人工智能等领域,甘肃的技术创新能力不断提升,为数字产业化的发展提供了有力支撑。

4.数字基础设施建设不断完善

数字基础设施建设方面,通信网络、数据中心等基础设施不断完善,为数字产业化的发展提供了坚实基础。甘肃省积极推动5G、工业互联网等新一代信息技术的建设和应用，为数字经济提供了更加高效、便捷的网络支撑。

5. 数字化应用水平不断提高

甘肃在数字化应用方面取得了积极成效。数字技术在政务、教育、医疗、交通等领域得到广泛应用，提高了管理效率和服务水平。同时，数字化也推动了传统产业的转型升级、提高了生产效率和质量。

6. 数字产业生态体系初步形成

在数字产业化方面，甘肃已经初步形成了较为完善的产业生态体系。高校、科研机构、企业等各方力量紧密合作，形成了从技术研发、产品开发到市场推广的完整产业链条。此外，甘肃省还积极引进外部资源，与国内外知名企业开展合作，推动了数字产业的国际化发展。

7. 数字产业市场竞争力不断提升

一些具有核心技术的企业在国内外市场表现出色，为甘肃省数字产业的发展树立了良好形象。同时，甘肃省还积极参与国际市场竞争，推动了数字产业的国际交流与合作。

8. 数字产业可持续发展能力不断增强

在推动数字产业发展的同时，甘肃省注重节能减排、绿色环保等方面的工作，促进了数字产业的可持续发展。此外，甘肃省还加强了对数字产业人才的培养和引进工作，为数字产业的长期发展提供了人才保障。

第三节 甘肃集成电路产业发展与优势先导产业培育

甘肃集成电路产业，起源于1969年第四机械工业部在甘肃省天水地区的"三线建设"，以华天科技为龙头，形成了拥有芯片设计、晶圆制造、封装测试相对完整的产业链布局。自2014年甘肃省工信委、省发改委、省科技厅、省财政厅联合下发《关于印发甘肃省贯彻落实〈国家集成电路产业发展推进纲要〉的实施意见的通知》以来，甘肃省集成电路产业快速发展，产业规模进一步扩大,产业发展速度加快,创新能力得到提升,产业聚集效应显现,社会贡献率逐步提高,产业整体实力显著增强,形成了以集成电路封装测试业为核心,引线框架、封测专用设备、模具、半导体封装材料和包装材料等配套的产业体系。目前,全省集成电路产业主要集聚于天水市,产业规模逐年扩大。

一 甘肃天水发展集成电路产业的基础

天水是全国老工业基地,是我国最早发展集成电路产业的城市之一。20世纪六七十年代,"二线建设"时期国家在天水布局建设了国营永红器材厂、天光集成电路厂等一批重点企业。经过多年发展,目前已形成以集成电路封装测试为核心,以芯片设计、制造、引线框架、专用设备模具、包装材料、微波器件、通信电源、智能终端制造等为支撑的产业体系。天水集成电路产业经过多年发展,已成为全市工业经济的支柱产业,目前在产业基础、创新平台、人力资源、电力成本、地理气候等方面具备比较优势。从发展机遇和产业规模分析,集成电路产业已成为"强工业"行动的首要选择。

1. 产业基础良好

天水能够发展成为甘肃省重要的集成电路封测产业基地,主要得益于国家"三线建设"时期布局建设的一批重点企业,更与华天电子集团等骨干企业作出的巨大贡献密不可分。全市现有集成电路相关企业30余家,2022年,天水市集成电路产业完成工业总产值171亿元,总量占全市规模以上工业总产值的1/3,从业人员逾万人;2024年上半年,全市集成电路产业完成工业总产值79.1亿元,占全市工业总产值的35%。以集成电路封装测试为核心,以芯片制造、电子元器件、引线框架、专用设备模具为基础的产业规模不断壮大。

2. 研发平台建设成效明显

华天、天光、华洋等骨干企业已与中国科学院兰州化物所、兰州大学、西安交通大学、西安电子科技大学等高校、科研院所建立紧密的产学研合作关系；拥有国家级企业技术中心 1 家，国家级专精特新"小巨人"企业 2 家，省级集成电路链主企业 1 家，省级企业创新联合体、技术中心、半导体器件工程研究中心等创新研发平台 9 家，以及甘肃省集成电路产业发展研究院和微电子产业学院等创新研发平台，为集成电路产业的持续发展提供了强有力的基础保障和研发支撑。目前，以电子信息为特色集群的天水高新技术产业发展势头强劲，高新技术产业化水平达 82.34%，一大批新产品新技术达到国际领先或先进水平。

3. 骨干企业实力全面增强

天水华天电子集团是我国最早从事集成电路和半导体元器件研发生产的领军企业之一，华天电子科技园是我国西北最大的集成电路封测基地，目前华天电子集团关键核心封装测试技术达到世界先进水平，集成电路年封装能力达 400 亿块、测试能力达 200 亿块，成为全球第七大集成电路封测企业，2019 年入选中国电子信息百强企业。天水天光半导体公司是甘肃省唯一从事集成电路芯片设计、制造、封装、测试、检验一体化的企业，也是国家重点工程项目元器件配套骨干企业，肖特基二极管处于国内领先地位；天水华洋科技股份公司是西北地区唯一集高速冷冲压、光学蚀刻两种工艺于一体的半导体集成电路引线框架生产企业，2019 年迈入国内引线框架企业前三强。

4. 集成电路封装测试产业链不断延伸

在华天电子集团封装测试快速发展的带动下，军工电子、芯片包装、电子机械、电子元件、电子材料等关联产业在天水市逐步发展壮大。同时，软件与技术服务业紧跟发展趋势，从信息技术服务转向软件开发，骨干企业已开发多款应用软件产品。成圆网络公司是甘肃省较大规模的网络研发和应用高新技术企业。睿阳科技公司研发拥有自主核心技术和知识产权的软件产品 260 余个。三和数码测绘地理信息技术有限公司作为地理信息科技的国家级高新技术企业，开发了三维虚拟仿真平台、三维地下综合管网系统、编码测图系统等一系列产品，为测绘地理信息行业提供了全面的信息化解决方案，连续八年获得"中国地理信息产业百强企业"。

5. 要素保障充足

天水市现有各类工业园区19个，规划面积101.62平方公里，建成面积24.08平方公里，有国家级经济技术开发区1个（天水经济技术开发区）、省级开发区2个（张家川经济技术开发区、秦州经济技术开发区）、县（区）工业园区11个，规划预留足够的工业用地。同时，天水市也是西北电网功率交换中心和甘肃电网负荷中心，电力能源充足，2022年工业用电均价0.41元/千瓦时，低于全国平均用电价格且不限电。工业用水价格为4.3元/吨，工业用气价格为2.3元/m³。全市现有本科院校1所、高职中专院校16所，年毕业学生1.5万人，人力资源丰富，年劳务输转达60万人，劳动力成本相对较低。全市企业在降温除湿方面的成本小，非常适宜集成电路产业发展。[1]

二 甘肃集成电路产业发展现状

1. 产量位居全国前列

2009年甘肃集成电路产量仅为32.85亿块，2010年突破50亿块大关，2013年达91.59亿块，2015年为149.75亿块，是2010年的近3倍，"十二五"期间年均增长22.17%。2016年跃升到196.61亿块，2018年增长到317.70亿块，2020年猛增到457.28亿块，是2016年的2.33倍，"十三五"期间年均增长26.52%。近年来，甘肃在集成电路产业方面取得了显著成就。甘肃省自2017年起便跃升全国集成电路产量第二名，这样的成绩一直保持了五年，直到2023年，由于广东斥巨资弥补了产业链缺口，甘肃芯片产业产量被广东超越。2023年，甘肃的集成电路产量仍然突破600亿块，位居全国第三。

2. 集成电路产业聚集程度高

目前，甘肃拥有微晶半导体、祥瑞鸿芯半导体、甘肃智芯电子科技等近

---

[1] 《对市政协八届二次会议第187号提交的答复》，天水市工业和信息化局，2023年9月6日。

100家芯片企业。其中，甘肃集成电路研发生产骨干企业有12家，11家聚集在天水市，从而使集成电路产业成为天水市工业经济主导产业之一。天水市集成电路产业基础形成于20世纪六七十年代国家"三线建设"布局的国营永红器材厂（国营第七四九厂）、甘肃天光集成电路厂（国营第八七一厂）和甘肃省庆华仪器厂（国营第八六〇厂）等重点企业。经过多年发展，天水市形成了以华天电子集团、天光半导体公司、华洋电子科技公司为骨干，以集成电路封装测试为核心，以集成电路芯片设计制造、引线框架、专用设备模具、包装材料、微波仪器、通信电源、智能终端制造等为重点的电子信息产业体系。2020年，天水市集成电路产业增加值增长17.3%，高于规模以上工业增加值增长率8.7个百分点；2021年上半年，集成电路制造企业完成工业总产值78.4亿元，同比增长41.1%。2021年7月，天水市政府推出了半导体产业园招商项目，计划投资上百亿元，天水具有我国西部地区最大的集成电路封装、测试基地——华天集团，同时，天水华洋公司生产的引线框架50%配套华天集团，能够形成以集成电路封测为核心，以芯片制造、电子元器件、引线框架、专用设备模具为基础的产业发展体系。充分发挥华天集团龙头企业优势，依托天光厂、华洋科技等骨干企业，建设半导体生产、研发，集成电路芯片封装、测试生产研发基地，由于中国集成电路产业规模持续扩大，智能手机、平板电脑、智能电视及其他电子消费产品的需求增加，集成电路及其他电子元器件的销售规模将不断扩大，甘肃利用天水的气候、地理位置、产业基础等优势，打造百亿级半导体产业园。这一举措表明甘肃省及天水市将致力于加快发展集成电路产业。

3.集成电路封测产业已逐步实现内部闭环

近年来，甘肃在"重仓"封测的战略下，逐步形成了以华天电子科技园为核心，以集成电路封装测试为主导，带动集成电路设计、芯片制造、模具、封装材料等上下游企业不断汇聚、延伸产业链条。其中，天光半导体主营业务即芯片设计和晶圆制造，在为国防安全和工业领域输出产品时，开发了多种集成电路和半导体分立器件，拥有丰富的技术经验。此外，专注引线框架产品的华洋电子，最大客户为华天科技，2022年华天科技与华洋电子实现业务成交额8864万元。为实现封测全产业闭环，甘肃还重点发展封测最上游的材料，催生了材料供应商金川兰新电子。2022年9月，金川兰新电子投资了9.98亿元，用于建设半导体封装新材料（兰州）生产线项目，其中，一期项目占地130亩，总投资4亿元，将建设集成电路冲压型引线框架生产线、蚀刻型引线框架生产线和锡材及蒸发材生产线各一条。该项目计划2024年9月建成投产，预计实现年销售额6亿元，年纳税额1500万元，提供就业岗位300余个，该项目建成后，将与天水华天科技形成产业链配套，为全省构建半导体封装产业全流程体系提供重要支撑。[1]

三 甘肃优势先导产业培育方向

一是紧抓技术变革和产业演进契机，依托甘肃资源禀赋优势，努力提升现代中医药、生物制药、化学药及制剂等产业竞争优势。二是积极推进高端装备特种合金、高性能纤维、新型能源等关键核心材料发展。三是进一步巩固提升集成电路产业，加快发展软件和信息技术服务业，培育壮大锂电和光伏产业、大数据产业。四是谋划搭建未来产业创新生态。特别是在氢能、人工智能、量子科技等领域，布局一批百亿级、千亿级未来产业集聚区，加快推进制氢装备、储运氢及加氢装备研制。要推动新一代人工智能技术产业化与集成应用，加快发展智能器件、智能芯片、智能语音及翻译、智能图像处理等。要围绕量子计算、量子通信和量子测量三大领域，依托510所、兰州大学等省内科研院所和高校在量子科技领域技术成果，推进量子科技产业化，重点推进热电材料产业化、激光量子通信技术科技成果在铁路信号等领域的转化。要抓住当前航天产业加速发展的时机，在低空经济、遥感、卫星制造、火箭制造和发射、卫星通信和数据服务、卫星导航、地面设备等领域规划布局，鼓励航天企业在甘注册经营实体[2]。

---

[1] 张鹏翔：《总投资9.98亿元：半导体封装新材料项目在兰州新区开工》，奔流新闻，2022年9月7日。

[2] 范海瑞：《甘肃积极谋划布局氢能等未来产业》，《甘肃日报》2024年2月24日。

第四节　东西部算力资源调度先导区建设

随着大数据、云计算等技术的快速发展，全社会数据总量爆发式增长，数据存储、计算、传输和应用的需求大幅提升。我国东部地区由于土地资源日趋紧张，能耗指标有限，加之电力成本高，难以大规模建设数据中心，而西部地区能源资源相对比较丰富，具备发展数据中心、承接东部算力需求的良好条件，基于此，国家适时提出了"东数西算"战略。该工程是我国继"南水北调""西电东送""西气东输"三大工程之后启动的又一重大跨区域资源配置工程。《甘肃省"十四五"数字经济创新发展规划》提出要借助"东数西算"战略机遇，打造东西部算力资源调度先导区，夯实数字经济发展基础，着力推进数字产业发展。

一　建设背景及意义

1. 国家"东数西算"基本布局

2021年5月，国家发展改革委等四部门联合印发《全国一体化大数据中心协同创新体系算力枢纽实施方案》，首次提出了"东数西算"工程。其中，"数"指的是数据，"算"指的是算力，即对数据的处理能力。"东数西算"就是通过构建数据中心、云计算、大数据一体化的新型算力网络体系，将东部算力需求有序引导到西部，优化数据中心建设布局，促进东西部协同联动。简言之，就是让西部的算力资源更充分地支撑东部数据的运算，更好地为数字化发展赋能。从全国布局来看，"东数西算"工程共设立8个枢纽和10个集群。其中，8个国家算力枢纽节点分别为内蒙古枢纽、宁夏枢纽、甘肃枢纽、成渝枢纽、贵州枢纽、京津冀枢纽、长三角枢纽和粤港澳枢纽。围绕这8个国家算力枢纽，建设的10个国家数据中心集群分别是张家口集群、长三角生态绿色一体化发展示范区集群、芜湖集群、韶关集群、天府集群、重庆集群、贵安集群、和林格尔集群、庆阳集群、中卫集群。①

2.一体化算力网及甘肃枢纽建设的意义

一体化算力网实际上是"东数西算"工程的拓展和深化,建设目标是在"东数西算"工程的基础上,推动全国范围内算力资源高效协同调度,形成跨地区、跨部门发展合力,为全社会生产生活提供普惠、易用、低价、绿色、安全的公共计算服务。甘肃凭借本区域在气候、能源、环境等方面的优势,成功获批建设全国一体化算力网络国家枢纽节点,甘肃枢纽主要设立庆阳数据中心集群,重点服务京津冀、长三角、粤港澳大湾区等区域的算力需求,打造面向全国的算力保障基地。作为全国一体化算力网络国家枢纽节点之一,甘肃必然承担着东西部算力资源调度的重要使命,不仅有助于缓解东部地区数据中心建设压力,还能充分利用本地丰富的可再生能源,推动数字经济绿色发展,对于提高甘肃省整体算力水平、优化产业结构都具有重要的战略意义。

二 庆阳数据中心集群建设进展及成果

庆阳是全国一体化算力网络国家八大枢纽节点和十大数据中心集群之一,自2022年2月"东数西算"工程全面启动以来,经过两年多的实践探索,庆阳数据中心集群已成为全国八大枢纽节点增量最大的数据中心集群,"东数西算"工程建设取得了阶段性成果。

1.各项要素保障全面强化,数字产业发展"盾"力十足

为了保证庆阳数字经济高效平稳发展,在融会贯通《关于加快构建全国一体化大数据中心协同创新体系的指导意见》《全国一体化大数据中心协同创新体系算力枢纽实施方案》《新型基础设施绿色高质量发展实施方案》《算力基础设施高质量发展行动计划》《加快构建全国一体化算力网的实施意见》5个国家顶级层面文件的基础上,甘肃省政府出台支持枢纽节点建设的"40条"措施,庆阳市配套出台"东数西算"项目要素保障"61条"

---

① 资料来源于国家发展改革委、国家信息中心、《财经十一人》。

措施和扶持数字经济发展"28条"措施，省市协同从财政奖补、税费减免、科技研发、人才支持、用地用房、金融支持、电力保障、算力消纳、监管服务、要素保障等方面构建起"40+61+28"政策体系，全方位激励、服务、保障国家枢纽节点建设。

（1）电力保障方面。省政府支持采用"4+5"远近结合的方式降低"东数西算"产业园区电价，短期内降到0.36元/千瓦时以下，2~3年内降到0.3元/千瓦时以下。在能耗方面，数据中心能耗单列，"东数西算"产业园区新建数据中心能耗指标由省市优先全面保障，重大项目国家给予能耗单列支持。

（2）人才保障方面。为进一步解决庆阳市数字经济发展中的人才短板，建立由13名院士领衔、208名专家组成的高端智库，为庆阳"东数西算"产业发展"把脉问诊"；甘肃国信"东数西算"研究院在庆阳成立；庆阳市也组建了数算电产业融合（庆阳）研究院，有效缓解了庆阳市数字人才短缺问题。陇东学院、庆阳职业技术学院启动建设数字经济人才培养基地项目，相关专业预计每年培养数字经济人才2700人以上，为庆阳市数字人才培养提供了强劲的内生动力。庆阳市还开通了庆阳—贵阳航班及庆阳—西安、庆阳—郑州的"人才专列"，源源不断地为庆阳的数字产业发展引才。

（3）供能保障方面。坚持"风光火氢储核"多能互补，发挥风光电、油煤气富集的资源优势，打造"一体绿算"的供能大体系。加快2220万千瓦风光电开发和600万千瓦煤电建设；以陇东换流站为牵引，加快构建"1+5+17+47"（1座换流站、5座750千伏变电站、17座330千伏变电站、47座110千伏变电站）的电站布局网架，建设西部电网交换输送中心；加快远景能源、易事特储能、浙江天能、上海寰泰等企业落地建设，配套天然气分布式能源，保障数据中心稳定安全运行，构建"源网荷储碳数"互动的绿算供能系统[①]。

---

① 《【东数西算】首倡"数算电"融合发展路径树立"产业协同"行业标杆——庆阳市多元化协同推进产业融合全面发展》，庆阳融媒，2024年7月25日。

（4）数字安全方面。按照"一个顶层规划、一套安全标准、一个安全平台、一批安全人才"的总体思路，围绕打造"数盾庆阳造"品牌，完成庆阳数据中心集群"数盾"体系试点验证规划及"数盾"体系团标，庆阳作为全国"数盾"体系的首倡首发首用之地的竞争力正在形成。

（5）用地保障方面。按照时限节点连续作战，严格按照土地征迁政策和程序进行，及时发布张贴土地征收公告，入户宣传动员、丈量登记、签订用地协议，配合乡镇做好地面附属物协议签订工作，确保征迁工作公平、公正、公开顺利开展。截至 2024 年 3 月，已发布 36 宗地征收预公告、安置补偿公告和征收公告共 2200 余份，已供应 36 宗 1456.18 亩。[①]

2. 重大项目加速推进，夯实数字产业发展"基石"

2024 年，庆阳市接续实施数据中心、装备制造重大项目 10 个，总投资 192.62 亿元，已累计完成投资 23.35 亿元。自产业园开建以来，共备案实施重大项目 28 个，总投资 454 亿元，已完成投资超过 54 亿元，已建成标准机架 1.5 万架，平均上架率超过 80%，算力规模达到 18000P。随着各个重点项目的不断建成，2024 年底前全市算力有望突破 50000P，"中国算谷"雏形加速形成[②]。按照甘肃枢纽节点规划，到 2025 年，庆阳国家数据中心集群将新增 2.5 千瓦标准机架 30 万个，到 2030 年，累计新增 2.5 千瓦标准机架 80 万个。

其中，中国电信庆阳云计算大数据中心项目（一期）已经建成投用。2023 年开工建设的中国能建"东数西算"源网荷储一体化智慧零碳大数据产业园示范项目，A1 栋数据中心于 2023 年 12 月 22 日主体结构封顶，一、二层机电设备安装就位，正在进行设备调试，首批机柜计划于 2024 年 8 月下旬交付投产；A2 栋数据中心于 2024 年 5 月主体结构封顶，正在开展二次结构施工；A3 栋数据中心完成筏板基础施工，正在进行 0 米层以下回填；

[①] 吴伟：《东数西算产业园项目用地征收工作加速推进》，庆阳市自然资源局，2024 年 3 月 8 日。

[②] 《竞速数字经济新赛道绘就"中国算谷"新蓝图——庆阳市加快建设"东数西算"国家数据中心集群》，庆阳市农业农村局，2024 年 8 月 13 日。

A4栋数据中心正在进行结构四层施工。总投资7.7亿元、占地74亩的秦淮数据零碳数据中心产业基地项目（A区）建成并顺利完成验收，数据机房楼、动力楼以及配套附属设施正以崭新的姿态迎接算力入驻，可承载约1920架单机柜功率为8千瓦的高密度机柜。继中国移动（甘肃·庆阳）绿色智算中心之后，总投资220亿元的中国移动（甘肃·庆阳）数据中心项目也在加紧建设，中国移动（甘肃·庆阳）数据中心项目在产业园区内共规划137亩，按照国标A级标准，计划新建4栋标准化数据中心机楼、3栋装配式数据中心机楼、3栋动力中心、1栋维护支撑用房和2栋变电站，装机能力约1万架，折合2.5千瓦机柜约8.8万架。目前，NO1新型工业化数据中心已进入收尾调测阶段，可承载算力约5000P；NO2新型工业化数据中心将于2024年10月投产50%。

3. 建链延链扩链高速转化，AI产业链聚集态势加速形成

目前，庆阳紧盯"东数西算"核心产业、衍生产业、赋能产业三大领域头部企业，在推进算力基础设施投资落地的同时，着力培育数据中心服务器及零部件制造业、集成电路产业、网络设备制造业、输配电设备制造业及电力、储能等配套产业生态体系。累计对接数字经济企业达到2794家，签约624家，中国能建、金山云、秦淮数据、易事特、京东科技等211家在庆阳注册成立子公司。华为渲染云、京东物流云、金山办公云、电信天翼云、阿里农业云、百度智行云、国科量子可信云、老虎工业云、玄度时空云、丝路如意云"10朵云"加快落地，赋能产业发展。

特别是在"人工智能+"发展的历史机遇期，庆阳市坚持算力驱动、生态闭环，与智谱华章、百川智能、商汤科技等大模型、芯片制造企业建立合作关系，"大算力+大模型+大数据"的生态体系逐步完善。政府还发放1亿元算力券，支持人工智能大模型训练和应用。智谱华章庆阳新型智算中心和城市大模型平台、首都在线标杆级国产异构智算适配中心、龙芯中科信创产业基地等项目积极推进，百度千帆大模型赋能创新中心落地，商汤科技、数巫、亚信数据智算中心及阶跃星辰垂直大模型等一批大项目正在积极洽谈对

接，以人工智能为核心的数字产业生态加速构建。[①]

4. 数算电产业融合发展，形成跨区域协作新模式

作为国家"东数西算"八大工程枢纽节点和十大数据中心集群之一，庆阳市积极谋划参与中线算力长廊建设，围绕资源互补、资源互换，主动与兄弟城市以点对点的方式"结对子"，达成共建郑庆哈城市算力网实验场共识，推动形成跨区域协作新模式，打通数算电产业融合大通道。

以"数算电"融合发展的首倡探索，树立产业协同的行业标杆，推动算力网与电力网"双网"协同。率先谋划布局数算电融合产业体系，主动对接郑州—庆阳—哈密和苏州—庆阳—巴州城市算力网试验场建设，通过"结对子"的方式与31个中、东部城市开展算力协同调度，推动建立面向庆阳数据中心集群的企业联盟，共同制定算力需求清单，深化行业数据和算力协同应用。与贵阳、深圳、郑州等地区大数据交易机构在共享算力、数据、应用等方面达成合作，探索构建数据算力领域的"西部陆海新通道"。统筹推进算力供给站、网络试验线、算力调度网、数据要素场、安全防护盾一体化建设，庆阳"数盾"战略定位得到国家信息中心确定，编制庆阳集群"数盾"体系试点验证总体规划，汇聚数据安全产业，打造"数盾庆阳造"品牌。

同时，推动数算电产业融合（庆阳）研究院实体化运行，高质量推动"东数西算"数算电产业融合发展。联合丝绸之路信息港公司加快推动算力资源一体化调度，打造跨平台、跨层级、跨区域的一体化算力调度平台，强化庆阳集群算力资源"蓄水池"功能。谋划城市算力网建设的路径和具体项目，加快构建西部算力长廊。抢抓全国数据要素统一大市场，加快推进数据要素流通平台建设，打造全国统一的数据交易撮合平台，在数据存算、采集汇聚、撮合交易、确权利用、数据资产入表等方面积极探索发展路径，借力布局数据要素交易市场，推动构建数据流通领域的"西部陆海新通道"。

[①] 《甘肃庆阳市：加快建设"东数西算"国家数据中心集群》，人民日报客户端甘肃频道，2024年8月13日。

第五章
甘肃数字化治理

数字化治理是数字经济的一大组成部分，是随着数字技术的广泛应用而产生的，是数字技术与社会治理互嵌融合而形成的一种新型治理模式。甘肃省深入贯彻落实中共中央、国务院关于加快发展数字经济的决策部署，深入实施网络强国、数字中国、智慧社会战略，先后印发了《甘肃省"上云用数赋智"行动方案（2020—2025年）》《甘肃省数字政府建设总体规划（2021—2025）》等文件，着力推进"数字丝绸之路"、数字政府、数字社会建设，促进治理方式现代化，政府数字化治理体系不断完善。

第一节 甘肃"数字丝绸之路"建设

2017年5月，习近平总书记在"一带一路"建设国际合作高峰论坛开幕式上提出，我们要坚持创新驱动发展，加强在数字经济、人工智能、纳米技术、量子计算机等前沿领域合作，推动大数据、云计算、智慧城市建设，连接成21世纪的数字丝绸之路。甘肃省作为中国西北地区的重要经济板块，是连接欧亚大陆桥的重要节点，位于"数字丝绸之路"的重要地理节点，在数字丝绸之路发展方面具有明显优势和良好的基础条件，深化与"数字丝绸之路"沿线国家之间数字贸易的发展，有利于甘肃省分享数字红利、扩大贸易规模、创造新的经济增长点。

第五章　甘肃数字化治理

一　甘肃"数字丝绸之路"建设现状

甘肃省抢抓"一带一路"建设机遇期、技术窗口期，加大"数字丝绸之路"建设力度，推动与共建国家和地区在数字经济、人工智能等领域合作，加快数字技术与基础设施、贸易、金融、产业、科教文卫等领域融合发展，为经济社会转型升级开辟新蓝海。

1.政策支持力度不断加大，丝绸之路信息港绿色云数据中心集群加快建设

甘肃"十四五"规划纲要明确要求，加快建设丝绸之路信息港，共建通畅、安全、高效的网络大通道和综合信息服务体系，形成面向中西亚、南亚等地区的信息走廊。2020年11月，印发《甘肃省制造业"一带一路"拓展平台培育提升实施意见》，对培育认定的企业给予支持，巩固和提升其海外市场地位，提高整体创新能力和服务能力，发挥制造业"一带一路"拓展平台企业的引领作用。2021年9月，印发《甘肃省"十四五"数字经济创新发展规划》，提出有序推进"数字丝绸之路"建设。推进海外数据在甘肃汇集、分析、落地应用，加强同共建"一带一路"国家在数字化、网络化、智能化方面的国际合作，促进文化国际传播交流，打造"数字丝绸之路"的重要门户和核心节点。2022年5月，印发《关于促进内外贸一体化发展的实施意见》，提出要发挥国家级经济技术开发区、综合保税区、外贸转型升级基地、跨境电子商务综合试验区等产业聚集作用，探索内外贸融合发展新模式；推进兰州、天水跨境电子商务综合试验区加快发展，支持符合条件的市州积极申请建设跨境电子商务综合试验区。

2.加快推进5G网络部署和商用推广，数字基础设施建设步伐加快

近年来，甘肃省加快网络基础设施建设步伐，从政策体系、工作机制、示范引领、产业生态等方面入手，持续深化5G建设，积极开展5G联合研发与试验，加快推进5G网络部署和商用推广，网络基础设施建设

步伐明显加快；加快千兆宽带部署，实施农村电信普遍服务；积极营造发展的良好环境，引进人工智能、信息技术服务、光伏储能、智能终端等行业领军企业，加快兰白创新区建设，培育一批数字产业发展平台、研发创新平台、专业服务平台，推进数字产业化和产业数字化转型，提升信息互联互通能力；统筹布局大数据中心，积极推进国家一体化算力网络国家枢纽节点、国家级互联网骨干直联点建设，数字化基础设施建设实现跨越式发展。兰州建成西北第二大信息通信网络枢纽，实现与北京、西安、成都等核心节点城市以及西宁、拉萨、乌鲁木齐、银川等重点城市的网络直联；兰州新区至酒泉、天水、金昌的高速网络链路建成运营，兰州新区和金昌工业互联网标识解析二级节点双节点建成并与重庆顶级节点完成对接。2023年，全省移动通信基站达22.4万个，其中5G基站6.08万个，5G用户普及率达53%，实现乡镇以上区域5G网络连续覆盖，全省1244个行政村实现4G/5G网络覆盖，60%以上的行政村有5G网络；全省千兆光网用户达到368万户，占固定宽带用户总数的31.0%，12市州达到千兆城市建设标准。全省互联网省际出口带宽达到3万Gbps，光缆线路总长度达到117.1万千米；建成酒泉绿能云计算有限公司基于混合多云管理的工业互联网通用制造设备行业标识解析二级节点与应用平台等工业互联网标识解析二级节点2个，在建1个；兰州国家级互联网骨干直联点建成，拓宽全省互联网出口带宽至30T，骨干直联点试运行期间甘肃省网间平均时延由原23.6毫秒降至3.8毫秒，跨省网间时延降低3.1毫秒；实现国际互联网专用通道等关键核心网络基础设施在甘肃贯通，使甘肃网络直联国内城市扩大至21个[①]。中国移动（甘肃兰州）数据中心、紫金云数据中心入选国家绿色数据中心；"甘肃兰州丝绸之路西北大数据产业园"成功入选国家新型数据中心典型案例名单（2021年）；"数据中心·甘肃兰州新区丝绸之路西北大数据产业园"项目入选第十批国家新型工业化产业示范基地名单。

---

① 甘肃省地方史志办公室：《甘肃年鉴2024》，甘肃民族出版社，2024。

第五章　甘肃数字化治理

3. 国际货运班列带动通道运营服务能力有效提升，国家现代流通战略支点城市加快形成

随着"一带一路"倡议的深入推进和新发展格局的构建，甘肃充分发挥优势，在稳定运营并逐步恢复已开通航线的基础上，开辟新的国际国内货运航线，加强与国内重点港口合作，陆续开通运营中欧、中亚、南亚、陆海新通道，"中吉乌"中亚新通道，东部海港铁海联运等国际货运班列，扩大国际货运班列运营规模，提升质量。2023年，新开辟至莫斯科、新西伯利亚、阿拉木图3条国际航空货运新航线，国际货运航线累计达到17条；中川国际机场完成货邮吞吐量7.52万吨，同比增长35.5%；累计执飞国际货运包机74班，完成国际货邮吞吐量2483吨；首发陇南至韩国、菲律宾国际货运班列，武威陆港—天津港—韩国群山港海铁联运班列，开辟"中吉乌"公铁联运、加拿大进口粮食海铁联运等6条国际货运班列特色线路，全年发运国际货运班列598列22207车（国际班列321列14340车），累计货运42.6万吨，货值6.02亿美元。兰州、酒泉、嘉峪关、庆阳被列为国家现代流通战略支点城市；兰州被列为国家粮食物流核心枢纽承载城市，入选国家综合货运枢纽补链强链支持城市；"南亚公铁联运班列"、"中吉乌"国际多式联运项目被交通运输部、国家发展和改革委命名为"国家多式联运示范工程"[①]。

4. 深入推进兰州、天水两个跨境电商综试区建设，带动与共建"一带一路"国家贸易占比提升

"丝路电商"是中国充分发挥电子商务技术应用、模式创新和市场规模等优势，与共建国家拓展经贸合作领域、共享数字发展机遇的重要举措，表现出强大韧性和强劲活力，已成为高质量共建"一带一路"的金色名片。2023年，甘肃省与共建"一带一路"国家实现进出口366.6亿元，占全省外贸总值的74.6%，其中出口69.3亿元，增长26.8%；进口297.3亿元，下降7.6%；跨境电商实现进出口15.3亿元，同比增长6.3%；"走出去"

---

① 甘肃省地方史志办公室：《甘肃年鉴2024》，甘肃民族出版社，2024。

企业新建运营海外仓6个，新增国际友好城市3对；印发《甘肃省跨境电子商务产业园认定管理办法（试行）》，深入推进兰州、天水两个跨境电商综试区建设，线上公服平台备案企业突破400家，线下产业园区4个，备案3个跨境电商海外仓，出口共建"一带一路"国家的特色农食产品有甘肃兰州牛肉面、平凉枸杞、天水花牛苹果等80余种。兰州新区综合保税区高效利用"一带一路"重要节点优势，进口共建"一带一路"国家粮油农副产品，推动兰州新区综合保税区亚麻籽产业集聚发展，聚力建设亚麻籽进口分拨中心，全年进口亚麻籽10万吨，占全国同类产品进口的近1/10；新增海关备案企业33家，全年完成进出口贸易额54.1亿元，占省的11%。兰州陆港完成贸易额81.02亿元，同比增长34.36%；实现进出口贸易额约4.25亿元，同比增长39.34%；完成跨境电商贸易额3011万元，同比增长201%。2022年、2023年兰州综试区连获全国"年度跨境电子商务综合试验区建设评估"第二档"成效较好"。

5. 着力打造"数字丝绸之路"国际文化传播基地，助力甘肃深度融入"一带一路"建设

甘肃省稳步推进"数字丝绸之路"国际文化传播基地建设，充分发挥"中国一带一路网"品牌优势以及甘肃省资源禀赋，树立甘肃"数字丝绸之路"国际文化传播服务品牌，打造首个"数字丝绸之路"国际文化传播基地。通过VR、AR、元宇宙等新技术创新生产沉浸式数字视听产品，构建虚拟互动3D空间，在海内外融媒体传播平台进行传播，助力甘肃全面融入国家"一带一路"建设。由甘肃省文化和旅游厅、新华社新闻信息中心共同运维的"Discover Gansu"官方账号陆续开设Facebook（脸书）、X（Twitter）、Instagram、YouTube四个平台官方账号，总粉丝数突破190万，成为甘肃文旅知名的海外名片和对外宣传的重要阵地；由中国日报社和甘肃省委宣传部共同打造的甘肃省海外社交平媒体矩阵旗下的"探索甘肃"（Explore Gansu）账号自上线以来，从文化、美景、旅游等多个角度宣传，向海外深度展示甘肃文旅资源，脸书专页粉丝量突破百万，实现页面累计阅

读量超2.82亿次①。截至2024年5月，甘肃文旅账号矩阵总覆盖量累计超1亿人次，互动量累计超200万人次，帖文累计发布4296条，形成了具备较强影响力和较广内容覆盖面的大规模账号矩阵②，助力国际传播新发展，促进甘肃和世界的沟通交流。甘肃自然能源研究所累计承办了102期可再生能源技术培训项目，截至2024年4月，已为130余个国家和地区培训了2500余名技术人员和政府官员。

2016年，敦煌研究院"数字敦煌"资源库平台上线，实现了30个洞窟整窟高清图像和全景漫游节目全球共享，累计访问量超过1680万次。2020年5月，敦煌研究院通过5G网络实现了"一院六地"——敦煌莫高窟、麦积山石窟、榆林窟、炳灵寺石窟、西千佛洞、北石窟寺的首次全球直播，来自全球91个国家/地区的660万观众观看；2022年12月，全球首个基于区块链的数字文化遗产开放共享平台"数字敦煌开放素材库"正式上线，6500余份来自敦煌莫高窟等石窟遗址及敦煌藏经洞文献的高清数字资源档案通过素材库向全球开放，为海内外学者、文化爱好者以及艺术创意者打造了"一站式"的敦煌文化共享共创平台③。截至2024年3月，敦煌研究院完成莫高窟290个洞窟2.6万平方米的壁画数字化采集，在国内外举办敦煌展览150余场次，举办"敦煌文化环球连线活动"13场次，开发"云游敦煌""敦煌岁时节令"等数字媒体品牌，推出《云赏敦煌》专题节目，实施"流失海外敦煌文物数字化复原项目"，建成"敦煌遗书数据库"；已承接国内文保项目60余项，为吉尔吉斯斯坦、缅甸等共建"一带一路"国家的文化遗产保护提供技术支撑和中国方案。

二 甘肃"数字丝绸之路"建设中存在的问题

受交通布局、经济基础、科技力量、人才资源等限制，甘肃省"数字

---

① 《"探索甘肃"脸书专页粉丝量突破百万！》，中国日报网，2024年3月6日。
② 甘肃省文化和旅游厅：《甘肃文旅海外社交媒体账号矩阵（Discover Gansu）总粉丝量突破190万！彰显全球影响力》，2024年5月30日。
③ 甘肃省文化和旅游厅：《数字敦煌开放素材库 助力文物资源全民共享》，2023年10月9日。

丝绸之路"建设还面临诸多问题。

一是数字经济发展基础薄弱。根据《2023中国数字经济发展指数（DEDI）》，甘肃省数字经济发展指数位于第三梯队。甘肃省ICT基础设施建设相对滞后，数字技术应用水平低，互联网普及和使用不足，数字经济产业规模小，产业配套能力弱，区域、城乡数字化发展不平衡。

二是数据应用水平不高。甘肃省数据中心大部分为中小型数据中心，未实现集群化、规模化。政务数据开放共享利用程度低，不同地区和群体之间数字技术的使用和获取能力存在明显差异，存在信息不对称和数字落差问题，"数据孤岛"问题亟须解决，数据价值未能有效挖掘。

三是科技创新有效支撑不足。甘肃省发挥丝绸之路信息港股份有限公司"工业互联网产业链"链主企业作用，推动与金川公司、酒钢集团、电气装备集团、兰州大学、兰州理工大学等省内外产业链上下游企业、高校等30余家成立了"甘肃省工业互联网产业技术创新联盟"，联手打造西北工业互联网产业特色优势。但在数字行业具有影响力的领军企业和龙头企业不多，平台型企业缺乏，数字企业创新能力有待进一步提升，产业集聚水平较低，创新效应不明显。

四是数字经济人才匮乏。数字经济创新发展依赖于强有力的专业人才支撑，甘肃省高度重视人才引进与培养，努力营造重才、爱才、惜才、扶才的浓厚氛围，打破地域、身份等限制，引进技术人员、领军人才、高层次人才，招聘海内外知名院校硕士研究生，但缺口仍然较大，特别是缺乏高端数字技术人才。数字科研能力较弱。

三 甘肃加快"数字丝绸之路"建设的对策建议

"数字丝绸之路"给共建"一带一路"国家带来了区域性数字治理的中国智慧，得到了越来越多国家和地区的认同，"数字丝绸之路"建设正在不断深入发展，展现出旺盛的生命力，抓住"数字丝绸之路"建设契机，加快数字化转型，推动传统贸易、金融、电商和制造业等融合发展，创造新的经济增长点，对甘肃省数字经济发展至关重要。

一是全面强化顶层设计。完善甘肃数字贸易发展总体战略规划，补充相关配套政策，选择切合甘肃省实际发展情况与发展潜力的路径进行产业升级与远景规划，探索特色发展路径。强化省内数字经济发展政策与国家政策衔接，加大财政、税收、土地、人才、金融等政策对实体经济数字化转型的支持力度，加强政策协调和落实情况评估，统筹协调推进全省"数字丝绸之路"建设和对外开放工作。建立广泛的互信共赢合作关系，加强与共建国家的政策沟通和协调，形成统一认识，为企业参与"共建"提供强有力的政策支持。加强跨境数字经济活动监管，通过信贷支持、政府补贴、优惠税收等政策措施，为共建"一带一路"数字贸易发展营造有利的外部环境，激发市场主体参与"一带一路"数字基础设施建设的积极性和主观能动性。

二是持续夯实数字经济发展基础。把握国家实施"东数西算"工程、建设全国一体化算力网络国家枢纽节点的有利机遇，充分发挥甘肃区位、能源、资源、气候等方面优势，统筹推进"云、网、数、链"等信息基础设施建设。加快国家级互联网骨干直联点建设，打造省内重点城市出省15毫秒时延数据传输圈；围绕共建国家对我国先进数据中心数据计算、储存、传输等业务需求，建设面向丝绸之路经济带国家的绿色数据中心；推进5G网络建设，加快5G独立组网规模化部署，聚焦企业应用需求和保障生产需求，扩大5G网络覆盖面，加大5G应用场景渗透力度，大力推进企业专网改造工程，统筹5G和千兆光网协同发展，着力构造赋能企业数字化转型的时间确定性网络，加强云基础设施建设，确保云计算平台能够稳定、高效运行，提升信息基础设施应用支撑能力，为"走出去"企业提供高效可靠安全的算力保障。

三是加快构建数据共建共享机制。加强同共建"一带一路"国家在数字化、网络化、智能化方面的国际合作，加快推进丝绸之路信息港建设布局，使海外数据在甘肃汇集、分析、落地应用。加强共建"一带一路"国家数据资源汇集，围绕中西亚、南亚、中东欧等重点国家，通过数据共建共享机制，逐步拓展归集海外政策法规、贸易往来、口岸通关等方面数据资源，加快形成服务西北、面向海外的区域信息汇集中心；探索开展数据要素国际流通合作。搭建"数字丝绸之路"大数据综合服务平台，建设"一带一路"项目投资管理与安全风险预警平台，围绕"一带一路"合作国家，采集投资、项目等基础数据，实时跟踪项目建设动态，构建项目全息画像，支撑项目全生命周期精细化管理；开展分区域、分国家、分行业的政策与舆情实时跟踪监测，构建基于大数据的海外项目动态监测体系，实现项目存在风险自动预警。建设国际贸易大数据服务平台等，加强海关贸易数据汇集，推进同阿里巴巴、京东、唯品会等电商平台，以及顺丰、圆通等物流企业的数据对接，开展跨境电商数据分析，实时研判国际贸易的总体趋势、产品类型、贸易方式等，向产学研机构、"走出去"企业提供高质量数据与咨询服务。

四是坚持创新驱动发展。创新是推动发展的重要力量。要把握数字化、网络化、智能化发展机遇，加强科技前沿领域创新合作，探索新业态、新技术、新模式，优化创新环境，集聚创新资源，促进科技同产业、金融等深度融合，探寻新的增长动能和发展路径，推动形成区域协同创新格局，为共同发展注入强劲动力，助力实现跨越式发展。要加强产业链上下游协同，深化企业、金融机构、智库、非政府组织及媒体等各方面合作，助力数字化转型，促进产业发展。在数据存储、数据资源流通、数字经济核心技术研发、投融资并购等领域，引进一批优质高科技企业；培育区域性知识产权孵化培育中心、交易中心、金融中心、保护中心、服务中心；加强与共建国家和地区在信息技术应用推广、专利保护、物流运输、通关服务、跨境园区等领域的全方位衔接，促进行业标准互信互认。跨境电商企业要不断应用新技术，探索合作新模式，向内不断提升数据全生命周期管理的意识和能力，充分释放数字资源在跨境贸易和贸易数字化转型领域的赋能作用；向外通过完善数字生态系统和推动建设统一线上市场体系，有效发挥并持续强化跨境电商的独特优势[①]。

五是提升互联互通水平。积极发挥双边、多边合作平台与机制的作

---

① 王业斌、高慧彧、郭磊：《"数字丝绸之路"的发展历程、成就与经验》，《国际贸易》2023年第10期。

用,通过"一带一路"国际合作高峰论坛,积极融入西南、东盟和中亚国家市场,大力提升甘肃向西、向南的开放水平,通过中国(甘肃)国际贸易数字展会等平台挖掘各国在数字贸易竞争中的比较优势,探寻合作利益共同点,提升双边合作水平,建立治理合作机制,维护数据安全,营造良好的数字经贸合作外部环境,延展甘肃省在数字贸易发展中的价值链和产业链[1]。建设"甘肃一带一路网",及时发布省内"一带一路"和对外开放政策,推介甘肃优势产业、重点产业园、企业及合作项目,宣传甘肃文化资源。强化丝绸之路短视频国际传播中心建设,加强与海外主流媒体、自媒体合作,聚焦"丝路历史""丝路故事""丝路城市""丝路景点""丝路贸易"等主题,形成"丝绸之路+本地特色"的甘肃对外传播品牌。建设"数字丝绸之路"指数研发中心,联合有关智库及高校,开发、发布"一带一路"大数据指数和行业报告,向政府和企事业单位提供服务。

六是加快培育数字经济专业化人才。打造"数字丝绸之路"重要门户和核心节点,离不开人才的有力支撑。要加大专业性教育投入,提高高校数字人才培养能力,引导高校根据未来产业细分领域研究方向,创新数字人才培养模式,优化调整专业结构,实行数字丝绸之路人才的定向培养,加大对技术工程、跨境电子商务等专业的招生力度,培养"数字丝绸之路"小语种复合型人才,为数字丝绸之路顺利推进做好人才储备。支持国内外知名高校、科研院所在甘肃省设立分院(所),探索产学研合作新模式,培养数字经济专业化人才;深入推动产教融合、校企合作人才培养机制,利用数字贸易龙头企业的人才技术优势作为创新人才孵化器,加强校企对接等,使学术教育和产业发展并驾齐驱;发挥企业在综合型数字人才培养中的主体作用,鼓励企业建立综合型数字人才内部选拔培养体系和人才开发投入体系;扩大国际培训合作范围,加大对数字人才的培养交流力度。实施"数

---

[1] 许菁、戚淑媛:《"数字丝绸之路"视域下甘肃省数字贸易发展困境及路径》,《甘肃科技》2023年第7期。

字人才计划",加快引进一批数字经济领域学科带头人、技术领军人才和高级管理人才;支持条件好、实力强的企业、高校、科研院所主动对接人才需求,集聚一批能主持关键技术攻关、引领数字经济发展的领军人才;进一步细化完善急需紧缺人才引进机制、激励机制,开展股权激励和科技成果转化奖励试点,支持数字经济相关企业采用期权、股权激励等方式吸引高级管理人才和技术骨干。要进一步完善人才留住机制、健全人才评价体系、加强人才评价主体地位,在制度层面为数字人才"留下来"创造良好的环境。

第二节 甘肃数字技术应用与市域社会治理现代化建设

2020年,兰州、嘉峪关、金昌、酒泉、张掖、武威、天水、平凉、陇南、甘南10个市州被确定为全国市域社会治理现代化第一期试点地区,甘肃制定《甘肃省市域社会治理现代化试点工作指南(2020年版)》,确定试点工作总体框架,充实社会治理基础力量,强化信息化支撑,创新路径模式,坚持和完善共建共治共享的社会治理制度,着力构建党委揽全局、市级抓统筹、县(区)负主责、乡镇强执行的联动治理体系,形成了"五个一"市域社会治理现代化试点工作布局,探索出一批具有时代特征、地域特色的经验做法,破解了一批市域社会治理现代化工作难题,把重大矛盾隐患防范化解在市域层面,保障了政治安全、社会安定、人民安宁。

一 兰州市:坚持党建引领构建"田字型"基层治理体系

兰州市坚持和发展新时代"枫桥经验",深入实施"平安细胞工程",立足基层治理体系化,在实践中推进制度创新,坚持党建引领,形成了"田字型"基层治理体系,即横向全面加强"街(镇)、村(社区)、组(小区)"三级党的领导和党的建设,纵向落实"大数据+网格化+群众路线"协同治理机制,不断健全完善共治、自治、法治、德治、善治"五治一体"基层治理新格局①。

一是规范网格管理，完善优化网格化服务管理制度机制。印发《兰州市网格化服务管理工作实施办法》，配套制定《兰州市网格化服务管理工作运行机制（2024版）》《兰州市全科网格服务管理工作职责事项清单（2024版）》《兰州市网格化"部门联动"工作机制（试行）》《兰州市全科网格服务管理工作准入退出机制（试行）》《兰州市网格员"百分制"考核奖惩工作机制（试行）》及网格员调度管理制度机制等12项配套措施，在已有网格划分和运行的基础上，建立大、中、小"三级网格"管理模式，整合构建"多网合一、一网通管"基础全科网格，实施网格"红黄蓝"三色管理，做到"人在格中走、事在格中办"。

二是走"群众路线"，多方协同治理。学习运用好"浦江经验"，健全完善社会矛盾纠纷一站式、多元化预防化解综合机制和心理疏导服务机制，推行"群众点单、社区派单、党员接单"模式，落实领导干部定期接待群众来访、下基层接访、带案下访等制度，组织开展"一亲三心"活动，为群众解决实际困难。明确便民服务清单，优化服务流程，推动综合服务站点和便民服务事项下沉到村（社区）一线，统筹线上线下、为民服务代理等各种资源力量，着力构建智慧便捷、优质高效的服务体系，真正做到"最多跑一次"、服务"零距离"。2023年主动接访662批3108人次，化解重点信访事项705件，调处群众矛盾纠纷1.3万多件。

三是用好"大数据"，推进智能治理。推进"小兰帮办"基层社会治理平台、三维数字社会服务管理系统、平安甘肃信息化支撑管理平台等改造衔接，加强数据资源整合归集和共享利用，丰富拓展应用服务场景，实现基层服务和治理事项"一网统管、一网通办、一屏尽览、一站督办"。小兰社会治理综合指挥中心实现了市、县、乡、村四级规范化建设、实体化运行、一体化调度，以及七大类数据线上线下对接机制和治理形势分析预警机制；市

---

① 周旭明：《坚持党建引领构建"田字型"基层治理体系 打造社会治理的兰州样板》，《兰州日报》2024年5月28日。

县两级打造实体化运行的小兰社会治理中心（分中心），统一名称架构、功能定位和运行模式，负责组织、指挥、协调、督促"民情地图·小兰善治"平台工作，并研判治理和平安稳定形势；乡镇（街道）和村（社区）分别打造小兰社会治理指挥所和工作站，负责"民情地图·小兰善治"深化应用和网格化服务管理工作，指挥体系触角延伸到最末端。目前，全市1个小兰社会治理中心、9个小兰社会治理分中心、114个镇（街）小兰社会治理指挥所、1180个村（社区）小兰社会治理工作站全部实现实体化、常态化运行。

四是深化"平安兰州"建设。建立完善新型警务运行模式，常态化开展扫黑除恶斗争，严厉打击各类违法犯罪活动，全市刑事案件数、治安案件数和安全事故数、群体性事件数均实现连年下降，兰州市成功获评全国首批、全省首个社会治安防控体系建设示范城市，连续4年荣获"平安甘肃建设优秀市州"[①]。2023年，兰州市被确定为"全国市域社会治理现代化试点合格城市"，入选"全国市域社会治理现代化试点优秀创新经验"案例，打造的"小兰帮办 一门统管"解纷工作法，获评全国"枫桥式工作法"案例。

二 天水市："5432"工作法创新推进市域社会治理现代化

天水市坚持以党建为引领，以网格化管理为基础，以现代信息技术为支撑，以社会服务为根本，以市域社会治理现代化、基层治理创新、平安创建为抓手，充分发挥综治中心实战平台职能，畅通和规范群众诉求表达、利益协调、权益保障通道，创新"5432"工作法，不断健全党组织领导的自治、法治、德治相结合的社区治理体系，形成了具有"天水特色"的市域社会治理现代化工作格局，社会治理水平显著提升。

一是健全制度机制。制定形成了以《天水市市域社会治理现代化试点

[①] 《兰州：强化法治引领 赋能创新驱动"田字型"基层治理体系激活治理新效能》，甘肃政法网，2024年6月18日，https://www.gszfw.gov.cn/Show/400499。

工作方案》为统揽,《市域社会治理现代化试点工作重点任务清单》《关于加强基层社会治理的实施意见》《关于推进立体化智能化社会治安防控体系建设的实施方案》等20余个配套制度促落实的"1+N"市域社会治理制度体系,为提升基层社会治理能力提供了有力支撑。

二是"五网"联动网格管理精细化。全面推行"党建+综合治理""党建+环境整治""党建+文明创建"等城市基层治理新模式。构筑党组织引领的立体化小区治理体系,高标准推进综治中心实体化建设,1个市级、7个县级、123个乡级综治中心全部建成并挂牌运行,天水市将综治中心功能向村(社区)延伸,村级综合服务管理平台的社会治理功能进一步完善。按照"服务为先、相对集中、整合资源、统筹推进、便于管理"的原则科学划分网格,形成了城市三级、农村四级的网格体系。推行"四方议事会""家事合议庭""居民说事"等做法,组建"巾帼调解队"、"金牌调解团"、平安志愿者等群防群治力量[1],发挥乡贤里老的作用,健全村(居)民诉求表达、利益协调、权益保护的民主协商机制,做到民事民议、民事民办、民事民管。深入推进法治乡村建设,建成10个国家级、162个省级、141个市级、392个县(区)级"民主法治"示范村(社区)。

三是"四诊"联调矛盾化解多元化。健全领导干部下访接访机制,实行信访积案和群众合理合法诉求"包案化解";依托社会矛盾纠纷多元化解系统和命案风险预警预测预防系统,分级分类对各类邻里纠纷和家庭矛盾进行"红橙黄蓝绿"五色预警,及时联动处置;以全国社会心理服务体系建设试点为抓手,建成社会心理健康服务中心,下设心理疏导服务、心理危机干预、心理援助热线和心理健康培训4个分中心[2],上线运行社会心理服务云平台,有效开展研判预警、心理疏导和危机干预;完善"三调联动"工作机制,大力培育发展以"和雨东矛盾化解社会工作服务中心"为代表的第三方矛盾纠纷化解组织,积极推行"一稳二清三公开"工作法,形成

---

[1] 余碧波:《以民为本,谱写平安天水新篇章》,《天水日报》2022年9月26日。
[2] 马楠:《全力推进全国社会心理服务体系试点建设》,《天水日报》2020年11月17日。

"三调联动、多位一体"的矛盾纠纷化解机制，实现矛盾纠纷快处、快调、快赔、快结。

四是三措并举打防管控一体化。打造"六位一体"社会治安防控体系，完成452个乡镇重点区域人脸识别监控、700个行政村和854个智慧安防小区建设；持续推进"扫黄打非""缉枪治暴""电信网络诈骗犯罪""养老诈骗"等专项打击整治行动，以及婚姻家庭矛盾和邻里纠纷集中排查化解行动，有效防范"民转刑"命案；持续完善社会治安重点地区和重点问题挂牌整治机制，创新流动人口"1533"服务管理工作模式，加强对社区矫正人员、吸毒人员、严重精神障碍患者、重点青少年等特殊人群的服务管理工作，健全政府、社会、家庭"三位一体"关怀帮扶体系①，近年来，矛盾纠纷排查化解率保持在98%以上。

五是双管齐下治理手段智能化。深入开展智慧城市应用项目建设，完成"雪亮工程"、智慧人社、智慧城管等93个信息化平台项目；上线运行"天水五治"小程序，实现群众诉求线上反映、部门马上办理，真正达到"让数据多跑路、让群众少跑腿"的目标。做实"综治中心+网格化+信息化"社会治理"一张网"，打造"天水市综治联勤联动指挥调度系统"，上线运行"平安天水指数发布系统"，实现了对县（区）和乡镇（街道）平安建设工作的动态评价。"天水雪亮联勤联动指挥调度系统""平安天水指数发布系统"分别荣获2021年度、2022年度全国政法智能化建设创新十佳案例奖；天水"5432"工作法创新推进市域社会治理现代化试点被评为中国改革2022年度地方全面深化改革典型案例②。2023年，天水市被确定为"全国市域社会治理现代化试点合格城市"。

三 甘南州：推行"8+"治理新模式

甘南藏族自治州具有多民族聚居、多宗教并存、多习俗融通的地域特色

---

① 余碧波：《以民为本，谱写平安天水新篇章》，《天水日报》2022年9月26日。
② 《天水"5432"工作法创新推进市域社会治理现代化试点被评为中国改革2022年度地方全面深化改革典型案例》，甘肃政法网，2023年1月6日，https：//www.gszfw.gov.cn/Show/321019。

和社会特点，甘南立足当地实际，提出了"基层党建+文明村社+和谐寺庙+十户联防+美丽家园+两代表一委员+党政干部+民兵队伍"的"8+"基层社会治理机制，努力建设系统完备、科学规范、运行有效的治理体系，打造涉藏地区基层社会治理"甘南样板"。

实行"网格化+十户联防"管理制度，搭建网格化管理、精细化服务、信息化支撑的基层治理平台，实现治理方式扁平化、联系群众零距离、激活社会微细胞、服务管理高效能。共划分网格959个、联防组8626个，在每个网格和联防组内定人、定岗、定责，做到事事有人管、人人有责任。全州党政干部、党代表、人大代表、政协委员、基干民兵和网格员、联户长等共5万余人统一编入"8+"机制工作力量，通过下沉一线吃透社情动态，疏导群众情绪，化解问题困惑。截至2023年底，甘南州"8+"机制工作力量已下沉一线18.5万人次，解决困难问题2.3万余个，排查整治各类隐患1.3万余个，化解矛盾纠纷2000余起，乡镇以下矛盾纠纷化解率超过90%。

开展"人格联户、联寺包僧、结对关爱、企业包联、支部联建"五个全覆盖行动，以矛盾纠纷化解和新时代枫桥式综治中心创建为抓手，推动治理重心下移、力量下沉、服务下倾。建立各级干部与孤残困人员联系交流、走访探视、落实政策的常态化渠道，做到扶弱济困全覆盖；推行企业包联、支部联建全覆盖，建立三级包抓联系体系，帮助企业、合作社解决生产经营中遇到的困难，激发企业创造力。甘南州机关企事业单位党组织对全州651个农牧村党支部、32个社区党支部实行了支部结对共建全覆盖。

建立"综治中心+网格化+信息化+实战化"工作体系，实行"线上+线下"运行模式，充分发挥信访接待中心、公共法律服务中心、矛盾纠纷综合调处服务中心等职能作用，重点受理群众诉求，解决问题隐患，整合12345政务服务便民热线、陇情E通、平安甘肃信息化平台等社会治理资源，实行一站式办公、一体化运行、一条龙服务、一揽子解决。社会治理云平台配套"平安通"手机App，做到三级综治中心线上同步响应、分级负责，在线受理办理、在线转办交办、在线跟踪督办、在线回访落实。2019~

2022年，甘南州群众安全感满意度、群众对政法机关执法满意度持续位居全省第一，"8+"基层社会治理模式入选2022智慧治理全国创新案例①。

第三节 优化营商环境行动中的甘肃智慧政务、智慧法务、智慧金融、智慧税务

自2021年以来，甘肃将数字技术广泛应用于政府管理服务，提高政府治理效能，着力打造泛在可及、智慧便捷、公平普惠的数字化服务体系。2022年，甘肃省委十四届二次全会强调，要持续优化营商环境，着力打造办事更高效的政务环境、企业更满意的政策环境、竞争更公平的法治环境、配置更合理的要素环境、关系更"亲""清"的政商环境。2023年，甘肃深入开展"优化营商环境攻坚突破年"行动，不断健全制度机制，持续加力数字赋能，强化要素保障，优化政策供给，基础设施不断完善，数据共享开放水平不断提升，系统应用场景不断丰富，法治环境持续向好，服务能力不断增强，服务效能显著提升。2022年，甘肃省首次进入省级数字政府水平"高"的省份行列，甘肃数字政府"省级统筹"建设模式入选智慧中国年会"2022数字政府特色评选创新案例"。

一 甘肃智慧政务建设

甘肃着力推进数字政府建设，深化"互联网+政务服务"，以政府系统数据开放共享为建设基础，依托底层大数据基座和业务支撑层的公共应用支撑，围绕"一网通办""一网统管""一网协同"，完善一体化政务服务平台，打造N项应用，政务云及互联网、政务专网等基础设施建设初具规模，政务数据共享开放水平不断提升，政务服务便利化程度显著提高。不断创新体制机制建设，聚焦优化营商环境和提升政务服务能力，着力打造"甘快

---

① 曹林生：《"8+"机制架起党群干群连心桥 "五全覆盖"激起主动创稳民心潮》，《甘南日报》（汉文版）2023年12月12日。

办""12345接诉即办"等特色品牌,推进"最多跑一次"改革,优化监管模式,改善群众体验,全方位提升政务服务效能。

一是总体框架和技术架构基本完成。2021年3月,甘肃省委、省政府启动数字政府建设,构建甘肃省市县三级"入口统一、业务统一、运管统一、能力统一、数据统一、云网架构统一"的技术体系。2021年12月,甘肃省人民政府办公厅印发《甘肃省数字政府建设总体规划(2021—2025)》,提出了数字政府建设的总体架构、技术架构和建设模式。采取"省级统筹主建、市县配套推进、系统集成应用、整体跃升水平"的建设模式,打造数字政府技术架构和应用平台。统筹构建数字政府"12345+N"技术体系,打造"1网+1云+1基座+1支撑+1中心+1平台+N应用+1入口"的技术架构,即全省政务一张网、一朵云、一个大数据基座、一个公共应用支撑平台、一个运营指挥中心、一个政务服务能力平台、N项应用、统一线上入口服务。2022年3月底,甘肃数字政府运营指挥中心24个公共管理类和技术支撑类项目、省直部门26个应用类项目、市州12个应用项目、县(区)3个应用项目全部上线运行。目前,甘肃已经建成以"1个数据湖+2级共享交换平台+N个数据仓"为架构的全省湖仓一体化大数据基座,融合各方政务服务类数据和业务数据,实现全省政务数据统一管理和按需使用。

二是管理制度及标准规范不断完善。印发了《甘肃省深入推进"互联网+政务服务"工作方案》《甘肃省加快建设一体化在线政务服务平台进一步推进政务服务"一网、一门、一次"改革重点任务落实方案》《甘肃省人民政府关于加强数字政府建设的意见》等系列文件,推动全省政务服务事项网上可办率不断提升。专门制定了《甘肃省数字政府政务云技术标准(试行)》,支撑数字政府项目建设;制定了《甘肃省政务数据共享管理办法(试行)》,建成全省一体化大数据基座,升级重构省级政务数据共享交换平台,明确了数据共享管理模式和部门数据共享责任清单。

三是政务信息平台不断完善。第一,不断优化完善全省一体化政务服务平台,充分发挥平台枢纽作用,推动线上线下标准统一、深度融合、服务同质。推动政务服务向基层延伸,全面推行审批服务"马上办、网上办、就近办、一次办、自助办"，全面支撑"跨省通办、省内联办、一件事一次办"等，大幅提升服务效能。第二，"甘快办"应用不断深化。加快推进政务服务向移动端延伸，统一全省政务服务移动端入口，推动各类政务服务移动应用加快向"甘快办"整合，实现更多政务服务事项"掌上办"。"甘快办"政务服务移动端接入App和小程序应用217项，开通高频事项、特色应用，拓展网上政务功能，持续深化"一网通办"，优化服务体验，彻底解决了"线下跑趟、窗口等办"的问题。第三，推进12345政务服务便民热线"一号响应"。印发《甘肃省12345政务服务便民热线整合优化工作方案》，推动政务服务便民热线整合优化，建设覆盖全省、统一联动、便捷高效、保障有力的政务服务便民热线体系。推进全省政务热线资源整合，优化管理和业务协同，通过整体并入、双号并行、设分中心等方式，整合行业热线57条，提供"7×24"小时全天候人工服务；建立健全热线省市联动一体化运行工作机制，实现热线受理与后台办理服务紧密衔接、省级统筹和市县主办紧密衔接，使政务服务便民热线接得更快、分得更准、办得更实[①]。第四，开发部署了政务云管理平台。采取"1+15+N"（1朵省级政务云，15个市级政务云节点，N个行业云）的架构，加快推进省级和市州级云管理平台建设并实现互联互通，实现全省云资源的集中调度和综合服务。

四是政务数据共享应用不断深入。印发《甘肃省政务信息系统整合共享实施方案》，推动各级政务数据资源向政务数据中心汇聚，构建综合人口库、综合法人库、信用信息库、自然资源和地理空间基础信息库等基础库，事项库、办件库等主题库及"省内通办""跨省通办""一件事一次办"等专题库，形成全省统一的数据资源库。打通部门间信息壁垒，升级重构了甘肃省政务数据共享交换平台，实现了向上与国家数据共享交换平台和全国一体化政务服务平台对接、横向接入52家省直单位，向下与14个市州及兰州新区市级数据共享交换平台对接，推进了跨区域、跨层次、跨部门的数据互通与融合。大数据安全治理平台通过统一服务网关提供数

[①] 沈丽莉：《我省打造便捷高效政务服务"总客服"》，《甘肃日报》2021年4月2日。

据安全相关能力调用和数据服务能力,构建数字政府数据全生命周期的纵深防御及安全管控体系,实现数据生命安全周期管理,提升数据安全风险评估等能力。

五是政务服务与监管能力不断提升。充分发挥数据效能,开发数据应用,实现"以数辅政"。围绕优化营商环境、畅通企业诉求,充分利用数字政府优势,把服务端口下移到基层,打通利企便民"最后一公里"。通过"陇商通"一键服务系统,企业可以反映发展过程中遇到的难题,有专班限期办理;"不来即享"涉企政策精准推送服务覆盖全省中小微企业。围绕线上政府效能、营商环境、民情反映等主题,采取手机端和纸质版相结合的方式,向领导干部推送数据《特别呈报》,督促各地政务服务能力提升。大数据基座建设智能运维监控平台,包括数据防护中心、访问控制中心、数据监控中心、数据管控中心、安全能力底座和安全运维管控平台,实现对数字政府建设内容所涉及的云主机、物理机、PC机等资源提供统一维护管理、监控管理、告警管理、短信提醒、监控大屏展示等服务,具备"可管理""可监测""可运维"的运营支撑能力。

二 甘肃智慧法务建设

习近平总书记指出,"法治是最好的营商环境"。甘肃省充分运用信息化手段,坚持线上执行与线下办案相结合,高效便捷化解纠纷,提升执行质效,保障当事人合法权益,出台《甘肃省优化法治化营商环境攻坚实施意见》,制定优化营商环境"10个坚决落实""20条措施"、服务保障民营经济发展壮大"9项举措",建成全国法院首家营商环境信息平台。

一是"云网一体化"基础支撑平台建成。按照云化转型、智能融合、统一部署、安全可控的建设思路,研究制定《甘肃法院信息化项目建设管理实施细则(试行)》《全省智慧法院建设标准(试行)》等管理办法,围绕智慧支撑一个平台,智慧审判、智慧执行、智慧服务、智慧管理四类系统,智慧保障、标准规范、容灾备份三大保障体系,建设全省法院云平台和智慧法院项目。建成覆盖全省113家法院的甘肃智慧法院3.0版,全省智慧法院建设、应用、管理实现了由分散部署向云化聚合、由基础建设向全面应用的转变，系统应用软实力显著增强。加强"智慧治理""智慧司法"等信息平台建设，推进大数据技术与审判执行等各方面业务的深度融合，充分挖掘各部门数据资源价值；基于审判流程、司法统计和质效评估体系，全方位覆盖概况、案由、诉前等业务，通过展示监控业务指标，发挥司法大数据在法院审判质效、经济社会发展、服务国家治理等方面的辅助决策作用；积极推进司法大数据平台与最高人民法院大数据平台对接，稳步推进全流程网上办案，实现了全网数据自动生成保存，做到了"数据向上集中、服务向下延伸"。2023年，新建智慧法庭136个，新建审判法庭12个。甘肃智慧法院项目建设案例入选《中国电子政务年鉴（2019）》，荣获中国电子政务理事会2019年"互联网+智慧法院"先进单位奖项，入选《中国智慧法院建设丛书》；2020年，甘肃省司法厅公共法律服务"三网融合"项目被评为智慧司法十大创新案例。

二是优化智慧诉讼服务。大力发展"互联网+诉讼"，优化人民法院调解平台，打造调解主体多样化、协同办理无缝化、信息数据可靠化的集约化诉讼服务平台，不断开拓创新诉讼服务内容，提升"司法为民、司法便民、司法利民、司法惠民"质效。建成"一站式"智慧诉讼服务平台体系，形成了以电子诉讼为核心，集"厅、网、线、巡"于一体的互补型、高效型智慧诉讼服务新格局，实现民商事等案件风险评估、立案、交费、电子送达、证据交换与质证、诉前调解、移动庭审、执行办理等全流程网上办理。将全省法院各诉讼服务应用系统账号接入最高人民法院统一账户管理平台，实现了全省法院诉讼服务应用系统统一注册、统一认证、统一登录，满足了人民群众"一次注册、全网通办"的司法需求。打造"互联网+公共法律服务"模式新举措，整合优化12348公共法律服务热线，提供个性化的法律服务，年接听量达30余万通，年均增长超40%，热线群众满意率达99.92%。2023年，全面建成省级公法中心，实现公共法律服务平台省市县乡村五级全覆盖，全省网上立案21.1万件，网上开庭3.9万场，上网公开裁判文书13.37万份，互联网庭审直播3.8万场次。

三是建设智慧审判体系。从优化数字法院系统应用、优化各类智能辅助应用、推广法信智推系统应用、优化科技法庭融合应用等方面出发，深入挖掘信息化在审判执行工作中的智能辅助作用，全面推行审判执行各环节辅助服务的智能化应用，着力推动刑事智能研判系统、智能量刑辅助、立案信息回填等系统广泛应用，驱动全流程无纸化办案，减轻法官工作量，提高办案效率。综合利用法院内部审判、信访、破产数据，通过对接外部公安数据，配合人工智能技术深度应用，从身份认证、重复立案、监管案件、历史涉诉等多维度提升法官甄别案件风险的效率，根据案件类别、审判程序、案由等要素进行智能化繁简分流判断，为后续庭审、文书、流程提供简化或精审的判断依据，实现简案快审、繁案精审，减轻立案工作人员负担，提高司法效率。积极推进电子卷宗材料深度分析利用，实现案件信息自动提取回填、相关案件的自动关联、文书智能生成、案件自动类推，减轻了法官事务性工作负担，提高了法官审理案件时效及质效、制式文书智能生成率及速裁快审案件率。积极建设法信平台、法信智推和智库系统，汇聚全国案例数据，提供知识检索、量刑规范化、案例研判和知识管理服务，各类智能化系统为法官提供全方位全流程办案智能辅助。

四是加强网络安全管理。统筹基础设施建设和网络安全管理，制定了《甘肃省高级人民法院"慧审云"云平台安全管理体系》《甘肃省高级人民法院"慧审云"云平台基础环境应急预案》《甘肃省高级人民法院"慧审云"云平台信息安全与突发事件应急预案》，确定专人开展网络安全等级保护、关键信息基础设施保护、数据安全保护等工作。强化边界防护、入侵防御、安全隔离交换、行为管控、行为监测等能力，持续开展诉讼服务、办案系统、执行查控、司法人数据平台等核心业务系统网络安全等级保护测评。强化数据分类分级保护，优化安全设备和防护系统参数配置，实现数据调用态势的监测、动态感知和风险隐患的主动发现、协同处置。通过技术手段常态化监测全省法院网络安全态势，定期开展网络攻防演习，健全安全预警机制，加强信息化安全应急处置和演练，持续改进和优化安全管理，形成了较为完备的体系化、实战化、常态化的网络安全管理模式。在2021年"HW

行动"中，甘肃高院应对措施有效、问题处置及时，获得了最高人民法院及公安部的一致肯定，并发来表扬信。

三 甘肃智慧金融建设

随着科技的迅猛发展和数字化转型的不断推进，智慧金融正成为金融业的新引擎。人工智能、大数据、云计算和区块链等前沿技术的应用，为金融服务注入新的活力。如利用区块链技术开发数字货币、智能合约和跨境支付解决方案等创新产品，提升了金融交易的效率和便捷性；利用人工智能技术，开发智能客服、聊天机器人和语音识别等工具，实现更高效、个性化的客户服务。

一是在平台建设方面，甘肃省金融行业围绕数据治理工程、大数据应用体系等方面建设金融"新基建"工程，完善数据平台建设，打破信息孤岛，实现数据的共享共联，加速推进信息技术基础设施再升级。"陇信通"平台利用大数据、云计算等技术，为中小微企业用户提供金融产品申请、融资需求发布、智能金融产品匹配、专业融资顾问等服务，为金融机构提供贷前审查、精准获客、金融产品发布等服务，为政府提供政策发布、精准筛选企业名单、精准匹配政策等服务；完成了与"不来即享"平台、甘肃省统一身份认证系统对接，实现企业信用信息共享、企业信用诊断、政策同步和统一身份认证登录等功能。截至2023年末，"陇信通"平台连通各类数据源单位9家，收录企业233.99万家（含个体工商户），同比增加175.45万家，增长300%，累计采集11个大类1.8亿余条信息。"不来即享"平台注册企业40959家，上传金融产品596项，促成融资1028亿元。当年累计新增查询31.78万次，较上年同期增长291%，共帮助2752家企业获得贷款488.77亿元，同比增长78%，企业家均获贷1776万元，其中79%的获贷企业是小微企业，小微企业的融资金额占比达到16%。[①]

二是在金融服务方面，依托5G技术，将智能语音、人工智能、数字多

---

① 甘肃省地方史志办公室：《甘肃年鉴2024》，甘肃民族出版社，2024。

媒体、大数据等现代科技与智慧场景融入金融业务，为客户带来更加智慧、更有趣味、更富个性、更具品质的全新服务体验。甘肃银行依托外部、内部数据相结合方式，利用人工智能、大数据、云计算等现代科学技术，对客户进行精准画像，为优质客户高效提供免抵押、免担保的纯信用线上贷款。开发建设"小甘云厅"远程视频银行，通过远程交互式创新金融服务触达用户，将账户类、查询类、理财类、信贷类等多种业务迁移至线上，满足金融机构在短时间内快速拓展业务场景的需求，提升整体运营质效；将数字化转型和营销理念延伸到金融产品服务的全生命周期，利用互联网营销模式挖掘客户需求，推动构建"客群营销、联动营销"的零售智慧营销体系。截至2023年底，实现客户营销触达30万人次，累计受理业务超1万笔，日交易量峰值达20笔/秒，累计实现代销理财余额新增2.27亿元；为异地老年客户社保卡激活2000余笔，为近200家企业提供对公法人意愿核实服务，客户满意度达96%以上。甘肃农信在全系统推广"自动化评级授信+背包银行"农户小额信用贷款自动化评级授信模式，推动农户小额信用贷款实现了"网点办"到"上门办"无纸化办理的蜕变，大幅提升客户体验，2024年入选国家级创新优秀案例，荣获中国银行业机构金融消保与服务创新优秀案例。兰州银行于2020年7月自主开发上线全省首家视频银行服务，依托客服中心团队，借助移动互联网、人脸识别、高速音视频传输、智能语音等技术，结合现有的客户服务体系，打造"足不出户、面对面交流"的全新远程银行服务模式[①]。"天水市智慧金融服务平台"是为解决小微企业"融资难、融资贵"问题而搭建的政府、银行和企业三方使用的金融服务平台，利用先进的大数据技术对政府数据进行挖掘分析，对企业的经营动态和还款能力进行评估，企业在平台上进行贷款申请，不需要跑腿或准备资料，经授权的数据和评估结果直接由平台传送至银行，银行在线受理，实现中小微企业融资的提效降本，真正实现政、企、银三方共赢。

三是在风险管控方面，通过风控模型和智能决策引擎，灵活配置策略，

[①] 苏海琴：《科技创新让金融服务更有温度》，《甘肃经济日报》2022年9月29日。

实现全流程、全场景的实时监控和流程控制。结合业务场景、客群特点，甘肃银行运用灵活的风控模型、规则、策略，实时评估业务风险，为各类个人信贷业务提供包括反欺诈、身份核实、信用评估等环节在内的全流程风控管理；建设了互联网反欺诈平台，接入电子渠道、银联、网联等全量交易数据，采用人工智能算法，分析用户的基础特征和历史行为信息，实现全流程、全场景的实时监控和流程控制。同时引入银联银行卡发卡风险监测（URM）模型，基于银联自身转接交易数据及联防联控平台的协作，针对甘肃银行在线支付、移动支付等高风险特征银行卡跨行交易进行实时监测；开发建设了运营风险监测系统，建立了联动控制、精准实时监控、风险预警、现场检查、履职管理等相结合的多通道风控模式，实现了风险预警监测向以事前预警、事中控制为主的方向转移。对重要业务、重要时期、重点对象等进行智能、连贯、动态化的风险监控分析，实现了预警模型探索及数据分析对全行主要业务风险领域进行自主化的持续分析监控。

四 甘肃智慧税务建设

党的十八大以来，随着税收征管体制改革的不断深化，甘肃省依托大数据信息技术手段，全面探索纳税服务信息化、智能化，积极打造智慧办税新模式，不断优化税收营商环境，让信息多跑路，让纳税人、缴费人少跑路，实现从无差别服务向精细化、智能化、个性化服务转变，形成了以网上办税为主、以自助办税为辅、实体办税服务厅兜底的立体式纳税服务新格局。

一是构建税收大数据协同共建共享横向协同机制。在做优"全省通办"税费业务的基础上，统筹优化线上线下"跨省通办"税费服务，主动融入甘肃省一体化政务服务平台，整合网上办事入口，进一步统一身份认证、电子印章、电子证照、数据共享等体系，简化税费服务"跨省通办"网上办理环节和流程，拓展智能客服功能。持续推进办税服务厅"跨省通办"窗口建设，在加快实现"全覆盖"的基础上，提供业务咨询等服务，同步推行帮办代办等服务，切实解决线上好办、线下难办问题。完善税收征管质量监控评价机制，深化"5C+5R"（税收质量监控评价指标体系）双模型评价试点，拓展评价结果场景化应用，切实提升税费征管质效。健全"信用+风险"新型监管机制，精准实施"全税费种、全生命周期、分类分级穿透式、智能化"风险监管，有效降低企业涉税风险，规范市场秩序①。

二是构建自助办税新模式。"10分钟办税缴费服务圈"是甘肃省税务局与中国工商银行甘肃省分行聚焦打造的一站式"云办税"新模式，延伸"枫桥式"税务机关服务半径，通过工行营业网点自助终端推广应用征纳互动服务，实现"税务+金融""线上+线下"的双重联动，构建"自助办税+金融服务"的一站式"云办税"新模式，为纳税人缴费人提供集智能咨询、办问协同、全程互动等功能于一体的全新税费服务，推动线上办问协同全覆盖、线下办税缴费就近办、税费优惠政策即时推、银税互动服务再深化，持续降低纳税人缴费人办税缴费成本，有效提升办税缴费服务体验。"智能微厅"于2022年9月首次落户崆峒区税务局办税大厅，集成了当前所有自助办税终端功能，是增值税发票发售领用终端、增值税发票代开终端、税务UK申领终端和综合业务终端的整合体，并延伸了线上视频服务和远程协助功能，可以通过"上屏辅导、下屏操作"、人机交互"智能咨税"、专家视频"远程帮办"等智慧服务，实现24项高频涉税业务云端办；可一站式自助办理发票领用、发票代开、税费申报、凭证打印等多种涉税业务，满足纳税人就近办税、及时办税、便捷办税等多元化、高端化、个性化需求，实现办税"零"负担、"最多跑一次"②。5G智慧办税服务厅运用人脸识别、大数据、云桌面、智能导税、双屏互动等先进技术，全面梳理简化部分税收业务流程，实现纳税申报、发票领用、发票代开、凭证打印、车购税缴纳等高频涉税事项自助办、自主办、网上办。截至2024年7月底，98.5%的涉税事项实现一网办理，233项"非接触式"办税缴费事项均能在便民办税缴费服务站"一站式"办理，178项涉税业务"最多跑一次"，税费申报表单数量减少62%，办税服务已从网上可办向好办易办转变。

---

① 国家税务总局：《甘肃：充分发挥税收职能 加快融入全国统一大市场》，2024年1月30日。
② 杜雪琴：《曾经"来回跑" 如今"智慧办"》，《甘肃日报》2022年9月21日。

三是打造"点对点、个性化、全覆盖"的纳税服务新渠道。兰州高新区税务局利用"互联网+税务",延伸服务触角,设立"政税高新通"专窗,通过建立"办不成事"问题台账,规范办理流程。城关区税务局通过税企交流群精准实现"一对一"涉税事项远程帮办、咨询辅导,纳税人缴费人入群即可精准找到对应办税服务厅、主管税务分局、电子税务局的帮办人员,随时随地发起语音、视频通话进行涉税涉费咨询,开展点对点服务。经济技术开发区税务局智慧办税服务厅立足纳税人实际需求,创新推出有税款"自主办"、零申报"免填单"、定额票"一键领"的组合措施,提升网办体验,精简办理流程,减少资料报送,便利发票使用,90%以上个体户申报业务可由纳税人通过电子税务局进行办理,并自主通过智慧云柜领取定额发票,从申报到领票平均办理流程不超过 5 分钟,极大地缩短大征期内纳税人等候时间。七里河区税务局"税小七"工作室关注最新税费政策发布节点,及时开办"纳税人学堂",依托 5G 网络进行高清网络直播,进行税费政策讲解或辅导具体业务办理流程,为纳税人缴费人答疑解惑,让纳税人缴费人懂政策、会办理、享红利。西固区税务局创新打造"小西税伴"税收宣传品牌视频号,坚持"通俗易懂、短小精悍"的原则,制作了一系列最新税费政策讲解和实操微视频,通过"陇税雷锋"帮办群进行推送,方便纳税人缴费人通过"碎片化"时间进行线上学习,大大提升了纳税人缴费人线上业务办理效率。

第四节　新型城镇化与甘肃智慧城市建设

在国家新型城镇化发展的背景下,智慧城市建设符合城市发展趋势,体现了城市建设、经济发展、民生服务、生态和谐的城市发展目标。2012 年底,住房和城乡建设部印发了《国家智慧城市试点暂行管理办法》和《国家智慧城市(区、镇)试点指标体系(试行)》,在全国范围内推进智慧城市试点工作。2014 年 8 月,国家发展改革委等八部门联合印发了《关于促进智慧城市健康发展的指导意见》,为智慧城市的建设提出了具体指引。

一 甘肃省智慧城市建设现状

近年来,甘肃省依托大数据、人工智能、物联网等技术,升级基层治理,全方位推进智慧城市建设。通过平台重构和流程优化,建设完善全省统一的电子政务网络平台和电子政务云平台,电子政务外网部署了省投资项目在线审批监管平台、省社会信用信息系统、省经济发展监测预测系统等30多项重点业务应用,已覆盖省、市、县、乡四级,接入单位近15万家。印发《甘肃省政务信息系统整合共享实施方案》,对部门分散隔离的政务信息系统进行整合,接入统一数据共享交换平台,完善基础信息资源库的覆盖范围和相关数据标准,建成省市两级数据共享交换平台,完成国家、省、市三级联通,实现公安、人社、卫健、医保、市场监管等部门数据共享交换,全省政务服务事项全程网办率提升到98%以上,除法律法规特殊规定事项外,28个省直部门所有事项均实现网上全程可办。"甘快办"App上线运行,可办理的事项增加到22.3万项;"不来即享"涉企政策精准推送服务覆盖全省中小微企业;企业发展过程遇到的难题可以通过"陇商通"一键服务系统反映,有专班限期办理。各领域信息化平台建设不断完善,全省医保服务信息平台建成,实现全省区域内"一码"挂号、就医、结算和付款等功能,接入全省定点医疗机构近20000家,定点零售药店约9000家,服务范围覆盖全省2500多万参保群众,使用电子凭证用户突破1600万;"陇明公"——甘肃省农民工工资支付管理公共服务平台,累计注册工程建设项目11161个,录入人员135.2万人,线上监管发薪约282亿元,处理工资支付监测预警信息4.2万余条,受理欠薪投诉案件2.3万余件,帮助3.8万余农民工追薪4.5亿余元,获得《人民日报》点赞报道,被评为全国人社信息化便民服务创新典型案例,国务院国资委网站进行专题宣传。甘肃省单用途预付卡监管服务平台实现预付消费卡经营全流程互联网+跨部门综合监管、在线协同监管、全流程掌上监管,成为全国第一个全省全面上线、横跨八个行业主管部门、八个协同监管部门,覆盖至市州、县(区)、街道、商圈的预付式消费领域的数字化治理平台。拓展改造"一部手机游甘肃"平台，建设文旅资讯、行业监管、市场运营、统计、投诉五大体系，一站式解决游客"吃、住、行、游、购、娱"等需求；优化全省旅游产业运行监测与应急指挥平台，4A级以上景区视频监控接入率达81%，121家A级旅游景区完成无线网络覆盖，32家A级旅游景区完成大数据平台建设，98家景区（场馆）实现快速入园入馆服务。全省公安大数据建设及应用进入全国第一方阵。"云上乡村"甘肃数字农业服务平台搭建贯通省、市、县、乡、村五级的数字农业服务体系，依托产、供、销形成的大数据精准服务，助力乡村振兴，完成在庆阳市、张掖市、临夏州、东乡县等6个地区的落地部署。甘肃一码通平台在17家单位投入使用。新一代智慧交通信号灯集群控制系统在兰州新区、庆阳市区和兰州市开展试点落地，交通通行效率平均提高33.98%[①]。

二 典型案例及实践经验

自2013年以来，兰州、金昌、白银、陇南、敦煌、张掖、天水等7个市州先后被认定为国家试点智慧城市。甘肃省强化顶层设计，科学指导试点城市创建任务书编制工作，深入挖掘试点城市创建特色，不断加大投入力度，主要围绕智慧政务、智慧民生、智慧产业等领域，加快推动智慧化建设和应用，推进智慧城市试点创建工作，同时各市州因地制宜，结合实际各有侧重地推动智慧城市建设。

1. 兰州市智慧城市建设

兰州市不断深化新型智慧城市建设，突出智慧政务、智慧民生，以支撑"放管服"改革为重点，着力抓好资源整合、政务信息化项目建设和民生服务等工作，有效破解城市发展过程中的资源配置不合理、城市管理不精细、公共服务不便捷等问题，助力"都会城市、精致兰州"建设。

在制度规范方面，印发了《兰州市数字化城市管理指挥手册（试行）》，规范了12大类116小类城市管理事、部件标准，明确由市数字化

---

① 甘肃省地方史志办公室：《甘肃年鉴2024》，甘肃民族出版社，2024。

城管监督指挥中心 1 家单位受理全市 28 个市区级责任单位的城市管理问题。编制出台了《兰州市新型智慧城市顶层设计（2020—2022 年）》《兰州市新型智慧城市三年行动计划（2020—2022 年）》《兰州市数据信息产业三年行动计划（2020—2022 年）》，从规划蓝图、发展框架，到重点行动、重点工程和重点任务等方面对推进新型智慧城市建设作出了明确要求。制定《数字兰州建设三年行动（2023—2025 年）》《兰州市政务数据资源共享管理办法》《兰州市政府平台共享交换及开放实施细则》《兰州市政府数据共享交换平台用户管理办法（试行）》，统一标准规范，强化数据处理应用。

在政务平台建设方面，2023 年 12 月，兰州市城市运行管理服务平台全面建成并投入运行，建有业务指导、环境卫生监管、市容市貌监管、城市管理执法监督办案、城市管理数据交换、城市管理数据分析等系统，搭建了 10 个二级系统，集城市管理、协同处置、执法监督、应急调度、决策指挥、公众服务于一体，形成了快速响应、高效协同、科学应急、智慧决策的城市综合管理服务工作体系[1]。建设甘肃政务服务网兰州站和"甘快办"兰州厅，上线特色应用 312 个，推出"一件事一次办"主题事项 104 个，完成 123 个乡镇（街道）政务服务自助终端建设，实现 22420 项服务事项老百姓就近可办、家门口可办、指尖可办、异地可办。打造集运行、监管、分析于一体的智慧城市运行监管系统，建立兰州市智慧城市评价考核体系，实现全市智慧城市建设进度多角度、多场景、多维度分析，为全市智慧城市建设提供科学决策的依据，系统荣获"2021 中国数字政府特色评选案例治理运行创新奖"。

在政务数据资源归集整合方面，建成"10 个主题库+11 个专题库+52 个部门库"的大数据基座，重构数据共享交换平台，归集汇聚数据资源 2050 亿条，向省级推送 167 亿条，数据汇聚总量居全省首位。依托现有数字地理空间、城市信息模型基础平台数据资源，整合城市管理涉及的人员、

---

[1] 王潇旋：《一网统管　城市治理"耳聪目明"》，《兰州日报》2023 年 10 月 18 日。

车辆、事件、设施等要素信息，横向对接28家市直部门（单位）办案网络系统，纵向对接国家、省市及县（区）城市管理平台，构建市、县（区）两级"12+3"应用体系，多措并举推进数据资源整合汇聚，实现了平台融合共享、数据互联互通[1]。目前，持续申请国家级、省级可共享数据资源总计达到769项，各类数据接口累计调用次数共计5338万余次，发布目录16328条，挂接资源24772条，形成涵盖国家、省、市、县（区）各级数据资源的共享体系。兰州市电子证照系统已完成市县两级部门的证照整合共享工作，已累计整合电子证照326类3588万余册[2]。

在提升政务服务质量方面，实现了政务服务从分散办到集中办、网上办的嬗变，助推政务服务从"一个事项跑一次"到"一件事情跑一次"、从"群众跑腿"到"数据跑路"、从"不敢评"到"好差评"，政务服务事项网办率达100%。通过提级办理、部门驻场、设立专家座席等多种方式，提升12345政务服务热线留言办理质效；畅通市民投诉渠道，启动微信"随手拍"板块，打造"人民城市人民管"的工作模式，对身边发生的城市管理问题进行反映投诉。2023年，兰州市入选住房和城乡建设部工程建设项目全生命周期数字化管理改革试点城市；兰州市12345政务服务便民热线被评定为全国政务热线服务质量评估"A"级等次。

在推动城市全面发展方面，建成涵盖教育管理及优质教学资源的"兰州市数字教育公共服务平台"，实施智慧课堂、名师在线、名师课堂等项目，全市智慧教育建设取得突破性进展。积极赋能金城关·黄河古渡景区、水墨丹霞景区、黄河楼、夜游黄河、兰州老街、什川梨园等"生态+文旅"项目，有效填补了兰州市文化旅游短板，通过《紫塞秋风》《敦煌传奇》等动漫产品，进一步提升文化软实力。建成市级"互联网+"现代农业示范点9个，皋兰县、榆中县等数字乡村、数字种植业试点基地建设

---

[1] 兰州市人民政府：《推进智慧城管建设 提升城市管理水平市城管委城市运行管理服务平台全面建成并投入运行》，2023年12月14日。

[2] 兰州市数据局：《关于对市人大十七届四次会议第258号建议案办理情况的答复》，2024年7月15日。

加快推进①。

2. 敦煌市智慧城市建设

近年来，敦煌市以"智慧敦煌"建设为统领，深化数据"聚、通、用"，以数字化、网络化、智能化技术全面赋能城市发展，着力推进新型智慧城市建设。印发了《敦煌市数据信息产业发展专项行动计划》《敦煌市政务信息化建设项目管理制度》，成立了敦煌市大数据管理中心，不断加强组织保障体系；深入推动城市运行管理服务平台建设，以数据信息集中和共享为途径，推动政务数据资源融合共享和开放利用，有力提升政务服务水平。

在信息化基础设施方面，建成了集云计算云存储、数据交换、网络交换于一体的飞天云计算中心，可提供1500台虚拟标准服务器和4.6PB的数据信息存储能力，支撑着智慧敦煌公共信息平台、公共信息数据库、天眼工程等14个智慧化应用项目。通过改造原有基础设备和新购置配套中控设施设备，初步建成了集政务服务监测、服务效能评价、特别事项呈报、应急指挥调度等功能于一体的敦煌市数字政府运营指挥中心，为9个镇统一安装了符合政务服务一体化平台要求的自助服务终端②。实施了敦煌市天眼工程，在全市城乡主要街道、重点区域、公共复杂场所、火车站等累计建设1555个高清监控点位，建成了社会管理的"一个平台、三个分中心"（即社会管理综合信息平台、市民服务中心、社会管理指挥中心、便民呼叫中心）③。

在政务服务方面，依托"甘肃省政务数据目录和供需对接系统""甘肃省数据普查平台""酒泉市大数据共享交换平台"，以"一网通办""一网统管""一网协同"应用需求为导向，编制公布政务数据供需对接清单，持续推动各部门政务数据归集共享和应用，2023年，汇聚事项4578个、电子印章329枚、电子证照类型136类735383个。实现全市电子政务外网中国

---

① 兰州市数据局：《关于对市人大十七届四次会议第150号建议案办理情况的答复》，2024年7月15日。
② 酒泉市人民政府：《敦煌市聚焦"六项措施"持续优化城市"智"理》，2023年7月10日。
③ 酒泉市人民政府：《敦煌市多措并举纵深推进数字经济发展》，2023年11月17日。

电信敦煌分公司"一平面"和中国移动敦煌分公司"二平面"的互联互通，电子政务外网城域网接入单位超过200家，横向覆盖全市党政机关，纵向覆盖市、镇、村三级。同时，以网络安全等级保护二级要求提升电子政务外网服务水平，完成核心机房所有等保设备的安装调试，对网内接入单位进行实名认证，规范接入行为，提升网络安全运维保障水平。建成运行集社会服务、12345便民呼叫、应急指挥于一体的社会管理服务中心，形成覆盖城乡居民的信息服务体系；推出企业开办零成本"0.5小时办结"、企业注销一件事、免审即享等具有特色的"一件事"服务；按照"便民多网点，事项就近办"的原则，下沉面向群众的民政、社保、医保、计生等63项镇级和45项村级（社区）政务服务事项，在"10分钟便民服务圈"的基础上，解决服务群众"最后一公里"的问题①。

在智慧民生方面，着力打造智慧医疗，建成基于4G网络可实现实时图像传输、定位功能的120急救指挥系统，推进建设电子健康档案和电子病例数据库，建立了网上预约挂号、缴费等自助服务终端，进一步完善远程医疗系统，提高医疗卫生服务水平②；建成28个路口的远程信号灯、12处交通诱导、68个卡口、76个违停抓拍点位、56个不礼让行人点位、12段区间测速和41个路口电子警察智慧交管系统，实现了车辆实时画面监测、违章图片导出、过车信息查询、车流量统计、红绿灯控制和车辆布控、绿波带控制等功能；通过车载视觉AI数据分析、工程项目管理危化品运输监管及微信小程序等14个子系统，实现1356条农村公路可视化管理和"两客一危"车辆综合数字管理监控；加快无线城市建设，在全市重要景点、演艺场所、特色餐饮区等户外人流密集区域安装无线AP30个点位600余个，37家酒店实现Wi-Fi覆盖；设立16个自行车站点404座锁桩，建成公共自行车、路灯照明、水源地、集中供热、建设工程等远程监控系统；实施智慧课堂项目，初中学段实现翻转课堂、"OKAY"智慧教育云平台、学生平板全覆盖，

---

① 《敦煌市"五心"服务提升民生"温度"》，甘肃政务服务网，2024年4月12日。
② 酒泉市人民政府：《敦煌市多措并举纵深推进数字经济发展》，2023年11月17日。

小学学段实现智慧黑板、智慧平台全应用；推进智慧安防小区建设，把人脸识别、门禁系统、视频监控、应急广播等智能化技防系统同网格化人防措施相结合，实现精细管理；建成"互联网+智慧养老信息化"服务平台，将居家养老、机构养老、旅居养老服务纳入监管平台，服务质量大幅提升[1]。

第五节　乡村振兴背景下的甘肃乡村数字化治理

乡村数字化治理是一种以数字技术为基础的乡村治理模式，通过信息化手段提升农村管理效能、改善农村生活品质，推动农村可持续发展，其涵盖了农业、教育、医疗、基础设施等多个领域。通过数字化技术的运用，实现信息共享、决策科学化、服务智能化，提高乡村治理的能力和水平，是全面推进乡村振兴的关键举措。2019年5月，国务院办公厅印发《数字乡村发展战略纲要》指出，要注重建立灵敏高效的现代乡村社会治理体系。2023年中央一号文件明确提出"完善网格化管理、精细化服务、信息化支撑的基层治理平台，提升乡村治理效能"。《数字农业农村发展规划（2019—2025年）》《数字乡村标准体系建设指南》《数字乡村发展行动计划（2022—2025年）》等文件为数字经济时代加快推进乡村治理指明了方向，强调从"智慧党建""互联网+政务服务""互联网+党务、村务、财务""基层综合治理信息化""智慧应急管理"等方面加快推进乡村治理数字化进程[2]。

一　甘肃推进乡村数字化治理现状

近年来，甘肃省加快建设农村信息基础设施，加快推进线上线下融合的现代农业，加快完善农村信息服务体系，大力推进数字乡村建设。全省各

---

[1] 陈柳：《从丝路重镇到数字新城，敦煌市智慧城市建设托起群众幸福梦》，《酒泉日报》2023年9月22日。

[2] 苏岚岚：《数字治理促进乡村治理效能提升：关键挑战、逻辑框架和政策优化》，《农业经济问题》2023年10月8日。

地、各部门认真落实党中央、国务院决策部署，持续加大统筹协调和政策支持力度，深入实施数字乡村发展行动，乡村治理的能力和水平不断提高，数字乡村建设取得积极成效，为全面推进全省乡村振兴、加快农业农村现代化提供了有力支撑。

1. 谋布局、建机制，加力推进数字乡村建设

印发《甘肃省贯彻落实〈数字乡村发展行动计划（2022—2025年）〉的实施意见》，推动将涉数字乡村建设项目纳入甘肃省乡村建设项目库公共基础设施类项目予以支持。印发《甘肃省数字乡村建设联席会议机制》，建立省级数字乡村建设联席会议机制，按季调度推进试点工作，全程把准建设方向，皋兰县、玉门市、高台县通过国家数字乡村试点终期评估。陇西县数字农业智慧农机大数据平台、玉门市"三级中心一张网"社会治理模式入选2023年全国数字乡村创新大赛拟设场景清单。

2. 升级改造，构建平台，乡村信息基础设施水平大幅提升

甘肃省不断完善乡村信息基础设施，加快农村宽带通信网、移动互联网发展，打通信息网络"大动脉"；加快乡村基础设施数字化转型，推进农村地区水利、公路、电力、冷链物流、农业生产加工等基础设施建设和升级改造。2023年，全省农村地区新建5G基站4716个，实现乡镇以上区域5G网络连续覆盖，60%以上的行政村有5G网络覆盖。行政村光纤宽带网络和4G网络覆盖率达到99%以上，公路、环保、气象、自然资源、卫生健康、公安监控等领域的基础设施数字化发展稳步推进；中国农产品供需分析系统甘肃省级平台、农产品质量安全追溯、"12316"等近十个农业信息服务平台功能趋于完善[①]。

3. 聚焦"数字+农业"，改变传统的农业生产方式和管理模式，促进农业提质增效

近年来，甘肃省打造现代数字农业，瞄准农业现代化的主攻方向，加快

---

① 程健：《2024年甘肃省数字乡村建设现场推进会在平凉召开》，每日甘肃，2024年6月29日。

推广大数据、物联网、人工智能等新技术在农业生产中的运用，建成省级现代农业产业园智能化高标准育苗中心，带动蔬菜产业化、智能化、品牌化发展；积极打造水肥一体化智能控制示范区和智能温室示范区、农作物病虫疫情智能监测点、水肥一体化县企共建制种基地等智慧农业示范样板，全省数字化技术管理农田面积达万余亩。研发上线"云上乡村"甘肃数字农业服务平台，实现全省农业生产的数字化管理、电子化交易、智能化决策、精准化服务。目前，平台用户 24.07 万人，其中农户 23.97 万人，企业 990 家；养殖总产值 65.35 万元，种植总产值 55.85 万元，店铺 19.94 万家，商品总数 3.50 万个，平台服务量达 52.90 万次，交易总额 739.1 万元。玉门市将"数字基因"与乡村振兴有机结合，积极搭建"党建+大数据+乡村振兴"数字乡村平台，大力发展智慧农业，在蜜瓜基地示范棚安装 AI 摄像头，24 小时动态监测瓜苗生长情况，适时调整拱棚施肥、病虫害防治等管护工作进度，有效实现智能防控[①]，区域虫情病害测报预警率提高至 90% 以上，防治有效率达到 94%。

4. 聚焦"数字+电商"，发展数字经济新业态

甘肃省着重培育电商行业，通过立柱架梁，打通县、乡、村物流"主动脉"，降低物流成本，构建电子商务进农村"高速公路网"。同时，紧盯市场需求，实施以省级"甘味"品牌为引领、以地方公用品牌为支撑、以企业商标品牌为根本的品牌营销战略，不断提高"甘味"特色农产品核心竞争力，建立了"甘味"产地环境评价监测、营养品质评价监测、质量安全追溯、全产业链标准控制等四大体系，为"甘味"品牌塑形和质量安全提供了有力的保障。2023 年以来，全省商务系统联合相关部门深入实施"数商兴农""互联网+"农产品出村进城工程，开展贯穿全年的"云品甘味数商兴农"系列活动，通过头部平台领跑、追时令赶季节、网货品牌先行、电商人才培育、文旅融合发力等举措，持续扩大全省农产品线上销售规模，不断提升"甘味"品牌影响力；携手省外电商 O2O 体验馆开展促销活

---

① 玉门：《谋"新"重"质"加速培育新质生产力》，中国甘肃网，2024 年 7 月 3 日。

动,与"浙里云购App"建立合作关系,开设"浙里云购甘肃好物专场",通过直播、短视频、图文等形式互动推广[①],拓宽甘肃省特色产品销售渠道,助力乡村振兴。截至2024年4月,在全国范围内共授权开设"甘味"品牌实体展销中心52家,其中省外29家、省内23家,年销售额10亿元以上;建成线上"甘味"销售电商平台19个,"甘味"品牌企业年销售额250亿元[②]。坚持人才第一资源理念,以信息化扶智赋能全方位培养乡村网络主播。组织举办"I@甘肃网络富民博览会"网信新农人行动网络主播培训57场次,实现14市州、兰州新区全覆盖,培养了1.9万余名网信新农人。通过"甘农云"平台支持农民利用手机随时开展学习,注册学员约16万人。策划开展2023年网信新农人行动"中国农民丰收节"直播带货活动,全省145名网信新农人积极推介家乡丰物,带动销售农特产品21万单580万余元,切实助力农民致富增收。全省农产品网店达9.8万余家,170余种特色农产品远销100余个国家和地区,农产品网上销售额达279亿元,同比增长11.16%。

5.聚焦"数字+公共服务",推动民生福祉大提升

数字乡村最重要的是让更多村民享受到"数字红利",就是要提供更多精准便捷的数字化服务,全力推动乡村振兴。近年来,甘肃省借助互联网信息技术,聚焦安全、教育、医疗等民生需求,打通基层服务"最后一公里","互联网+"在社会服务各领域得到广泛应用,乡村数字治理服务质量稳步提升。"互联网+政务服务"加快向农村延伸,全省86个县(区)1400余个乡镇(街道)的1.6万余个村(社区)在甘肃政务服务网开设了服务子站点,共发布76.5万个政务服务事项,并配备1710台政务服务自助终端,实现4600余项高频服务事项自助申报办理[③],"互联网+教育"、"互联

[①] 蔡文正:《"云品甘味 数商兴农"甘肃特色产品线上促销季启动》,《甘肃日报》2023年11月13日。
[②] 王朝霞:《擦亮绿色底色 塑造"甘味"品牌》,《甘肃日报》2024年4月9日。
[③] 程健:《2024年甘肃省数字乡村建设现场推进会在平凉召开》,每日甘肃,2024年6月29日。

网+医疗健康"、"互联网+人社"、线上公共法律与社会救助等服务不断向农村地区下沉覆盖。利用"名校网络课堂"和"专递课堂"等，推动优质教育资源共享；建设县域医共体信息管理平台、数字文化馆、智慧图书馆、智慧文旅云平台等，实现了城乡公共服务资源均等化；镇村公共区域、重要路段、重点部位安装了"雪亮工程"视频监控系统，乡村治安防控效能有效提升；"互联网+法律服务"、"互联网+"自助立案、自助缴退费，网络"云庭审""云调解"，让群众足不出户享受线上司法便利服务。

二 典型案例

1. 陇南市：以陇南乡村大数据平台建设为重点赋能基层社会治理

陇南市着力运用数字化手段赋能乡村治理工作，坚持因地制宜，探索"互联网+"乡村治理的"陇南模式"，以群众需求和基层工作需要为目标，坚持"走进基层、汇集民声，多级联动、互联互通，整合资源、发展经济，村民自治、共享共建"的建设思路，建立了自上而下发布信息政策、自下而上反映社情民意、横向贯通行业治理的数字化平台"陇南乡村大数据平台"[①]，将全市8县1区199个乡镇3287个村统一纳入一个移动互联网平台，上线31项行业应用和村务公开、村聊、美景图册等14项基础服务功能，通过5个突出（突出为民便民惠民，指尖上服务群众；突出农村电子商务，助农增收发展农村经济；突出开展工作信息化数据化，提高基层工作效率；突出大数据信息化应用，让数据辅助工作指导实践；突出共建共享共治，激发村民主人翁意识）、6个转变（从等群众来办事转变为送服务到群众，从处理突发事件转变为早发现早预防，从农产品卖难转变为多渠道电子商务，从传统的工作方式转变为便捷高效的移动信息化工作方式，从传统汇报总结转变为数据驱动管理决策方式，从行政管理转变为村民自治），用信息化手段赋能基层社会治理，推进政府服务和社会治理模式创新。平台开发建设了

---

① 许成儿：《我市1案例入选2023数字政府创新成果与实践案例》，《陇南日报》2023年5月29日。

"陇南电商""陇南绿茶""产销对接"等功能板块，打破信息壁垒，构建了从田间地头到餐桌的信息高速通道；设计开通了"基层党建""部署落实""务工培训"等本土化功能板块，实现了沟通交流在平台、信息公开在平台、办事服务在平台、反映问题在平台、村民议事在平台、红白喜事在平台、农产品销售渠道在平台。截至2023年底，平台实名认证用户131万人，累计发布村务公开、财务公开等信息88554条，便民信息162119条，舆情上报9277条信息，访问数89亿人次，产生用户积分3.57亿分。平台纳入6213个基层党支部92154名党员，开展组织生活、党务公开、工作动态、学习培训等活动363329次；"部署落实""廉政警示"等栏目关联全市1.7万名领导干部，发布决策部署通知92条、廉政警示信息48条；平台深入群众服务农民，纳入农业专家394位，发布就业信息715条，系统上线198门培训课程，注册20.8万人，申领"电子培训券"35万次，开展劳动技能培训23万次；群众可以随时随地连线全市9县（区）195个乡镇3287个村的村医在线问诊，了解疾病诊疗、费用报销等情况。2024数字政府论坛发布了数字政府建设创新成果与实践案例评选结果，"陇南乡村大数据平台赋能基层社会治理"入选"2024数字政府创新成果与实践-管理创新类案例"。

2. 平凉市："一屏联全域，一网治全村"的现代化治理模式

平凉市积极响应国家乡村振兴战略，以科技创新为引领，全面推动智慧农业与数字乡村建设，推进乡村新型基础设施建设和乡村数字化创新发展，构建乡村数字民生服务体系，提高乡村生态保护信息化水平，探索创新乡村治理方式，让群众真正参与到数字化治理中，全面提高综合治理水平和便民服务能力。推进数字基础设施建设，以村党组织为核心、以数字化综合信息服务平台为载体，搭建集党建、大数据、乡村振兴于一体的数字乡村治理平台，通过"一屏联全域，一网治全村"的现代化治理模式，不断提升网格化管理水平、精细化服务能力、系统化治理效能，把组织链条延伸到乡村治理的"神经末梢"，把社会治理触角延伸到百姓"家门口"，不断推动乡村治理迈上新台阶。通过数字乡村治理平台，将智慧党建、智慧管理、智慧服务相结合，实现村级大事小情一键办理；发扬新时代"枫桥经验"，在重点

区域安装报警监控设备,与数字化综合信息服务平台实现 24 小时联网,构建镇、村、社三级联动网格化管理体系,"村两委"通过视频系统随时掌控全村情况,群众则可以通过手机实时参与基层治理,形成了上下贯通、横向联动、人人参与、快速响应的运行机制。为老人配备"智能手环",实时定位,远程监护,解决广大留守老人长期无人监护的问题。数字乡村治理搭建的"网上办""智慧养老""智慧看家""智慧安防"等多个项目,可及时有效解决村民在政务服务、居家养老、生活服务等各方面问题,实现了"人在网中走,事在格中办",打通了服务群众"最后一公里"。泾川县太平镇"数字乡村"建设项目以地理信息系统为基础,融合云计算、大数据和物联网等技术,建成电子大屏、Web 页面、手机 App 三端一体的"数字乡村"大数据平台,共设置乡村振兴、脱贫成果巩固提升、智慧规划、智慧农业、智慧社会管理、智慧生态、智慧政务七大功能模块,建立了农产品可追溯体系,进行实时监控,帮助农户便捷地发展订单农业,提高农产品附加值,拓宽销售渠道,提升农业产业化水平。开通智慧政务新渠道、基层党建新途径,融合智慧政务、智慧规划、社会治理等功能,为群众在办理宅基地审批、计生服务、临时救助申请等方面提供便捷服务,真正达到"数据多跑路,群众少跑腿"的效果。

3. 玉门市:社会治理"一网统管",民生服务"一格覆盖"

玉门市以实施乡村振兴战略为总抓手,以党的政治建设为统领,通过物联网、5G、大数据等新信息技术的应用,积极探索新机制、拓展新应用,依托活力网格信息管理系统,全面提升乡村治理质效。坚持党建引领赋能基层治理,依托"甘肃党建"信息化平台"三轮对标"功能,打造"线上+线下"党员教育阵地,督促 59 个村级党组织严格落实"三会一课"等组织生活制度,调动党员干部积极性。通过多次"地毯式"摸排采集,将全市各类人口、重点场所、企业组织等信息全部录入活力网格信息平台,将辖区内"人地事物情"全部纳入管理范围,把事关社会治理的各类数据、相关单位集成到信息平台上来,实现社会治理"一网统管"。构建"村党支部—网格—党员联系户"的村党组织体系,全市农村划分一级网格 12 个、二级网格59个、三级网格280个，推动1000余名乡村干部、网格员下沉服务群众，实现民生服务"一格覆盖"。同时，将活力网格信息管理系统与"爱玉门"App、政务直通车、110指挥中心信息系统及司法、信访、住建、交通、卫健、市场监管、应急管理等31个部门建立链接，工作触角延伸到社会治理各个层面，构建了网上网下协同工作体系。打造"乡贤调解工作室""铁人说事""罐罐茶说事室"等调解品牌15个，建成乡村"会客厅""理事会""说事角"等基层治理载体65个，不断提升乡村治理效能。成功创建全国乡村治理示范村2个、全国文明村2个、省级文明村5个，以榜样力量引导群众自觉营造家风正、民风淳、社风清的良好氛围。

三 甘肃省乡村数字治理存在的主要问题

近年来，甘肃省有力有序实施乡村数字基础设施升级、数字治理能力提升等行动，城乡数字鸿沟不断缩小，乡村数字治理加速普及，但乡村数字化治理仍面临一些问题和挑战。

一是乡村数字基础设施薄弱。乡村地区信息基础设施建设滞后，缺乏高速网络覆盖使数字化技术在乡村治理中的应用受到限制。另外，信息基础设施建设、技术设备采购等方面资金投入不足，难以满足数字化治理所需。

二是乡村数字治理平台存在数据壁垒。在乡镇层级，数字治理的模式多样、水平参差不齐，数字化平台建设自成体系，导致平台数据不融通、共享归集难度大、相关数据质量不佳、平台重复建设明显。数据开放水平较低，数据的传输往往只向政府集中，未能在各个治理主体和部门间实现多向传输与共享，跨领域、跨层级、跨部门的多跨数据通道尚未打通。

三是乡村数字治理主体能力不足，数字素养有待提升。乡村在推行数字化技术、开展信息化治理中面临数字人才不足的困境，制约着乡村数字治理现代化的实现。当下，缺乏年轻干部，村干部的年龄普遍较大，不擅长使用数字平台，且在老龄化背景下，农村居民对数字化技术的接受度较低，数字平台的普及面临困难，村民参与度低。

四是数据安全与隐私保护问题。在数字化过程中，乡村地区面临数据安全和隐私保护方面的挑战。信息技术的发展促使大量数据的产生和流动,如何保障这些数据的安全性和隐私性,防范信息泄露和网络攻击,成为数字赋能乡村治理现代化中亟待解决的问题。

四 甘肃强化乡村数字治理的建议

当前,提升甘肃乡村数字治理效能,须重点从加大数字基础设施建设力度、培养数字技术人才、促成乡村共治等方面下功夫。

一是加大乡村数字基础设施建设力度,夯实乡村治理基础。加强数字基础设施建设,谋划乡村数字基础设施的总体布局,补齐乡村数字基础设施短板。加快乡村5G网络、云计算、物联网等基站建设进度,推进移动通信、数字电视和宽带的互联互通;加快数字基础设施扩容下沉和均衡布局,强化农村地区终端设施的接入能力,打通数字新基建"最后一公里",提高普及度和覆盖率;重点支持乡村基础设施与服务终端数字化改造升级;优化升级已建成的数字化治理平台和应用场景,加强对数字平台功能的分类整合,搭建包括智慧党建、便民服务、"雪亮工程"、综合治理等在内的一体化管理服务平台,实现数据、技术、标准、管理和应用等方面的联动融通;以农民需求为导向,开发更加简约便捷、适老化的智能终端和应用场景,提高村民对数字平台的使用率。

二是培养数字技术人才,提升农村干群数字素养。一要积极引进数字技术人才。围绕农村地区现实发展情况,在待遇保障、配套保障、创新创业、岗位晋升等方面提供相应的优惠政策,吸引更多数字技术人才在农村地区安心扎根发展。鼓励和引导返乡就业人员、大学毕业生等参与乡村数字治理,培养乡村数字技术人才,激活乡村数字治理动力。二要培育数字型治理人才。推进村干部队伍年轻化、专业化建设,加强对乡村治理人才的培养,特别要注重数字技术和信息化素养方面的培育,打造具备现代治理理念和数字化技能的人才队伍,提升乡村治理的信息化、专业化水平。三要全方位提升村民数字素养。依托网格员、信息员推进数字治理进村入户,多渠道开展面向基层干部和村民群众的数字素养、技能和数字安全意识培训;充分发挥驻村干部等群体的作用，加强培训交流，引导农村居民转变思维，提升对数字乡村发展的认知程度，通过传授数字方面知识、推广普及各类技术等，带动提升乡村居民数字素养；拓宽培训渠道，开展线上线下相结合的一体化培训，提供专业化、个性化的数字知识和技能培训，着力提升村民数字素养。

三是主体联动促成乡村共治，提升治理能力。一要不断拓展乡村治理场景，通过数字平台连接不同模块，将数字平台与党建、政务、村务、种养、电商等深度融合，实现模块间信息和资源互联互通，有利于多方主体联动。二要加速推广和应用乡村数字治理平台等，进一步完善数字平台功能，打造功能全面和精准高效的用户窗口，不断提供集成式公共服务和乡村业务，有效降低村庄治理成本，提升乡村治理效率[①]。三要逐渐打破一元化的乡村治理政府主导模式，秉持多元共享、合作包容的思维，引导村民、企业、社会组织广泛参与，形成多元化主体协同共治运行机制，建立多方参与的新型乡村治理模式。通过多方协作共治模式，整合各方资源和力量，形成合力推动乡村治理现代化，实现乡村的可持续发展和社会稳定。

四是构建乡村数据共享机制，强化数据安全监督管理工作。一要打通治理多元主体间信息孤岛，推动数据跨部门同步共享，促进各类数据资源关联比对、归集应用，提高数据资源在乡村治理过程中的利用率。破解乡村数据重复采集、多头管理、难以共享等问题，通过数据要素"一网融合"和便民服务"一网通办"，形成乡村治理数据创新应用的全治理链。二要完善数据共享机制。完善数据所有权的管理体系，规范数据收集、储存和使用流程；完善数据相关法律法规，保障数据所有者的合法权益，为数据安全把好关；创新数据共享模式，采取问题导向式的数据展示模式，注意数据隐私保护，增强村民对数字技术的信任，提升数字乡村治理的效果。三要加强数据安全保障体系建设。构建完善农村数据安全管理体系，建立合理有效的跨部门沟通机制，通过多部门联动形成数据安全防护网，确保数据存储、传输和

[①] 曾凡军、陈永洲：《数字化赋能乡村治理的实现路径》，中国社会科学网，2024 年 1 月 11 日。

使用的安全性；加强数据安全教育，提升管理部门的数据技术水平和处理突发状况的能力；强化农村地区数据安全宣传工作，提高基层干部和村民的数据安全意识。

第六节　数字技术支撑下的甘肃智慧交通建设

数字经济时代，数字技术的快速发展与广泛应用，正深刻改变着各行各业的发展格局。在智慧交通领域，数字技术以其信息化、网络化、智能化等先进特性和丰富的应用场景为交通系统的智能化升级提供了坚实的技术支撑。近年来，甘肃省积极响应国家政策，在《甘肃省"十四五"数字经济创新发展规划》《数字交通"十四五"发展规划》等纲领性文件的指导部署下，依托5G、大数据、云计算、人工智能等先进数字技术，加速推进智慧交通建设，力求构建更加安全、高效、绿色、便捷的智慧交通体系，为经济社会发展和人民群众出行提供更加有力的支撑和保障。

一　甘肃智慧交通建设概况

为推动智慧交通发展，甘肃出台了《数字交通"十四五"发展规划》《甘肃省数字交通建设行动方案》《甘肃省智慧高速公路建设技术指南》等文件，还研究出台了甘肃智慧高速公路建设技术指南、云数据中心数据交换共享标准等20余项信息化标准规范，着力推动数据资源管理、智慧公路建设、网络安全防护标准化、规范化发展。

1. 公路通车总里程与基础设施建设

截至2023年底，甘肃省公路通车总里程达到15.82万公里，其中高速（一级）公路7952公里，国省干线公路3.23万公里，农村公路12.6万公里。全省14个市（州）政府驻地和80个县级行政中心实现高速公路连通，86个县（市、区）行政中心全部实现二级及以上公路连通。甘肃省在智慧交通基础设施建设方面取得了显著进展。一方面，通过5G、北斗、云计算等前沿技术的融合应用，甘肃省逐步构建了综合交通数据中心、智慧公路、智慧机场等一批创新基础设施。例如，西北首条高等级自动驾驶测试公路清傅项目"5G+智慧公路"入选"交通强国"试点项目，智能网联汽车在兰州新区示范应用。另一方面，甘肃省还加快了农村公路信息平台建设，农村公路自动化检测比例不断提高，智慧化水平逐步提升。

2. 智慧收费站与智慧公路建设

近年来，甘肃省在智慧收费站和智慧公路建设方面取得了多项创新成果。例如，平川收费站改扩建项目仅用55天即完成并通车，创造了甘肃省收费站改扩建项目最快恢复通车运营的历史纪录。该收费站采用"云—边—端"一体协同架构的智慧云收费系统，实现了车道扩容改造为"三入六出"，并运用智慧收费机器人等创新技术，显著提升了车辆通行效率。甘州收费站也是甘肃省智慧交通的亮点之一。该收费站采用轻量化"少亭、少人"的设计思路，设置4入6出共10个轻便化车道，实现自助缴费、ETC特情处置、无人值守等多场景应用。甘州收费站的智慧化改造不仅提高了通行效率，还降低了维护成本，为公众出行带来了快速智慧的全新体验。

3. 智慧交通平台与数据应用

甘肃省积极推进智慧交通平台建设，构建"1+1+4"的省级综合交通数据中心，集成数据、业务和服务三大中台，实现98个系统上云部署。同时，甘肃还自主研发了"秒易查"微信小程序，全量接入高速公路ETC门架、收费站、12328热线等数据，为群众提供一站式服务。这些举措有力地提升了出行服务品质，提高了交通系统的智能化水平。

4. 智慧交通创新实践

甘肃省在智慧交通领域还进行了多项创新实践。例如，实施高速公路差异化收费路段1133公里，为货车司机减免40.06亿元通行费，同时促进通行费增收25.51亿元，实现了多方共赢。此外，甘肃还加快市县农村公路信息平台建设，农村公路自动化检测比例达到63%。在G75兰海高速、G22青兰高速等重点路段构建车流主动管控系统，科学调节交通流量，防范车辆拥堵。

二 数字技术在甘肃智慧交通领域的应用

数字技术的引入为甘肃智慧交通发展注入新动力,显著提升了交通系统的智能化水平和综合服务能力。

1.数字技术在甘肃智慧交通中的应用场景

目前,数字技术在甘肃智慧交通中的应用场景广泛,包括但不限于如下方面。自动驾驶:在以清傅公路智慧交通项目中,8公里的自动驾驶测试段正是基于数字技术信息化、智能化模块和5G技术的低时延特性等先进特性实现的。车路协同:甘肃车路协同系统通过集成多种传感器、摄像头和无线通信设备,实时收集并处理车辆、道路、行人等交通参与者的信息,通过5G网络实现数据的快速传输和共享,实现交通流的优化调度,减少拥堵和交通事故的发生。智能交通信号控制:甘肃的智慧交通系统能够实现对交通信号的远程实时控制和智能调度。通过分析交通流量、车辆行驶速度等实时数据,系统能够自动调整信号灯配时,提高交通流的通行效率,当检测到交通事故或突发事件时,系统还能迅速作出反应,调整信号灯策略,减少次生事故的发生。实时路况监测与发布:通过5G网络连接的各类传感器和摄像头,系统能够收集并分析路况信息,包括交通拥堵情况、道路施工信息、交通事故发生地点等,并通过手机App、车载终端等多种渠道实时发布。这有助于驾驶者提前规划出行路线,避开拥堵路段,提高出行效率。智慧物流:数字技术被广泛应用于物流车辆的实时定位、智能调度和货物追踪等方面。通过相关数字技术和5G网络的结合应用,物流企业能够实现对物流车辆的实时监控和精准调度,提高物流运输的效率和安全性。物流车辆实时定位与追踪:通过为物流车辆安装5G通信设备和GPS定位装置,实现对物流车辆的实时定位和追踪。这有助于物流企业实时掌握车辆的位置和状态信息,优化运输路线和调度计划,提高物流运输的效率和准确性。智能仓储与分拣:在物流仓储环节,数字技术也被广泛应用于智能仓储和分拣系统。应用数字技术相关联的各类智能设备和机器人,能够实现货物的自动入库、存储、分拣和出库等操作。这不仅提高了仓储作业的自动化水平和效率,还降低了人力成本和错误率。智慧停车：在甘肃的智慧交通建设中，智慧停车系统通过集成多种传感器和无线通信设备，实现了对停车位的实时监测和智能管理。当车辆进入停车场时，系统会自动识别车辆信息并分配空闲停车位；当车辆离开时，系统会自动结算停车费用并释放停车位。这一系统不仅提高了停车场的利用率和管理效率，还为驾驶者提供了更加便捷、高效的停车体验。

2.数字技术应用典型案例

清傅"5G+智慧公路"项目，是甘肃省打造的首条"5G+智慧公路"，全长61公里，位于兰州市榆中县至皋兰县之间。该项目自2020年启动以来，已逐步建成包括自动驾驶测试、车道级交通管控、智慧服务区在内的多项智能化应用。

兰州新区已建成智能网联汽车城市开放道路测试区，为无人驾驶车辆提供了重要的测试环境。通过与清傅公路项目的联动测试，将无人驾驶技术从城市道路延伸至高速公路环境，将有效推动甘肃省无人驾驶技术的快速发展。加速数字技术在交通领域的全面应用。

第七节　5G时代的甘肃智慧文旅、智慧教育与智慧医疗

数字经济时代，随着5G技术的快速发展与广泛应用，甘肃省正在积极推进智慧文旅、智慧教育与智慧医疗建设。

一　5G时代的甘肃智慧文旅建设

5G技术以其高速度、低时延、大连接的特点和丰富的应用场景，为文旅产业的数字化转型提供了强有力的技术支撑和广阔的发展机遇。近年来，甘肃省出台了《甘肃省"十四五"智慧文旅发展规划》等纲领性文件，依托5G、大数据、云计算、人工智能等先进技术，加速推进智慧文旅建设，力求在数字化、网络化、智慧化方面实现新突破。

1.5G 时代的甘肃智慧文旅发展现状

一是智慧文旅信息基础设施建设初具规模。"十三五"期间，甘肃省在智慧文旅建设方面累计投入 1.58 亿元，实施了 32 个重点项目，其中信息化建设类项目 18 个、宣传服务类项目 14 个。这些项目的实施，极大地提升了甘肃省文化和旅游的信息化服务与智能化管理水平，使甘肃在全国文旅信息化建设中名列前茅。"十四五"以来，继率先在全国建成省级文化旅游大数据中心、实现文旅产业的大数据全面检测后，甘肃省又建成旅游数据交换平台，该平台日均处理数据可达 7 亿条，可建立多达 60 余个数据分析模型。这些模型能够精准分析国内入甘游客人次、驻留时间、年龄等分布情况，为文旅产业决策提供有力支持。此外，甘肃省还率先建成省级旅游产业运行监测及应急指挥平台，实现了对 97 个 4A 级以上旅游景区的数字化远程监控管理。

二是智慧文旅服务平台建设成效显著。"一部手机游甘肃"综合服务平台作为甘肃省智慧文旅建设的标志性成果，自 2018 年 5 月上线以来，其功能不断改进扩展，目前已接入全省 113 家 4A 级以上旅游景区导游导览信息和全省文化旅游资源信息 3.6 万余条。该平台不仅提供智能导游导览、乡村旅游服务、自由执业导游在线管理及服务等功能，还整合了 VR 实景体验、语音讲解、美图、短视频等丰富内容，有效地提升了旅游服务的智能化、信息化、便捷化水平。截至 2023 年底，该平台已累计服务游客超过 3600 万人次，成为甘肃省文旅产业的重要推广窗口。

三是智慧文旅新业态不断涌现。在 5G 技术的驱动下，甘肃省文旅产业不断催生新业态。疫情防控期间，"云博物""云旅游""云会展"等线上产品如雨后春笋般涌现，敦煌研究院更是利用数字资源推出了"数字敦煌"精品线路游、"云游敦煌"小程序等一系列线上产品，让游客足不出户就能领略到甘肃的独特魅力。此外，国内大型互联网公司也纷纷与甘肃省内政府机构及企事业单位合作，在移动游戏、短视频、社交网络等方面持续发力，进一步丰富了甘肃文旅产业的内涵和外延。

2.5G 时代甘肃智慧文旅发展存在的问题

一是技术应用与更新速度不匹配。智慧文旅建设涉及物联网、大数据、人工智能等众多先进技术，这些技术的更新换代速度极快。然而，甘肃省在智慧文旅项目的推进过程中，往往存在技术应用滞后的问题，导致部分项目难以跟上技术发展的步伐。此外，部分智慧文旅项目在安全防护方面也存在不足，容易导致数据泄露或被黑客攻击等事件发生。

二是管理和运营机制不健全。目前甘肃省智慧文旅领域尚未形成统一的技术标准和管理规范，导致各地智慧文旅建设水平参差不齐，难以实现互联互通。同时，智慧文旅涉及多个政府部门和企业，各部门之间的协同难度较大，容易出现信息孤岛、资源浪费等问题。此外，智慧文旅建设需要大量资金投入，包括技术研发、设备采购、运营维护等，资金不足成为制约甘肃智慧物流相关项目持续推进的重要因素。

三是用户体验有待提升。智慧文旅涉及大量新技术和新设备，对于不熟悉这些技术和设备的用户来说，操作门槛较高。由于技术和管理层面的影响，智慧文旅的服务质量有时会出现波动，如服务不及时等，影响了用户满意度。此外，对老年人等用户群体来说，他们可能难以享受到智慧文旅带来的服务。

四是智慧文旅产业复合型人才短缺。智慧文旅的发展需要既懂文化旅游又掌握现代信息技术的专业人才。然而，目前这类复合型人才相对稀缺，同时行业内的专业培训体系也不够健全。这在一定程度上制约了甘肃智慧文旅的深入发展。

3.5G 时代甘肃智慧文旅的发展对策建议

5G 时代的到来为甘肃智慧文旅的发展提供了前所未有的机遇和挑战。面对新形势、新任务和新要求，甘肃省应继续深化智慧文旅建设，加强技术创新与应用，完善管理与运营机制，提升用户体验与服务质量，培养与引进复合型人才，推动文旅深度融合与创新发展以及加强国际合作和交流。只有这样，才能充分发挥 5G 技术的优势和作用，推动甘肃智慧文旅产业实现高

第五章　甘肃数字化治理

质量发展和可持续发展。

一是加强技术创新与应用。针对技术应用与更新速度不匹配的问题，甘肃省应加强与国内外先进技术企业的合作和交流，及时引进和消化吸收新技术、新成果。同时，建立智慧文旅技术创新体系，鼓励企业加大研发投入，推动技术创新和成果转化。此外，还应加强数据安全和隐私保护，确保游客信息的安全可靠。

二是完善管理与运营机制。为了优化智慧文旅的管理与运营，甘肃省应出台统一的智慧文旅建设标准和规范，确保各地项目在技术和数据层面上的互联互通。通过制定详细的实施细则和操作指南，规范项目建设、数据共享、服务提供等各个环节。同时，建立跨部门协作机制，明确各部门职责分工，加强信息共享与协同作业，减少信息孤岛和资源浪费。此外，政府应加大对智慧文旅项目的资金扶持力度，通过设立专项基金、税收优惠等方式，吸引更多社会资本参与智慧文旅建设。

三是提升用户体验满意度与服务质量。用户体验是智慧文旅发展的关键。甘肃省应持续优化智慧文旅服务平台的功能和界面设计，简化操作流程，提高用户体验。通过引入人工智能技术，实现个性化推荐和定制化服务，满足不同游客的多元化需求。同时，加强平台的稳定性和安全性，确保服务不中断、数据不泄露。针对老年人和农村地区用户，开发适合他们的专属服务模块，如语音导航、大字版界面等，让更多人享受到智慧文旅的便利。

四是培养与引进复合型人才。人才是智慧文旅发展的核心驱动力。甘肃省应加大对智慧文旅领域专业人才的培养和引进力度。通过制定专项培训计划、开展校企合作等方式，培养一批既懂文化旅游又掌握信息技术的复合型人才。同时，建立灵活的人才引进机制，吸引国内外优秀人才来甘肃工作。此外，还应加强对现有从业人员的培训和教育，提升他们的专业技能和综合素质，为智慧文旅的持续发展提供有力的人才保障。

五是推动文旅深度融合与创新发展。在5G时代，甘肃省应积极探索文旅深度融合的新模式和新路径。通过整合文化资源、旅游资源、科技资源等，打造一批具有鲜明特色和影响力的智慧文旅项目。利用5G技术的高速率和低时延特性，开发沉浸式体验、互动式游览等新型旅游产品，提升游客的参与度和满意度。同时，注重文化传承与创新，将传统文化元素与现代科技手段相结合，推动文旅产业的创新发展。

六是加强国际合作与交流。在全球化的今天，国际合作与交流对智慧文旅的发展至关重要。甘肃省应积极参与国际智慧文旅领域的交流与合作，学习借鉴国际先进经验和技术成果。通过举办国际论坛、展会等活动，搭建交流合作平台，吸引更多国际资本和技术进入甘肃文旅市场。同时，加强与共建"一带一路"国家和地区的合作，共同开发文旅市场，推动甘肃文旅产业走向世界。

二 5G时代的甘肃智慧教育发展

甘肃省在推进教育数字化，特别是在国家智慧教育平台应用上取得了显著成效，其中，"数字支教"项目覆盖9个市州18个县（区），涵盖12个科目1635个班级49.6万人（次）受益学生；"专递课堂"为2087所农村薄弱学校和教学点开课，组织教研活动4476次；643所学校通过与省内外255所优质学校开展"名校网络课堂"。优质教育资源得到充分流动扩散，名师资源得到更大范围共享，以数字化助推教育高质量发展取得了良好的成效。

1. 5G时代的甘肃智慧教育发展现状

一是基础设施建设与普及。"十四五"以来，甘肃省在5G智慧教育基础设施建设方面取得了显著成就。甘肃移动等通信企业积极参与教育行业的数字化转型，推动5G网络覆盖全省各级学校。据统计，甘肃省已实现超过90%的高校和大部分中小学的5G网络覆盖，为智慧教育的开展提供了坚实的网络基础。此外，校园宽带网络建设工作也全面展开，覆盖了大中专院校及中小学校的广泛区域，为师生提供了高速、稳定的网络接入环境。

二是平台建设与升级。甘肃智慧教育平台作为甘肃省教育数字化转型的重要载体，自建设以来不断迭代升级。目前该平台已汇聚20余个系统，集成100余个应用，分析数据成果110余项，累计教育资源超过1000万条，促进了优质教育资源的共建共享。甘肃智慧教育平台2.0于2024年5月正式上线，遵循国家智慧教育平台的"四通"要求，即"用户通""资源通""应用通""数据通"，实现了与国家平台的双向认证、资源共建共享、应用场景灵活切换和数据上下联通。平台还围绕学校、教育行政部门的教、学、管、评、研等场景，开发集成了30余个应用，如"人工智能课堂分析""创新教学""名师工作室""云端学校"等。

三是示范区和标杆校建设。示范区建设：近年来，甘肃省积极推进智慧教育示范区和标杆校建设，首批认定的2个示范区和79所标杆校为全省教育数字化转型树立了标杆。兰州市作为"智慧教育示范区"（培育区域），在推动教育数字化方面发挥了引领作用。标杆校实践：近年来，甘肃省在标杆校建设实践中多点推进，各地学校结合自身实际，从智慧教室、智慧实验室、智慧音乐美术室等多个方面改善智慧教育支撑环境，形成各具特色的发展之路。例如，武威新城区第一小学利用新城云平台进行集体备课，上传课件和开展网络教研；玉门市第三小学则投资建成"高速网络+终端设施"全覆盖的校园局域网。

四是教育资源共享与均衡。省级同享项目：近年来，甘肃省持续实施省级同享大城市优质教育资源示范化项目，如将西北师范大学附属中学等优质教育资源向"两州一市"（甘南州、临夏州和庆阳市）的19所普通高中同步传输，利用数字化手段实现帮扶。远程教学：近年来，甘肃省不断探索通过远程教学、专递课堂等形式，解决偏远地区学校专业教师不足的难题。例如，深圳的教师通过网络为庆城县卅铺镇柳树湾小学的学生上英语课，形成了庆城县"互联网+"以县带村远程在线支教新模式。

五是教师队伍建设与提升。"互联网+支教"项目：甘肃省率先在全国探索实施并持续推进"互联网+支教"项目，由8所师范院校对口支教9个县，通过互联网和专递课堂解决当地师资不足问题。该项目已覆盖9个市州18个县（区）的331所中小学，选派了大量指导教师和优秀师范生进行支教。教师培训与研修：近年来，甘肃省积极利用智慧教育平台开展教师培训和研修活动,提升教师队伍的现代化教学水平。如通过甘肃智慧教育平台组织线上竞赛活动、开展网络研修等。

六是教学模式创新。智能化教学:近年来,甘肃省积极探索借助智能签到、智能组卷与阅卷、成绩分析系统等工具,提高教学效率和质量。如交通路中学通过引入甘肃省智慧教育平台等优质教育资源,扩大了课堂容量,提高了备课阅卷效率和课堂教学效果。"三个课堂":近年来,甘肃省积极推广"专递课堂""名师课堂""名校网络课堂"等教学模式,以实现优质教育资源的共享和均衡。如徽县江洛镇江洛小学通过每周的专递课堂与村小和教学点的学生共同上课等。

2. 甘肃智慧教育发展存在的问题

一是基础设施建设不均衡。尽管甘肃省在5G智慧教育基础设施建设方面取得了显著进展,但仍存在地区间、城乡间的不均衡现象。部分偏远地区和农村地区由于经济条件和技术水平限制,难以享受到高质量的智慧教育服务。这导致教育资源的分配不均,进一步拉大了城乡教育差距。

二是教育资源质量参差不齐。虽然甘肃省建设了省级教育资源公共服务平台,但平台上资源的质量参差不齐。部分资源内容陈旧、形式单一,难以满足师生多样化的学习需求。此外,资源的更新速度有待提高、覆盖范围有待扩大。这在一定程度上影响了智慧教育的实施效果。

三是师资力量不足与培训机制尚不完善。智慧教育的推广离不开高素质的教师队伍。然而,目前甘肃省部分地区的高素质师资力量仍然不足,具有信息技术素养和教学创新能力的教师尤为缺乏。同时,教师培训机制尚不完善,难以适应智慧教育快速发展的需要。这导致某些教师在使用智慧教育设备和平台时会遇到困难,影响教学效果的提升。

3. 甘肃智慧教育的发展对策

一是加大智慧教育相关基础设施建设投入力度。针对智慧教育基础设施建设不均衡的问题,甘肃省应继续加大投入力度,特别是加大对偏远地区和农村地区的支持力度。通过政策引导、资金投入等方式,推动这些地区加快

5G网络、校园宽带等基础设施建设步伐，缩小与发达地区的差距。同时，鼓励社会力量参与智慧教育基础设施建设，形成多元化的投入机制。

二是持续提升教育资源质量。为提升教育资源质量，甘肃省应建立健全教育资源审核和评价机制，确保平台上资源的准确性和时效性。通过引入优质教育资源、鼓励原创资源开发等措施，丰富资源种类和形式。同时，加强与国内外知名教育机构的合作和交流，引进先进的教育理念和优质的教育资源。此外，还应建立资源更新和反馈机制，及时根据师生需求调整和优化资源内容。

三是加强智慧教育相关师资培训与引进。为解决师资力量与培训不足的问题，甘肃省应加大对教师的培训力度和投入。通过定期组织信息技术、教学设计等专题培训，提升教师的信息素养和教学创新能力。同时，鼓励教师参与在线研修、学术交流等活动，拓宽视野，更新教育观念。此外，还应建立教师激励机制，吸引更多优秀人才投身智慧教育事业。对于师资匮乏的地区，可以通过政策扶持、定向招聘等方式，引进优秀教师和专家团队，带动当地智慧教育的发展。

四是强化数据安全与隐私保护。首先，加强数据安全管理团队建设，提高数据安全防护能力。其次，采用先进的技术手段，确保教育数据在传输、存储和处理过程中的安全性。最后，加强对师生的数据安全教育，提高他们的数据安全意识和自我保护能力。此外，还应建立数据泄露应急预案和快速响应机制，及时应对可能发生的数据安全事件。

五是推动智慧教育创新与应用研究。为促进智慧教育的持续发展，甘肃省应鼓励和支持教育创新与应用研究。通过建立教育创新实验室、研发中心等机构，集聚科研力量，开展前沿技术研究和应用示范。同时，加强与高校、科研机构及企业的合作与交流，推动产学研深度融合，促进科技成果向教育领域的转化应用。此外，还应关注国际智慧教育的发展趋势和动态，及时引进和借鉴先进的教育理念和经验，为甘肃智慧教育的创新发展提供借鉴和启示。

六是加强智慧教育相关政策引导与支持。政府应继续发挥在政策引导和支持方面的关键作用。通过制定和完善相关政策法规，为智慧教育的发展提供有力保障。同时，加大对智慧教育的财政投入力度，确保各项建设任务能够顺利推进。此外，还应建立健全评估考核体系，定期对智慧教育的发展情况进行评估考核，及时发现并解决问题，推动智慧教育持续健康发展。

三　5G时代的甘肃智慧医疗发展

近年来，甘肃省依据《关于促进"互联网+医疗健康"发展的实施意见》《甘肃省"十四五"全民健康信息化规划》等纲领性文件的指导部署，正积极探索智慧医疗的新路径，力求在医疗资源优化配置、医疗服务质量提升等方面取得突破。

1. 甘肃智慧医疗发展现状

一是全省各级医疗机构已基本实现5G网络覆盖。"十四五"以来，甘肃省在5G智慧医疗基础设施建设方面取得了显著进展。各级医疗机构已基本实现5G网络覆盖，为远程医疗、移动医疗等智慧医疗应用的开展提供了坚实的网络基础。此外，甘肃省还积极推动物联网、云计算、大数据等技术在医疗领域的应用，构建了智慧医疗信息平台，实现了医疗数据的互联互通和资源共享。

二是远程医疗服务的普及。在5G技术的支持下，甘肃省的远程医疗服务得到快速发展，2019年，甘肃省省级远程医学信息平台建成投入使用。通过5G网络，医生可以实时传输高清视频、医学影像等数据，实现远程会诊、远程手术等操作。目前，甘肃省人民医院等医疗机构已成功开展多例5G远程机器人手术，标志着甘肃省在远程医疗领域达到国内领先水平。这些技术的应用不仅提高了医疗服务的可及性和便捷性，还促进了医疗资源的优化配置和均衡发展。

三是精准医疗与个性化治疗加快发展。5G技术为精准医疗和个性化治疗提供了强大的技术支持。通过收集和分析患者的基因信息、生理指标等数据，医生可以制定更加精准的治疗方案，提高治疗效果和患者生存率。甘肃省在精准医疗领域也进行了积极探索，利用5G技术实现了医疗数据的快速传输和实时分析，为精准医疗的实施提供了有力保障。

四是智慧医疗管理平台建设日趋完善。近年来，甘肃省还积极推动智慧医疗管理平台的建设，2023年，甘肃省全民健康信息平台全面建成投入使用。通过集成医疗信息系统、公共卫生系统、医保系统等多源数据，甘肃省实现了医疗资源的全面管理和优化配置。这些平台不仅提高了医疗服务的效率和质量，还增强了医疗监管和公共卫生应急响应能力。

2. 甘肃智慧医疗发展存在的问题

一是技术应用深度与广度不足。尽管甘肃省在5G智慧医疗方面取得了一定进展，但技术应用的深度和广度仍有待拓展。部分医疗机构在5G技术的应用上仍处于初级阶段，未能充分发挥5G技术的优势。此外，由于技术门槛较高，一些偏远地区和基层医疗机构在5G智慧医疗的应用上还存在较大困难，技术应用与更新速度不匹配。

二是数据安全与隐私保护问题。随着医疗数据的不断增加和传输速度的加快，数据安全与隐私保护问题日益凸显。在5G时代，医疗数据的传输和处理过程中可能面临更多的安全风险。如何确保医疗数据的安全性和隐私性成为亟待解决的问题。

三是专业人才短缺。智慧医疗的发展需要大量的专业人才支持，包括医疗技术人员、信息技术人员等。然而，目前，甘肃在智慧医疗领域的专业人才储备还相对不足，难以满足智慧医疗快速发展的需求。

四是政策法规不完善。智慧医疗的发展需要完善的政策法规支持。然而，目前，甘肃在智慧医疗领域的政策法规尚不完善，存在一些制度空白和监管漏洞。这在一定程度上制约了智慧医疗的健康发展。

3. 甘肃智慧医疗的发展对策

一是加大相关技术研发投入力度。为推动5G技术在智慧医疗领域的深度应用，甘肃省应加大技术研发投入力度，鼓励医疗机构、科技企业等加强合作，共同研发适用于医疗领域的5G技术和产品。同时，加大对基层医疗机构的技术支持和培训力度，推动其尽快掌握和应用5G技术，加强技术创新与应用。

二是加强相关数据安全与隐私保护。针对数据安全与隐私保护问题，甘肃省应建立健全数据安全管理制度和技术防护措施。通过采用先进的数据加密、访问控制等技术手段，确保医疗数据在传输、存储和处理过程中的安全性。同时，加强对医疗数据的安全监管和风险评估工作，及时发现并消除安全隐患，完善管理与运营机制。

三是培养和引进相关专业人才。为缓解专业人才短缺问题，甘肃省应加大对智慧医疗领域专业人才的培养和引进力度。通过设立专项基金、提供优惠政策等方式吸引优秀人才投身智慧医疗事业。同时，加强与高校、科研机构等的合作和交流，共同培养具有创新能力和实践经验的复合型人才。

四是完善相关政策法规体系。为推动智慧医疗的健康发展，甘肃应加快完善相关政策法规体系。制定和完善医疗数据保护、网络安全等方面的法律法规和政策措施，为智慧医疗的发展提供有力保障。同时，加大对智慧医疗领域的监管力度，确保技术应用合法合规，维护患者权益和社会稳定。

五是促进医疗资源均衡分配。在5G时代，智慧医疗为实现医疗资源的均衡分配提供了可能。甘肃应充分利用5G技术，推动优质医疗资源向基层和偏远地区下沉。通过远程医疗、移动医疗等方式，让偏远地区的患者也能享受到高质量的医疗服务。同时，加强基层医疗机构的信息化建设，提升其服务能力和水平，逐步缩小城乡、区域间的医疗差距。

六是推动医疗与健康管理的深度融合。5G时代下的智慧医疗不仅仅是医疗服务的数字化、智能化，更是健康管理模式的全面升级。甘肃应积极推动医疗与健康管理的深度融合，利用5G技术构建覆盖全生命周期的健康管理体系。通过可穿戴设备、移动应用等手段，实时监测居民的健康状况，提供个性化的健康指导和干预措施，预防和控制疾病的发生和发展。

第八节　智慧物流与甘肃省电子商务发展

智慧物流作为信息技术与物流业深度融合的产物，正逐步成为推动电子商务高质量发展的新引擎。

一 甘肃智慧物流发展状况

近年来,甘肃省政府高度重视智慧物流的发展,在《甘肃省"十四五"现代物流业发展规划》这一纲领性文件指引下出台了一系列政策措施推动智慧物流的发展,包括加大对智慧物流项目的财政支持力度、优化营商环境、吸引优质物流企业入驻等。这些政策措施的实施为甘肃智慧物流的发展提供了有力保障和良好环境。

1.甘肃现代物流发展格局已基本形成

兰州、酒泉国家物流枢纽建设初具规模,天水、平凉、武威和陇南的物流区域中心地位逐步凸显,庆阳、张掖、金昌、定西、甘南、临夏、白银和敦煌等物流节点开始发挥作用。兰州和酒泉分别被确定为商贸服务型和陆港型国家物流枢纽承载城市,兰州、嘉峪关、敦煌三大国际空港和兰州、天水、武威三大国际陆港扩容提质。

2.物流基础设施网络日趋完善

甘肃省持续推进物流基础设施建设,初步形成了以铁路和高速公路为骨架,以民航、普通公路、内河水运和管道为补充的综合交通网络。甘肃省在铁路复线率和电气化率方面表现突出,分别达到60%和80%,均高于全国平均水平。管道运输方面,全省石油天然气管道达到61条,总长度超过9600公里,居全国第二位。2023年,全省铁路、公路、航空、管道完成货运量8.81亿吨,其中铁路货运量同比增长11.8%,公路货运量同比增长9.1%,航空货运量同比增长45.3%。快递业务量大幅增长,累计完成2.92亿件,同比增长49.2%。全省社会物流总费用2376亿元,同比增长15.6%。社会物流总费用与生产总值的比值为20.0%,同比增长2.5个百分点,高于全国平均水平5.6个百分点。全省物流业总收入1899亿元,同比增长15.4%。全省开通5条国际货运班列线路、12条国际货运包机航线,海关指定监管场地、进口口岸达到8类,兰州南亚国际班列公铁联运示范工程和兰州新区空铁海公多式联运示范工程进入国家多式联运示范工程项目名单。①

3. 物联网和区块链等加快应用，促进物流技术不断升级

近年来，甘肃省物流技术升级方面取得了显著成效。物联网、大数据、云计算、人工智能等先进技术的应用，使物流作业更加高效、精准。智能仓储系统通过自动识别、分拣、包装等技术，大幅提高了仓储效率和准确性；智能运输系统则利用 GPS、GIS 等技术实现车辆调度和路线优化，降低了运输成本，减少了运输时间。同时，区块链技术的引入，为物流信息的安全性和可追溯性提供了有力保障。

4. 智能设施普及，物流园区智慧化发展

智能设施的普及是甘肃省智慧物流发展的又一亮点。自动化立体仓库、智能分拣中心、无人配送车等智能设施在全省范围内逐步推广，为物流作业提供了强有力的硬件支持。这些智能设施不仅提高了物流效率，还减小了人工劳动强度，降低了企业运营成本。此外，智能快递柜、智能驿站等便民设施的建设，也为消费者提供了更加便捷、高效的物流服务。甘肃省积极推进物流园区的智慧化建设，通过引入智能化管理系统，实现对物流园区的全面监控和管理。智慧化物流园区不仅提高了园区内的物流作业效率，还促进了园区内企业之间的信息共享和协同作业。同时，园区还注重生态环境的保护和节能减排工作，推动了绿色物流的发展。

5. 供应链不断优化，积极拓展国际物流市场

甘肃在供应链优化方面取得了积极进展。甘肃通过整合供应链资源，优化供应链流程，提高了供应链的响应速度和灵活性。智慧物流技术的应用，使供应链各环节之间的信息传输更加及时、准确，为企业的生产、销售等环节提供了有力支持。同时，供应链金融等新型金融服务的推出，也为中小企业融资难等问题提供了解决方案。依托"一带一路"倡议，加强与共建国家和地区的物流合作，推动国际物流通道的建设和完善。智慧物流技术的应

---

① 《2023 年甘肃国民经济和社会发展统计公报》。

用，使国际物流作业更加便捷、高效，降低了企业的国际物流成本。同时，甘肃还积极参与国际物流标准的制定和推广工作，提高了国际物流的规范化和标准化水平。

二　甘肃电子商务发展状况

一是总体交易规模持续扩大。近年来，甘肃电子商务蓬勃发展，交易规模持续扩大，2019~2022年，甘肃省网上商品零售额从330.6亿元增长到479.72亿元；企业电子商务销售额从553.5亿元增长到1174.2亿元（见图5-1）。2023年甘肃省网上商品零售额和企业电子商务销售额仍继续实现稳定增长。同期，甘肃省社会商品零售总额和居民可支配收入也持续增长，表明近年来电子商务在促进甘肃省商品流通、扩大消费、增加居民收入等方面发挥了重要作用。

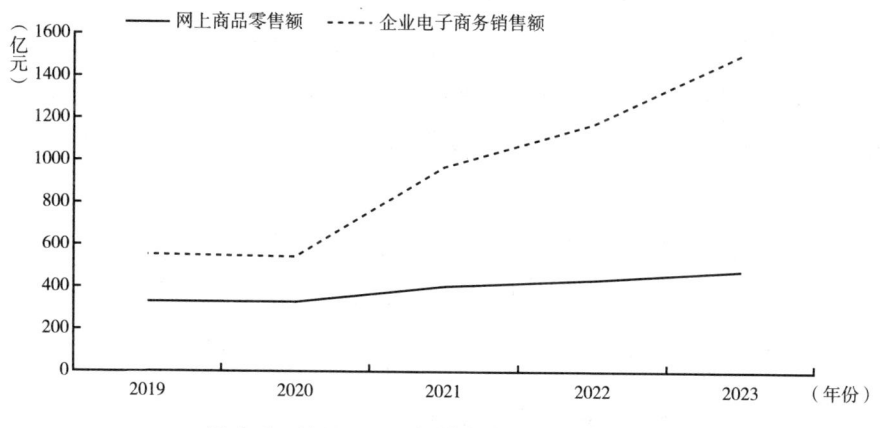

图 5-1　2019~2023年甘肃电子商务发展情况

注：2023年数据为预测值。
资料来源：国家统计局编《中国统计年鉴》（2020~2023）。

二是农村电子商务发展成效显著。近年来，甘肃省农村电子商务发展尤为突出，随着农村网络基础设施的改善和电商平台的普及，农村电子商务交易额持续快速增长。2022年1~11月，全省农产品网上销售222.76亿元，同比增长12.32%，直接带动全省农民群众人均增收约564元。到2023年底，预计全省农村电子商务交易额可达600亿元左右，比前一年度有大幅增长，显示出农村电子商务在乡村振兴中的重要作用。

三是政策支持与基础设施建设加强。近年来，甘肃省政府高度重视电子商务的发展，出台了一系列政策措施，加大了对电商企业的扶持力度，包括税收优惠、资金补贴、人才培训等，为电商行业的发展提供了有力支持。近年来，甘肃省电子商务网络基础设施显著改善，物流体系不断完善。目前，甘肃省级电商同城配送平台县（区）覆盖率达90%以上，甘肃省级分拨中心日均处理能力已达千万件以上，邮政、顺丰全货机每周14架次常态化落地中川机场，全国225个重点城市实现次日递。同时，甘肃还加快农村寄递物流体系建设，建成县级寄递公共配送中心75个，改造乡镇邮政快递网点563个，全省建制村村级寄递物流综合服务站实现全覆盖。

四是电商平台与服务模式创新。近年来，甘肃省本土电商平台不断涌现并快速发展，如华池县等地区通过搭建电商销售平台，依托特色资源优势，实现了电子商务的快速增长。这些平台不仅促进了本地农产品的销售，还带动了相关产业链的发展。兰州和天水跨境电商在政策支持下也取得了长足发展，强化了与共建"一带一路"国家的贸易往来，成为推动外贸增长的新亮点。

五是特色农产品品牌建设。近年来，电子商务在推动甘肃六大特色农产品品牌建设方面发挥了重要作用。通过电商平台的推广和销售，甘肃牛、羊、菜、果、薯、药等特色农产品知名度不断提升，品牌效应日益显现。

三 智慧物流在甘肃省电子商务中的应用案例

1.甘肃中药材电子商务物流平台

甘肃是中药材大省，中药材种植加工是甘肃省增收致富的重要主导产业之一，提高中药材产业的全产业链物流效率对甘肃中药材产业的进一步做大做强具有重要作用。近年来，甘肃不断探索智慧物流在中药材产业的应用。2018年，甘肃中药材交易中心正式上线运行；2021年，建成中药材流通追溯体系管理平台，在此基础上，目前甘肃正积极构建中药材电子商务物流平台，通过整合上下游资源，实现中药材从种植、加工、仓储到销售的全程信息化管理。平台利用物联网技术对中药材进行全程追溯，确保中药材的品质和安全；同时，通过大数据分析，精准预测市场需求，优化库存管理和物流配送。此外，平台还引入智能机器人等自动化设备，提高仓储和分拣效率，降低物流成本。

2.劢微机器人在甘肃冶金行业的应用

劢微机器人为甘肃省某大型冶金企业提供了全栈式智能物流解决方案。该企业配送中心主要用于存放润滑脂、润滑油、汽车配件等物料，产品种类繁多，搬运工作量大。劢微机器人采用"无人叉车+四向穿梭车"高效协同作业模式，结合自研 WMS、WCS、RCS 软件系统，在总面积上千平方米的新建仓库中，打造标杆性智慧仓储体验中心。该项目的成功实施，极大地提高了货物存取效率和仓库空间利用率，降低了物流成本和人力成本。

四 发展智慧物流进一步促进甘肃电子商务发展的思路对策

1.加强智慧物流基础设施建设，提升物流信息化水平

一是要加快物联网、大数据、云计算等技术在物流领域的应用，建设物流信息服务平台，实现物流信息的实时共享与追踪。二是要推广使用电子面单、智能快递柜等信息化设备，提高物流作业效率和准确性。三是要进一步完善物流网络布局，优化交通网络，加强铁路、公路、航空等多种运输方式的衔接，构建多式联运的物流网络；在农村地区，重点建设县级物流配送中心、乡镇配送节点和村级公共服务点，形成覆盖全省的物流配送网络。

2.推动智慧物流技术创新与应用

一是要进一步支持物流技术研发，政府应加大对物流技术研发的投入力度，鼓励企业、高校和科研机构开展合作，共同研发具有自主知识产权的智慧物流技术。二是需引进国内外先进的物流技术和装备，提升甘肃省物流行业的整体技术水平。三是要推广智慧物流解决方案，鼓励物流企业采用智能分拣系统、自动化仓储系统、无人驾驶配送车等智慧物流解决方案，提高物

流作业的自动化、智能化水平。四是要支持电商平台与物流企业合作，开发适应电商特点的物流服务模式，如仓储共享、共同配送等，提升物流效率。

3. 优化智慧物流发展环境，加强人才培养与引进

政府应制定完善相关政策法规，优化智慧物流发展环境。其重点一是要制定相关政策法规及具体实施方案，明确智慧物流的发展目标、重点任务、保障措施和推进路径。二是要加强物流市场监管，规范市场秩序，保障消费者权益，支持智慧物流的健康有序发展。

相关方面要制订物流人才培养计划，加强物流专业教育与培训，培养具有创新精神和实践能力的物流人才；引进国内外优秀物流人才，为甘肃智慧物流的发展提供智力支持。

4. 促进电子商务与智慧物流协同发展

一是要加强电商物流协同，推动电子商务平台与物流企业的深度合作，实现订单信息、库存信息、物流信息等数据的实时共享与协同处理；支持电商企业建设自有物流体系，提高电商物流的响应速度和服务质量。二是要鼓励企业开展跨境电商业务，推动跨境电商物流的发展。这要求加强与国内外物流企业的合作，拓展跨境电商物流网络，提高跨境电商物流的便捷性和安全性。

5. 强化智慧物流的绿色发展，推广绿色物流技术

鼓励物流企业采用环保包装材料、节能减排技术等绿色物流技术，减小物流活动对环境的不利影响；支持建设绿色物流园区和绿色物流项目，推动物流行业的绿色发展；加强物流废弃物管理，减少物流废弃物的产生和排放；推动物流企业与环保企业的合作，共同开展物流废弃物的资源化利用和无害化处理工作。

第六章
甘肃区域数字经济发展

《甘肃省"十四五"数字经济创新发展规划》提出立足于"新基建"开创的新时代，把握"新技术"带来的新机遇，挖掘"新要素"创造的新价值，扩大"新消费"催生的新业态，到2025年底，数字经济规模总量突破5000亿元，数字经济增加值占GDP的比重上升15个百分点。《2022年甘肃14市州数字经济发展活跃度指数》显示，2022年兰州市数字经济创新活跃度指数为23.21，处于全省领跑地位；酒泉市、张掖市、天水市分别为3.51、3.48、3.38，处于全省第二梯度，武威市、定西市、白银市、庆阳市、陇南市、平凉市、金昌市、嘉峪关市分别为2.06、1.94、1.76、1.73、1.52、1.36、1.14、1.05，处于全省第三梯度；临夏州、甘南州分别为0.88、0.57，处于全省第四梯度[1]。通过实地调查，全面准确把握甘肃14市州数字经济发展现状和特色，对于促进全省数字经济加快发展和经济社会高质量发展意义重大。

第一节 "强省会"行动与兰州市数字经济发展

兰州市位于甘肃省中部、黄河上游的河谷地带，是全国唯一黄河穿城而

---

[1] Analysys易观：《数读甘肃数字经济：2022年甘肃14市州数字经济发展活跃度指数》，2022年12月7日。

过的省会城市。兰州市是国务院批复确定的中国西北地区重要的工业基地和综合交通枢纽，同时也是西部地区重要的中心城市之一，以及丝绸之路经济带的重要节点城市。"一条河、一座桥、一本书、一碗面"①分别承载着兰州的历史文化特色。兰州市辖5区3县，总面积约为1.31万平方公里。2023年，全市常住人口约为442.51万人，其中城镇人口375.45万人，城镇化率约为84.85%②。2012年，国务院批复设立兰州新区。2018年兰白自创区获批建设，现已发展成为甘肃省创新资源最集中、创新体系最完备、创新活动最丰富、创新成果最显著的区域。

一 "强省会"行动加快推进兰州高质量发展

自2022年"强省会"行动提出以来，全省集中力量将兰州打造成首位度更高的省会城市、影响力更大的中心城市、生态性更强的功能城市、幸福感更足的宜业城市。兰州市明确提出，到2027年，经济总量在全省占比达到35%以上，常住人口超过500万人，成为西北地区具有重要影响力的城市。

1. 区域创新能力不断提升

兰州新区、兰白自创区在"强省会"行动的牵引下，区域创新能力不断提升。2023年，兰州新区围绕"强省会"行动，谋划储备项目350个，总投资5500亿元，实现地区生产总值374.3亿元，同比增长10.1%。③ 2023年，兰州获评"省长金融奖""2023绿水青山就是金山银山实践优秀城市"，连续3年获评"中国最具投资吸引力新区"④。2023年，兰白自创区地区生产总值为556.3亿元，较2018年增长49%，年均增速10.48%，在占全省0.0054%的土地面积上创造了4.69%的GDP。区内高新技术企业数量

---

① 《兰州的水》，兰州新闻网，2022年10月3日。
② 兰州市统计局、国家统计局兰州调查队：《2023年兰州市国民经济和社会发展统计公报》，2024年3月26日。
③ 《兰州新区2023年主要经济指标数据》，兰州新区，2024年3月18日。
④ 《2023年兰州新区地区生产总值预计增长10.1%》，《甘肃经济日报》2024年1月28日。

达到615家，较2018年增长102.3%，占全省的29.2%。兰白自创区汇聚了省级以上科技企业孵化器和众创空间103个，为创新创业提供了广阔的平台和空间[①]。

2. 全力构建现代产业体系

依托完整的制造业产业链优势，兰州市积极构建现代产业体系，打造千亿级产业集群，为"强省会"提供强大的产业支撑。一方面，全力推进兰州新区建设，打造以兰州新区为重要支撑的陇中平原工业发展承载区，主攻精细化工、生物医药等优势产业，推动集群集约发展。另一方面，积极承接中东部产业转移，做大增量强省会。京津冀、成渝、珠三角、长三角四大城市群集聚了全世界最大最全的制造产能和消费市场，受土地、能源等资源限制，这些地区迫切需要通过产业转移腾挪发展空间和资源。兰州依托产业基础、能源、土地资源、战略纵深等方面的独特优势，积极响应国家产业转移政策，以"飞地经济"为主要抓手承接中东部产业转移，例如，机械制造、汽车零部件、新型建筑材料、药品生产、电子元器件制造、软件开发等，力争在新一轮产业竞争和结构重塑中抢占先机，打造以装备制造、新材料、电子信息、生物医药等优势产业为支撑的"大兰州"，带动引领甘肃省经济跨越发展。

3. 招商引资大突破，增强经济发展动能

在全省深入实施"引大引强引头部"行动和"优化营商环境攻坚突破年"行动的浓厚氛围中，兰州市以"强省会"行动为总牵引，大抓项目推进、招商引资和优化营商环境，全市高质量发展和现代化建设取得积极成效。一是稳步推进项目建设。2023年全年实施项目1541个，国家西北应急救援中心等838个新建项目开工建设。其中，省市列重大项目累计完成投资801.1亿元，完成年度投资的110.5%，大科学装置检验检测中心、海亮年产15万吨高性能铜箔材料等一批项目建成投运。扎实开展重点项目"百日

---

① 《改革创新激发澎湃动能——兰州白银国家自主创新示范区高新技术企业数量达到615家》，《甘肃工人报》2024年7月24日。

攻坚"行动，兰州石化公司转型升级乙烯改造配套等38个"三个一批"重点项目有序推进。二是围绕优势产业精准招商引资。2023年，全市招商引资工作聚焦跨国公司、500强企业、大型国企央企、国内上市公司、行业头部企业及"雏鹰""瞪羚""独角兽"等企业引"大"，紧扣"3+2"现代产业体系和"6+X"先进制造业产业集群引"强"。三是持续优化营商环境。2023年，兰州市持续深化"放管服"改革，落实"包抓联""六必访"制度，大力推行"六个通办"，156项高频政务事项集成办理。积极创建"无证明城市"，全面推行预约周末延时服务制度，加快建设"一刻钟政务服务圈"，精心打造"兰税捷办""清兰交易"等12项具有国内标杆水平的"店小二"服务品牌。证照改革等7个领域被评为全国创新代表领域；农本调查工作等9例典型经验在全国推广；兰州市在全省优化营商环境评价中连续三年排名第一。成功创建第四批全国社会信用体系建设示范区，荣获"2023年度全国信用建设成果观摩会城市组特色单位"称号[①]。

4. 人才支撑能力不断强化

人才是推动高质量发展的最强有力的引擎，兰州市积极实施人才强省战略，在"引才聚才育才用才留才"上下足功夫。一是发挥军工科研、装备制造、航空航天、能源资源、特色医药人才聚集效应，加快完善国家级人才集聚平台建设方案和相关政策措施。"1+N+9"人才政策体系、"3+N"人才战略支点、重点产业人才支持专项、新时代兰州"萃英计划"等人才政策优势都为强省会提供了有力的人才支撑。二是围绕发展需要摸排人才需求清单，精准发力引进人才，助推经济社会发展。2023年兰州市紧盯机械类、计算机类、电子信息类、生物医药类、能源工程类等大缺口，设置理工农医类岗位746个，较2022年提高51.4%。三是充分发挥优势产业功能，坚持人才政策向重点产业倾斜。聚焦石油化工、装备制造、生物制药、有色冶金、新能源、新材料六大领域，兰州在平台建设、人才引进、研发创新等方面进行扶持，按产业需求分类征集企业引才

---

① 《甘肃兰州：蓄势赋能积极推进强省会行动》，甘肃发布，2024年2月19日。

计划373岗1411人，参与企业数量、岗位数量、计划引进人数以及平均薪酬水平均创近五年新高[①]。

二 兰州市数字经济发展现状

兰州市全面贯彻落实党中央、国务院和甘肃省委、省政府，兰州市委、市政府加快发展数字经济的决策部署，抢抓数字经济产业密集创新和高速增长战略机遇，制定出台了《服务精致兰州建设推动5G和千兆光网升格提质行动实施方案》《兰州市推进5G通信网络建设发展实施方案》《兰州市5G建设及应用专项实施方案》等一系列政策文件，全面构建"3+2"现代产业体系，加快推动兰州市数字经济高质量跨越式发展。《兰州市"十四五"数字经济创新发展实施方案》提出了兰州市数字经济发展的主要目标及重点任务，力争到2025年底数字产业化生态体系基本形成，建成一批在全国具有鲜明特色的"数字生态样板间"，数字技术与实体经济深度融合，新业态新模式广泛渗透到经济社会发展各方面，成为推动高质量发展的重要引擎[②]。2024年4月，兰州市政府出台《兰州市加快数字经济高质量发展实施意见》[③]，提出培育发展数字经济多元产业、实施数字基建支撑工程、推进产业数字化转型、加强数字技术创新应用等工作任务，力争到2027年全市数字经济规模达到2000亿元，"3+2"现代产业体系中数字经济实现规模化发展。

1. 数字基础设施建设高质量发展

2023年，兰州市完成电信业务总量92.7亿元，增长11.4%。年末移动电话基站数4.72万个，其中4G基站2.8万个，5G基站1.6万个。全市年末电话用户690.5万户，其中移动电话用户629.8万户，4G移动电话用户

[①]《开启城市与人才的"双向奔赴"，兰州市打造强省会人才集聚新高地》，《兰州日报》2023年7月23日。
[②]《兰州市人民政府办公室关于印发〈兰州市"十四五"数字经济创新发展实施方案〉的通知》，兰州市优化营商环境工作领导小组办公室，2022年1月31日。
[③]《〈兰州市加快数字经济高质量发展实施意见〉政策解读》，兰州市发展和改革委员会，2024年4月12日。

280.9万户，5G移动电话用户303.6万户，5G用户占比达48.2%。固定互联网宽带接入用户269万户，比上年末增加17万户。其中，固定互联网光纤宽带接入用户275.4万户，比上年末增加26.4万户。累计建成10G-PON端口12.08万个，1000Mbps及以上用户达102.57万户，1000Mbps及以上用户占比为37.2%。全年移动互联网用户接入流量11.1亿GB。年末互联网宽带接入端口410.3万个，下降7.7%。① 2023年，兰州国家级互联网骨干直联点已建成，成为全国27个"信息高速公路的汇聚枢纽"之一。全市新建5G基站5827个，累计达到1.6万余个，入选全国"千兆城市"行列，每万人拥有5G基站数达到37.24个，位居2024年新入选千兆城市第4；500M及以上用户占比达到48.89%，位居新入选千兆城市第1。全市建成运营数据中心18座，标准机架达到1.66万架，算力达到710P，存储能力达到504PB。全市70%以上的行政村有5G网络，完成189处重点区域及场所的5G网络优化提升，实现主城区和县城、乡镇5G网络连续覆盖，商业楼宇、医院学校、交通枢纽、产业园区等重点场所精准覆盖。② 同时，兰州市持续推进"双千兆"网络与智能制造、交通、医疗、教育、文旅、数字治理等垂直行业的融合发展，数字经济整体发展水平显著提升③。

2. 数字赋能传统产业加速转型升级

一是数字工业转型迈上新台阶。全力构建"3+2"现代产业体系和"6+X"先进制造业产业集群，筑牢"强省会"产业根基。兰州积极发展装备制造、航空航天、数据信息、新能源和新材料产业，通过兰洽会等专业展会向外界展示和推广相关领域的科技成果和产品，吸引众多企业和投资。兰州高新区作为数字经济特色产业的聚集地，积极培育和发展电子信息产业。以中电万维、甘肃紫光、万桥信息等企业为代表，兰州在基础软件和应用软件开发、信息系统集成、国产安全可替代等领域形成了竞争优势。

---

① 兰州市统计局、国家统计局兰州调查队：《2023年兰州市国民经济和社会发展统计公报》，2024年3月26日。
② 《兰州市入选"千兆城市"》，兰州市工业和信息化局，2024年2月9日。
③ 《甘肃省兰州市跻身全国"千兆城市"》，中国甘肃网，2024年2月15日。

二是数字农业农村发展取得显著成效。通过建设标准化规模种养基地、现代农业示范园区和农产品专业批发市场，兰州现代农业体系日益完善。兰州新区创新发展"三新一高"都市型现代农业产业，全面系统拓展各产业园发展空间、挖掘增长潜能，深入推进特色优质种植产业集群建设，优化种植生产结构和布局，打造现代设施农业示范带、现代农业休闲带、现代生态景观农业展示带等3个特色农业产业带，大力实施优势特色产业提质增效行动，推动农村一产"扩面增量"。[①] 兰州高原夏菜、兰州百合、永登苦水玫瑰等特色农产品受到全国各地，特别是粤港澳消费者的青睐。

三是数字服务业发展不断升级。数字赋能文旅高质量发展。近年来，甘肃文旅频频出圈，已成为全国热门旅游目的地之一。兰州依托丰富的历史文化和自然景观，文旅市场持续升温，文旅行业在项目建设、市场营销、环境优化、队伍建设等方面取得了明显进展。甘肃省博物馆文物数字化内容、"数字甘博"小程序、智慧文博营销工具、甘肃省文物安全监管平台、"一部手机游甘肃"、甘肃文旅视频AI大数据分析决策平台等文旅科技创新服务让游客真实体验到文旅数字化、智能化带来的最新成果。加快推进智能物流园区建设。2023年11月，京东物流"亚洲一号"兰州智能产业园正式开仓运营，成为省内规模最大、自动化程度最高的智能物流园区[②]。在物流行业产业链上，兰州物流园公司建成为兰州标准化程度最高、占地面积最大的城市快消品、快递企业聚集中心和集散陆港；陆港云链公司致力于构建智慧供应链体系、建设B2B供应链综合服务平台，已部署实施多种货品上线运营[③]。

3. 数字经济市场规模不断壮大

兰州电子信息产业规模、质量、效益逐年提升，产品应用不断深化，

[①] 《兰州新区——发展都市型现代农业 推动农村一二三产融合》，每日甘肃，2024年7月22日。
[②] 《我省规模最大智能物流园区在新区开仓运营 今年"双十一"期间，兰州市内订单最快可以实现半日达》，《兰州新区报》2023年11月7日。
[③] 《聚链成势 同向而行——甘肃物流集团以高质量党建引领高质量发展》，每日甘肃，2024年7月2日。

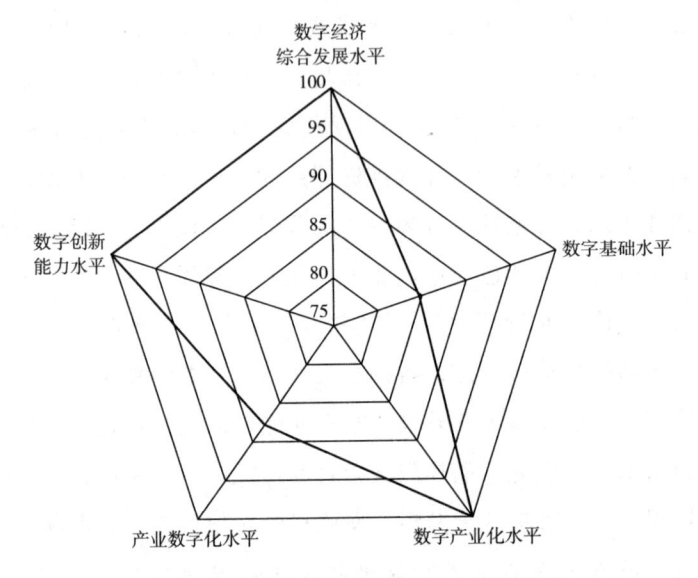

图 6-1 兰州市数字经济发展水平雷达图

注：本图由关兵依据甘肃市州数字经济发展水平评价结果绘制。

2023年，全市信息传输、软件和信息技术服务业实现主营业务收入169.45亿元，增长12.7%。兰州市注册资金500万元以上的数字信息企业已达3886家。兰州市在软件集成开发、信息技术服务、信息安全、应用电子等领域拥有一批在全国具有较强竞争力的优势产品[①]。金川科技园6N超高纯镍高端芯片溅射靶材原材料实现年产25吨生产能力，占国际市场的40%以上；中电万维"景区视频智能分析与综合监测平台"入围全国十佳案例；甘肃鲲鹏生态创新中心发展生态合作伙伴145家，培养本地开发者人才2000余人，鲲鹏计算产业创新生态不断优化。

三 兰州市发展数字经济对策建议

兰州市数字经济发展还存在数字经济经营主体亟须壮大、数字关键核心技术创新能力亟须提升、数据要素市场亟须激活等突出问题，兰州应立足市

[①] 《激荡数字经济发展澎湃动能——甘肃省政协邀请政协委员聚焦加快发展数字经济建言献策》，每日甘肃，2024年7月9日。

情和发展实践,把握数字经济发展带来的战略机遇,大力推动技术创新、产业创新、应用创新、服务创新,努力为数字经济赋能、提质、增效。通过加快新型基础设施建设,推进重点领域数字产业发展,加强关键技术攻关,规范数字经济发展,完善数字经济治理体系等措施,助力全省数字经济做强做优做大。

1. 加大顶层设计与政策支持力度

数字化转型并非通过信息技术和工具的简单叠加便可完成的,需深度理解"数字化转型、网络化重构、智能化提升"的内涵并系统规划。一是加强顶层设计,形成上下联动的强大合力。建议以构建省级数字经济产业园区为纽带,规范全省数字经济类平台载体,优化产业结构和空间,统筹数字楼宇等资源,凝聚发展合力。二是有针对性地制定详细的数字经济产业发展规划,明确发展目标、重点领域和实施步骤;如引导产业集群针对本地优势产业制定数字化转型工作方案。建议针对数字经济核心制造业和核心服务业两种类型,打造数字经济产业园区、数字楼宇两类产业平台,分类施策。三是进一步出台更多优惠政策鼓励和吸引数字经济企业入驻兰州。建立数字经济创新创业基地,为创业者提供政策、资金、技术等支持。针对数字经济产业园,着力在用地、用能等要素配套方面加大支持力度;针对数字楼宇,着力在创新成果转化、人才引进、金融财税等政策方面加大支持力度。

2. 不断优化数字基础设施布局

一是大力实施数字基建支撑工程,不断完善"云、网、数、链"等信息基础设施;基本建成高速泛在、云网融合、智能敏捷、绿色低碳、安全可控的信息网络体系。高质量建成"光纤+5G"双千兆全光网城市。二是深度融入全国一体化大数据中心协同创新体系。不断优化高性能数据中心及智算、超算中心布局,突出兰州支撑"一带一路"数据服务、算力调度的西北枢纽地位,与庆阳市协同打造形成存算分流、高低搭配、智普协同、前店后厂的西北数算服务体系。加速5G虚拟专网建设,积极发挥兰州国家级互联网骨干直联点的集聚辐射效应，推动基础电信企业加大技术研发投入，提升网络的服务能力和调度能力。三是建立区域性的数字经济合作平台，加强与周边城市的合作，共享数字资源，实现区域间优势互补。

3. 加快推动数字经济与实体经济融合发展

一是加快促进数字技术与农业产业体系、生产体系、经营体系、消费体系融合。发展西北高原都市现代农业，加速推动农村一、二、三产融合。二是全力打造先进制造业。制造业数字化转型是促进实体经济高质量发展的关键一环，助力工业企业实施数字化转型，推动企业生产设备数字化改造、网络化链接，提升规上工业企业5G应用渗透率，打造数字化转型标杆。实现重点产业链、产业集群工业互联网平台全覆盖，建设5G全连接工厂、智能工厂、数字化车间和智能制造优秀场景，推动工业领域"智改数转网联"全面提升。加快中小企业"上云用数赋智"，出台相关政策方案，降低中小企业数字化转型成本。要建立全产业链贯通发展的思路，共建共享共赢数字生态圈，赋能上下游大中小企业产业链、供应链、数据链全面融通，培育细分行业"链式"转型模式，推动"链式"数字化转型。三是促进新业态新模式蓬勃发展，服务业数字化、网络化、智能化水平进一步提升。

4. 大力推动数字产业集群创新发展

数字产业集群已成为培育壮大新质生产力的重要载体之一，也是未来数字产业发展的主要趋势。一是依托兰州新区、高新区、经开区、兰州科技创新园、兰州软件园等园区，打造数字经济产业高地。推动数字企业向园区集聚，形成具有兰州特色的数字产业集群。重点围绕全省"双核心N支点"算力布局战略，加强兰州市数据中心科学布局和有序发展，打造以先进计算、数据存储、智能制造、软件开发集成等为核心的算力产业集群。二是加快发展智能产业和智能制造装备，大力发展工业级智能终端、智能机器人、数控机床、智能制造及系统集成等产业，提升制造业智能化改造所需的硬件基础支撑能力。三是聚焦数字产业创新发展，推动电子信息、软件和信息技术服务业、信创、人工智能、数字创意设计等产业得到突破性发展。要加强创新资源统筹，优化资源配置，努力在高端芯片、操作系统、工业设计软件等关键核心技术上取得实质性突破①。

5.加强金融支持助力数字经济发展

一是设立数字经济产业发展基金，为企业提供融资支持；二是鼓励银行、证券、保险等金融机构，为数字经济企业提供金融服务；三是鼓励金融机构创新数字金融服务，为小微企业和农户提供便捷、高效的金融服务；四是加强金融科技应用，提升金融风险防控能力。

6.大力提升数字化服务水平

一是推动数字政府建设。深化"一网通办"服务，优化政务流程，提高政务服务效率，实现政务数据资源共享和开放。加强电子政务云平台建设，提升政府治理能力和公共服务水平。二是营造良好的创新创业环境。建立数字经济创新创业基地，为创业者提供政策、资金、技术等支持。三是强化数据资源管理。建立健全数据资源管理体系，确保数据安全、合规使用。推动数据资源开放共享，激发数据要素市场活力。

第二节　天水市先进装备制造业基地建设与数字经济发展

天水市位于西北咽喉要道和甘肃东大门，是丝绸之路经济带重要节点城市，也是南向通道、关中平原城市群、关-天经济区等国家发展战略政策叠加的一座城市。天水市很早就以伏羲文化、大地湾文化、秦早期文化、麦积山石窟文化和三国古战场文化为代表的"五大文化"享誉国内外。天水市辖2区5县，总面积1.43万平方公里，2023年末，常住人口为290.72万人，是甘肃省人民政府批复确定的甘肃省域副中心城市，自古就是中国西部商贸、文化重镇和战略要冲，是国家老工业基地和甘肃省重要的装备制造业基地，以集成电路产业为主的现代信息产业发展尤为迅速和耀眼。

---

① 《数字经济发展面临哪些挑战？如何应对？》，求是网，2022年1月30日。

一 天水市先进装备制造业基地建设概况

在"三线建设"布局的工业基础上，经过改革改制、结构调整、数字化转型升级，天水市逐步形成以装备制造业为主体，机械制造、电工电器、电子信息、医药食品、新材料新能源等五大优势产业集群。2023年，天水市有先进装备制造业高新技术企业36家、国家级专精特新"小巨人"企业4家，先进装备制造业工业增加值占全市工业增加值的88.1%。天水市建成国家级企业技术中心5个、工业设计中心1个、国家重点实验室1个、国家高低压电器质量监督检验中心1个。

1. 以三大集聚区为龙头，带动先进装备制造业不断向中高端迈进

近年来，天水市抢抓"关中-天水经济带"建设机遇，深入实施"工业强市"战略，围绕"强龙头、补链条、聚集群"，制定出台了一系列政策，推动"产业链、创新链、人才链"协同发展，加快传统产业"三化"改造，大力发展集成电路、高端装备等战略性新兴产业，推动先进装备制造业不断向中高端迈进。目前，天水市形成三大先进装备制造业集聚区，即电工电气装备集聚区、集成电路集聚区、数控机床集聚区。在电工电气装备产业领域，以长城开关、二一三电器、电气传动研究所、西电长城合金、长城控制电器、铁路电缆等企业为主体初步形成以高中低压输配电装备为主的产业链。在集成电路产业领域，华天电子、天光半导体、华洋电子三大企业迅速崛起，共同支撑起甘肃乃至西北现代信息产业发展。其中，华天电子集团已发展成为全球第六、国内第三的集成电路封测企业；天光半导体公司成为我国西部地区唯一集成电路芯片设计、制造、封装、测试、检验一体化的企业；华洋电子公司迈入国内引线框架企业前三强。在高端装备制造领域，星火机床、海林中科、锻压机床（集团）等高端装备产业制造企业具备年产金属切削机床5000台、锻压设备400台、轴承3000万套、凿岩机械10万台的生产能力。

2. 以加快实施"延链补链强链"行动为核心，推进产业基础高级化、产业链现代化

落实落细产业链链长制度，确定华天电子集团等15家企业为第一批产业链链主企业，对以集成电路、新材料、电工电器为重点的8条产业链实行链长制度。围绕电子信息（集成电路）、电工电器和机械制造3条产业链，制定做强做大"链主"企业、培育中小企业、补足产业链短板的措施，推进产业基础高级化、产业链现代化。一是电子信息产业补产业链条、扩产业总量。大力发展集成电路封装测试产业，带动区域内半导体引线框架制造（冲压、蚀刻）、封测设备、模具等上下游配套企业快速发展。引进隆旗科技智能终端制造产业园等项目，拓展了显示屏、摄像头、智能穿戴、智能医疗电子等智能终端产品，有效延长了电子信息产业链，产业规模逐步壮大。二是电工电器产业加强协作配套，打造产业集群。推进企业资源整合和专业化分工，长城电工整合资源成立低压成套电器、模具、塑料件、机加工、表面喷涂等专业化公司，有效提升了基础工艺、基础技术、基础元器件研发制造水平；西电合金、欣德利、起重电器等一批企业向专精特新方向发展。以长城开关、电气传动研究所、二一三电器等骨干企业为依托，逐步形成以高中低压开关成套设备、高低压电器元件、电气传动及自动化控制装置、仪器仪表等为重点输配电装备制造的产业链。三是机械制造产业培引结合，构建产业新格局。海林公司重点布局研发生产替代进口的高精度免调整圆锥滚子轴承及二代卡车轮毂轴承单元、现代卡车和新能源汽车轮毂总成与差速器总成等新产品；星火机床实施机床研发设计检测创新能力提升项目，并购重组青海青重机床，拓展重型卧式车床产品，进一步补强数控机床产业链。锻压公司与清华大学、攀钢集团、金风科技联合成功研制LP风电塔筒，已进入试制试用阶段。招商引资的东旭集团高端装备产业园项目已部分建成投产，着力打造光电显示材料高端装备制造基地。

3. 以深入实施智能制造为重点，改造提升传统产业

以智能制造为主攻方向，持续推动云计算、大数据、物联网、人工智

能、5G 等新一代信息技术在企业的综合集成应用，分层次推动企业开展智能化改造，重点企业的数字化和智能制造水平不断提升。海林公司"滚动轴承协同研发双创平台"被列入工业和信息化部制造业"双创平台"试点示范项目，"精准配送"典型场景入选工业和信息化部 2021 年度智能制造优秀场景名单；长开公司中压空气绝缘开关设备智能制造数字化车间入选国家智能制造试点示范项目，建成以智能制造数字化车间为代表的离散制造系统，实现了零部件加工、产品装配、采购销售、企业管理等全方位升级；二一三公司成功开发了新一代 GSC5 系列智能化产品，能够满足机床信息化、智能化、小型化、环保化、自诊断等方面的要求，代表了国内接触器产品设计和制造的先进水平；星火机床公司承担的国家重点项目"大型五轴联动车铣复合加工中心"研制成功，各项性能指标均达到国际先进水平，有效解决了长期依赖国外的复合材料缠绕设备"卡脖子"难题，全面实现了关键核心技术自主可控的重大突破；风动公司实施凿岩机械核心设备的智能化改造，布局研发凿岩机器人等智能产品。另外，华天电子集团被认定为省级智能工厂，长控公司母线槽车间、海林公司高精密圆锥滚子轴承滚动车间被认定为省级数字化车间。

二　天水市数字经济发展现状

　　天水市全面贯彻落实党中央关于建设网络强国、数字中国、智慧社会的重大决策部署，制定出台了《天水市推动 5G 建设及应用专项实施方案》《天水市 5G 通信基站专项规划（2020—2035 年）》《天水市强工业 2022 年"三提一攻关"数字赋能行动计划》《天水市强工业 2022 年高端化智能化绿色化改造行动计划》《关于开展推动 5G 网络精准覆盖及融合创新应用保障网络健康发展专项行动的通知》等政策措施，坚持大力推进以数字产业化、产业数字化为代表的数字经济发展，数字经济规模不断扩大，数字基础设施不断夯实，数字经济生态不断完善，数字经济比重持续上升，呈现良好发展态势。2023 年 3 月，天水市出台了《天水市"十四五"数字经济发展规划》，分析了天水市数字经济发展现状、问题等，提出了以数字赋能"五区""五中心"建设,提出力争在2025年数字经济产业产值超过400亿元,促进全产业提质增效,助力全市生产总值突破1000亿元,成为全省领先的数字经济高地等具体目标和实施措施①。天水市数字经济活跃度和数字经济用户活跃度均位列全省第二,数字经济创新度和数字经济产业集聚度均位列全省第四②。

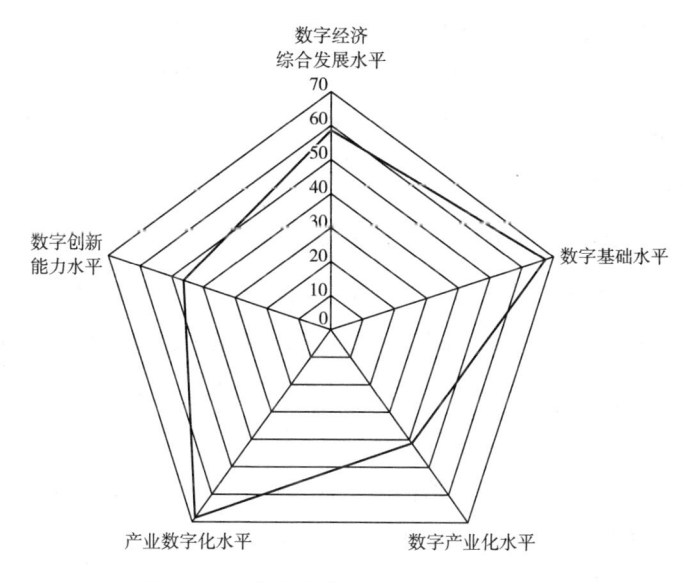

图6-2 天水市数字经济发展水平雷达图

注:本图由关兵依据甘肃市州数字经济发展水平评价结果绘制。

1. 数字基础设施加速升级,"宽带天水"进程日益加快

截至2023年末,天水市有电话用户407.71万户,其中移动电话用户344.51万户,移动电话用户中4G移动电话用户197.51万户,移动电话普及率127.91部/百人。固定互联网宽带接入用户134.52万户,其中固定互联网光纤宽带接入用户131万户,移动互联网用户311.5万户。全年移动互联网用户接入流量4.75亿GB,比上年增长14%。2023年末互联网宽带接

---

① 天水市人民政府:《天水市"十四五"数字经济发展规划》,天水市人民政府网。
② Analysys易观:《2022年甘肃14市州数字经济发展活跃度指数》,2022年12月7日。

入端口 350.85 万个，增长 8.03%。移动宽带接入用户普及率 127.73 部/百人，固定宽带接入用户普及率 47.71 部/百人。全市行政村 4G 网络通达率达到 100%，已建成 5G 基站 2464 座，基本实现各县（区）城区 5G 网络的连续覆盖，实现交通枢纽、重点高校、医院、大型商超、5A 级旅游景区、经济园区等人流量集中的重点场景针对性覆盖，有效面积覆盖率为 98%。建成全市综合人口、法人、电子证照、信用信息等多个基础数据库，数字经济支撑能力显著提高。移动 4G 网络、云计算、大数据、工业机器人、物联网、3D 打印、网络和信息安全等基础技术和网络支付、移动支付等前沿技术产业化进程加快。

2. 深入推进产业数字化，产业转型升级成效显现

在农业现代化和农业数字化方面，天水市以数字化为引领，围绕打造果菜畜药高品质现代化特色农业先行区，深入实施现代寒旱特色农业"三年倍增"行动和提质增效行动，加快特色产业高质高效发展。一是加快建设现代农业产业园。全市累计创建市级现代农业产业园 15 个，市级以上现代农业产业园总数达到 27 个，总面积 341.59 万亩，入驻新型农业经营主体 5081 家，2023 年园区农业产值 193.84 亿元。二是突出特色，壮大产业集群。围绕培育乡村主导特色优势产业，加快区域特色产业集群化发展，秦州区、秦安县、甘谷县进入国家苹果产业集群，武山县进入国家高原夏菜产业集群，秦州区、麦积区、甘谷县、武山县进入国家甘味生猪产业集群，全市果品、蔬菜、中药材种植面积分别达到 230 万亩、111 万亩、26.5 万亩，畜禽饲养量达到 1431.74 万头（只），果菜畜药四大产业全产业链产值达到 703 亿元，为推动果品、蔬菜、生猪产业规模化、集约化、产业化发展提供了强劲支撑。三是以产业融合为重点加速发展农产品加工业。围绕做大做强果菜畜药四大优势特色产业，深入实施果品产业迭代升级、蔬菜产业提质增品、畜牧产业扩量增效、道地中药材标准化提升四大工程，支持特色产业全链条融合发展，大力推动"果变汁""菜变浆""粮变粉"加工，农产品加工产品涵盖食品、药品、白酒、饮料、乳品等多个领域，加工产值 449.6 亿元，加工转化率达 63%。麦积区创建成为国家农村一二三产业融合发展先

导区。四是坚持不懈培育精品品牌。深入实施品牌强农战略，累计培育天水花牛苹果、秦州大樱桃、秦安蜜桃等"三品一标"农产品品牌394个、农产品地理标志证明商标18个、地理标志保护产品5个，"甘味"农产品区域公用品牌5个、企业商标品牌73个，7个农产品商标获中国驰名商标，77个农产品获省级著名商标，形成了"三品一标"品牌+"甘味"品牌+市县（区）域公用品牌+企业商标品牌的四级品牌体系。五是电子商务助推农产品营销体系完善。通过政策扶持、内引外联，建成一批设施齐全、功能完善、辐射带动力强的农产品批发市场，天水市有农业农村部定点批发市场3处、农副产品批发市场63处、农村集贸市场108处、产地批发市场76处，年交易额100多亿元。大力发展苹果"保险+期货"，天水花牛苹果（集团）、秦安雪原果品公司苹果期货交割仓库、秦州蔬菜网上商城上线运营，农产品电子商务销售额达到6.8亿元。

在工业数字化转型升级方面，天水市以数字化、网络化、智能化为主攻方向，以建设集成电路封测产业聚集区、先进制造业转型升级示范区作为强工业行动的具体抓手，产业链日趋完整，产业布局持续优化，数字经济产业功能区初具规模。制定出台了《天水市建设先进制造业转型升级示范区实施方案》，2023年，42个"三化"改造项目完成投资36亿元，天水经济技术开发区被认定为国家级绿色工业园区。一是以高端化为引领加快实施龙头企业转型升级改造项目。星火公司与高等学校、科研院所、行业上下游企业等联合成立"甘肃省高档数控机床与基础制造装备创新联合体"，先后承担了国家科技重大项目7项、国家科技支撑计划项目1项、甘肃省科技计划重大专项3项。风动公司建设凿岩机械精密锻造中心项目，以智能化、高端化机械设备来替代原有依靠锻打技术的锻造工艺。岷山公司全力打造"国内首条锻压组合式氧枪喷头生产线"，形成了自动化改造方案和产线设计。锻压公司与西安交通大学联合建立专家工作站"天水锻压协同创新基地"。二是以智能化为主导，积极布局智慧工业，实施国有企业数字化转型行动。星火公司分别与岷山公司、风动公司、海林公司、长通公司签订了合作协议，实现区域资源协同整合，增强了优势产业基础能力，星火智能精密卧式车床、锻压 5G 智慧合杆生产线等 3 台（套）产品荣获甘肃省第四届"创新杯"工业设计大赛金奖。海林公司建设高精度圆锥滚子轴承磨装车间，2023 年 4 月，入选省工信厅公示的"甘肃省第三批智能工厂和数字化车间名单"，建成后实现生产调度数字化、生产过程透明化、生产数据实时化、质量管理精细化。锻压公司绿色重型锻压构件焊接数字化车间项目被列入 2023 年省级制造业高质量发展和数据信息产业发展专项，已完成投资 900 万元。建筑设计院公司设计的"天水市文化中心 BIM 技术应用"项目在省建筑业联合会等 4 部门联合举办的"甘肃省第六届 BIM 技能应用大赛"中荣获 BIM 三等奖，实现了全生命周期的信息化管理。三是以绿色化为支撑，推动工业企业开展绿色设计、绿色制造。海林公司从基础设施、管理体系、环境排放等方面，全方位开展绿色工厂创建，2020 年入选甘肃省第三批省级"绿色工厂"，2023 年被认定为国家级"绿色工厂"。旭盛 OLED 载板玻璃项目、旭康中硼药玻项目以及光轩高端装备制造项目投产达产，3 个项目全年实现产值 21.49 亿元，旭盛、旭康公司被评定为甘肃省 2023 年度第一批创新型中小企业。

在现代服务业转型升级方面，以电子商务中心、国际陆港和跨境电商综合试验区建设为龙头，电子商务和现代物流快速发展。一是天水国际陆港建设进程加快。天水国际陆港是根据国家"一带一路"倡议，甘肃省委、省政府打造"丝绸之路经济带"甘肃黄金段建设的三大国际陆港之一，是关中平原城市群由东向西拓展的重要枢纽。项目自 2018 年开工建设以来，各项工作取得积极进展，已累计完成固定资产投资 32 亿元，将建设 3 个产业园（即电子商务产业园、农产品深加工及冷链物流产业园、创新型产业园）和 4 个中心（铁路物流中心、公路物流中心、保税物流中心、商贸服务中心），将依托完善的公路、铁路和航空等运输资源，建立与沿海、沿边城市交通便捷的国际物流通道，以服务对外贸易的国际物流为重点，以保税物流为特色，实现保税物流与非保税物流相结合，国际物流与区域物流、城市配送相结合，为陇东南地区的生产和商贸等提供完善的综合物流服务。二是电子商务孵化中心和快递中转场等基础设施项目加快建设。全市建成县级电子商务中心7个、乡镇电商服务站113个、村级电商服务点2093个（其中脱贫村1165个）。现有各类电子商务企业2300余家，网店13000余家，2022年全市实现电子商务交易额110亿元。甘谷县花椒交易中心、天水区域粮食仓储物流生态产业园、京东TDC城市仓项目加快建设；秦州区、麦积区、甘谷县、秦安县、清水县、武山县、张家川县被列为全国电子商务示范县区。三是全力推进跨境电商综合试验区建设，带动出口占比提高。2020年，天水市成为全国第五批、甘肃省继兰州市之后第二个跨境电商综合试验区。2023年完成跨境电商交易额2.8亿元，带动进出口贸易实现34.2亿元，其中出口21.3亿元，占进出口总额的62.3%。

3.基础数据要素初具规模，数字产业化格局初步形成

基础数据要素方面，政务、企业、行业数据等生产要素不断集聚，为天水市数字经济规模化发展提供了充沛动能。云计算大数据中心投入使用，初步建成人口、法人、空间地理等基础数据库，以及电商、物流、农业、工业等主题数据库。企业生产、产业链、消费等方面的数据规模化增长，高端装备、智能制造、电子信息等产业数据应用与分析需求旺盛，数据驱动的新型工业体系加速建设。行业大数据应用加快发展。四大通信运营商存储的数据以及交通、医疗、旅游等重点领域数据不断增长。

天水市数字产业化发展以产业链现代化为目标，重点培育形成了以光电显示材料、集成电路高密度封装及电子元器件为代表的电子信息制造业和以大数据存储、清洗加工、数据服务外包为链条的大数据服务等数字经济标志性产业，形成了产业聚集区内辐射、县区错位发展的良好格局。两个项目被列入工业和信息化部人工智能与实体经济深度融合创新专项和智能制造试点示范专项，锻压机床、铁路电缆、西电合金等10家企业获得工业和信息化部两化融合贯标试点企业；建成华天集成电路高密度封装、长控高端母线槽及智能低压成套电气数字化智能制造车间，芯片封测、光电显示新材料等一批国际国内领先项目。弘信电子人工智能算力协同产业化平台项目顺利落地，燧弘人工智能算力服务器生产项目即将建成投产，甘肃省计算中心天水

分中心、甘肃省超算（天水）中心成立，以"龙创智谷"和信创产业园为核心的"一谷一园"数字产业化发展格局加快形成。

4.数字政府建设加速，智慧城市建设跃入全省前列

数字政府建设方面，出台并实施《天水市加快数字政府建设工作实施方案》，天水市已经建成全市统一的政务网络体系，分批次改造县（区）党政机关局域网，建成统一网络运行管理平台，对全市党政机关网络设备运行状态进行统一管理、安全认证、动态监测；建成全市综合办公系统平台，支撑全市1000多个单位开展无纸化、移动化办公。全面完成甘肃省政务服务网天水市、县（区）子站改版建设，建成涵盖审批系统、监察系统、人口库、法人库、电子证照库等天水市一体化网上政务服务平台，实现国家、省、市、县政务服务事项名称、编码、依据、类型等基本要素的统一，政务服务事项"应上尽上"，依托全市综合受理平台累计办理各类事项100多万件，实现部分政务服务事项"指尖办"。

智慧城市建设方面，按照"1+1+N+1"构架，建设了"云中心""大数据平台""城市运营管理中心"，实现了"N个智慧领域应用"。新型智慧城市建设工作进入全省先进水平行列。建成天水市中心城区32平方公里三维数字模型、三维地下管网系统、城乡规划管理信息系统及"国土一张图"系统，完成中心城区98平方公里地形图、320平方公里影像图及规划成果数据和规划管理数据的整理入库。建成数字化城市管理平台，实现了与省级平台联网，全面提升城市及社会的运行效率。推进雪亮工程，建成了包括公共安全视频图像信息共享平台、公安视频图像信息综合应用平台、视频图像信息运行维护管理系统的"双网双平台"视频图像信息应用体系，建成集城市运营管理、应急指挥、综合治理于一体的城市运营服务中心，实现对城市状态的运行监测、分析预警和辅助决策。

三 天水市发展数字经济对策建议

天水市数字经济发展还存在数字建设统筹整合有待优化、数字技术创新能力有待提升、数据要素机制有待完善、人才队伍建设有待加强等突出问

题，应立足市情和发展实践，把握数字经济发展带来的战略机遇，把市场优势、制度优势与数据优势结合起来，以数字化推进生产智能化和产业高端化，充分发挥数字技术对经济发展的叠加和集成效应，打通经济内外循环的血脉经络，进而在竞争中获得核心优势，为天水经济发展新格局的构建注入新活力。

1.加强数字基础设施建设，提升数字经济发展的支撑能力

一是以"双千兆"建设为重点，加强信息网络基础设施建设。加快推动全市5G网络建设，围绕低时延、高可靠、广覆盖的网络需求，共建共享加快5G独立组网规模化部署，实现城市和乡镇全面覆盖、行政村基本覆盖、重点应用场景深度覆盖。以IPv6技术创新和融合应用试点城市建设为契机，加快推进政府、学校、企事业单位互联网网站系统的IPv6升级改造，加快实现重点区域网络覆盖和"双千兆"网络建设步伐，持续优化云、网、边、端布局和网络架构，增强城域网出口能力，满足企业、家庭宽带提速需求。

二是以AI、物联网为方向，加快融合基础设施建设。聚焦政务服务、社会管理、工业制造等传统基础设施领域，开展千兆虚拟专网建设试点，协同部署5G基站、边缘计算、行业终端等设施，推广应用网络切片、AI、物联网等新技术，建设适应数字化发展的融合基础设施体系，建设物联、数联、智联三位一体的新型城域物联专网，推进城市基础设施的数据采集、数据传输、消息分发和协同处理系统一体化建设。建设全市统一的物联网管理平台，统一接入标准，纳入各部门和运营商的前端物联网感知设备，并借助全市统一的地理信息"一张图"，实现所有前端物联网设备点位和运行信息的可视化呈现，为城市运行整体情况分析和风险预警提供信息支撑。推进新型智能化公共设施建设，推动智慧交通感知设施与公共设施的共址部署。

三是以电工电气装备集聚区、集成电路集聚区、数控机床集聚区为核心，进一步加快重点企业数字化转型和工业互联网产业发展。进一步优化完善天水市工业互联网信息化平台并上线运行，构筑工业全要素、全产业链、全价值链的信息化平台枢纽。推动全市装备制造、集成电路、电工电气、数

控机床等企业数字化转型，推进工业企业"上云上平台"占比达90%以上。建成国家级"5G智慧园区"产业示范基地，推动特色产业集群实施数字化转型。加快工业互联网标识解析二级节点建设，力争工业互联网节点标识解析量达到5000万条，筑牢工业互联网网络基础。

2.加快推动传统产业数字升级，开展数字赋能产业发展行动

一是促进农业生产、农产品加工、农产品流通数字化转型。以实施农田信息化管理，配套遥感应用系统、物联网测控系统、田间综合监测站点等设施设备为主方向，推广农业智能化关键技术和成套设备，实现全过程精准作业，加快畜禽舍环境监控及自动化控制、智能化改造，建设一批智慧农业生产示范基地，推广节本增效山地特色智慧农业应用模式，加快促进农业生产智慧转型。以花牛苹果、秦州大樱桃、麦积葡萄等特色农产品为重点，推广应用智能流水线、专用机器人等自动化设备开展智能作业，推进农产品精深加工生产线、生产工艺数字化，搭建感、联、知、控物联网平台，推动农产品加工企业"上云"，提高对用户的服务能力，通过智能精细化管理降低成本，提高农产品加工效率和质量，加快农产品加工企业数字化转型。以电子商务为抓手，扩大和完善农产品数据库和农产品交易平台，实现农产品高效精准流通。

二是着力于工业优势产业、新兴产业和未来产业，实施"三提一攻关"数字赋能行动，积极构建现代工业体系。围绕"强龙头、补链条、聚集群"，推进数字产业化和产业数字化，实施"三提一攻关"数字赋能行动。推动新型基础设施建设提速、工业互联网提档升级、制造业数字化转型提升和信息产业链标志性工程攻关，全面增强用数据管理、用数据决策、用数据创新、用数据服务的能力。持续提升三大优势产业，大力发展四大新兴产业，加快发展3个潜力产业，统筹发展生产性服务业，构建现代产业体系。一要着力推进机械制造数字化发展。聚焦智能化和信息化，在高端数控机床、精密轴承、凿岩机械、半导体封装测试装备制造领域，提升产品附加值、企业综合实力和可持续发展能力。引导星火机床、锻压机床、海林轴承等企业，加强与央企以及行业龙头企业开展合作，发展以高档数控机床为代

表的机械制造产业链。支持企业开发推广柔性加工单元、柔性制造系统、数字化工厂，突出整机制造和系统集成。二要着力于布局发展高端智能制造装备产业。依托机械制造、高端装备制造和检验检测产业优势，组建产学研用智能制造创新联盟，研发高档数控机床与工业机器人、增材制造装备、智能传感与控制装备等智能制造装备。三要积极谋划布局开展远程无人操控、运行状态监测、工作环境预警、故障诊断维护等智能生产性服务，基本形成创新引领、智能高效、结构优化的新型机械制造体系，全力打造先进制造业转型升级示范区。

三是创新建筑业数字化应用，推进装配式建筑智能化发展。一要抢抓天水被列为甘肃省装配式建筑试点城市的机遇，建设装配式建筑产业园，围绕绿色化装配式建筑、智能化装配式建筑、专业化装配式建筑三大领域，打造立足天水、辐射西北地区的装配式建筑产业基地。二要加快推进天水装配式建筑产业智能化转型发展。重点提升在预制构件深化设计、BIM技术开发、建筑规划等方面的智能化技术实力。三要抓住施工信息化关键，打通一体化管理。围绕工程项目将BIM与智慧工地各类硬件打通，推动以项目制为基础的智慧建造协同管理平台的完善应用，提升施工信息化渗透率，促进施工数据标准化、完整性，提高实施情况的可视化和可控性，提高施工企业经营管理效率。

四是以电子商务、智慧物流、智慧文旅为重点，推动新一代信息技术在商贸、物流、金融、文旅等服务领域的深度应用，推进传统服务业改造升级。一要深化与国内头部电商平台合作，大力培育本土电商平台。推进县级电商服务中心、乡级电商服务站、村级电商服务点三级电商公共服务体系建设；依托中国（天水）跨境电子商务综合试验区建设，培育和引进一批国际竞争力强的跨境电商龙头企业和电商平台，力争把天水综合试验区建成以"跨境电商+特色产品+综合服务"为主要特征的丝绸之路电商通道节点城市；积极探索电商发展新模式，构建电商新零售模式，运用区块链、云计算等前沿科技手段，促进电商智能化运用与发展；建立健全电子商务人才培养机制，抓好电商对象、层次的阶段性培训，持续激发电子商务经济发展的强大活力，加快促进电子商务与传统产业深度融合，力争全市电子商务发展总体水平进入全省前列。二要以天水国际陆港项目建设为重点，着力建设智慧物流平台，推进物流信息共享，依托省级数据汇聚平台、商贸物流大数据中心，积极构建功能齐全、智慧互联的商贸物流公共信息服务网络，实现省内、国内、境外物流信息共享；推广应用商贸物流信息化技术，加快普及数据信息技术，促进从上游供应商到下游销售商的全流程信息共享，提高商贸物流智能化、自动化、现代化水平。提高物流追踪与物资管理、智能调度与高效储运能力，提升现代物流管理的智慧化水平。三要依托丰富的文旅资源，以智慧文旅持续打响"千山万水·就爱天水"文旅品牌。以"天水麻辣烫"火爆出圈的方法经验、塑造的城市形象、形成的广泛影响为基础，以天水市五大文化为重点，着力吃、住、行、游、购、娱等文旅传统元素，着力文、学、商、休、养、演、体、奇等文旅新兴要素，着力配套环境、产业、资讯、服务、文明等综合要素，围绕"羲皇故里、人文天水、陇上江南"三大品牌，深挖伏羲文化、大地湾文化、秦早期文化、石窟文化、三国古战场文化资源潜力，大力发展"互联网+文化"，通过三维建模、增强/虚拟现实技术，积极推进文物资源的数字化保护和展示利用，逐步实现高品质、特色化发展目标。突出麦积山、伏羲庙等4A级及以上景区数字化大景区建设，完善旅游景区服务数字化体系。另外，在祭祖游、寻根游、石窟游、美食游、康养游等传统旅游类型的基础上，应用数字技术，开创"CityWalk"、"特种兵旅行"、研学游、文博游、生态游、乡村游等旅游业态，把"千山万水·就爱天水"打造成金字招牌，推进天水美食、天水文旅走向全国。四要大力发展数字金融。建设区域金融商务核心区，建立基于区块链的金融数据交换共享和协同运维机制。完善金融产品供给，深化数字技术在银行、保险等领域应用，发展智能支付、智慧网点、数字化融资等新模式。加强大数据、互联网、区块链等信息化技术手段在金融业的应用，完善非现场监管信息系统和监管指标体系。推进地方金融机构大数据平台建设和数据标准化建设，支持地方金融机构利用大数据、互联网、区块链提升金融服务能力。拓展完善智慧金融服务平台服务功能，建立健全企业经营数据库，打通各类政府信息互联互通，实现与驻市金融机构信息共享。探索推进网络金融服务和网络投融资平台建设，延伸金融服务半径，利用电子商务与"三农"和地方特色优势产业对接。完善普惠金融服务平台功能，推动金融服务广泛融入民生应用场景，打破金融服务"数字鸿沟"。

3.构建数字产业生态体系，加快壮大数字产业化规模

一是围绕集成电路、软件服务、物联网等领域，加快实施一批重大工程，积极发展头部企业，壮大数字产业化规模。强化先进基础工艺，完善产业链配套，补齐产业链短板，深入推进产业基础再造与产业链提升，推动数字经济基础优势产业迈向全球价值链中高端；重点培育垂直领域关联产业，增强企业联合攻关、场景创新、应用验证和普及推广能力，助力传统产业转型升级，形成新技术、新产品、新业态、新模式。实施开展专精特新"小巨人"成长计划，引导企业参与数字技术和产业创新活动。

二是聚焦集成电路产业、大数据、软件和信息技术服务、智能终端制造等产业，重点打造电子信息产业基地，推动产业集聚化发展。积极对接国家战略规划布局，打造集成电路封测产业聚集区。实现省内产业链完整配套，发挥华天电子集团、天光半导体公司、华洋电子公司等骨干企业的辐射带动作用，聚焦人工智能、移动通信、物联网等新兴领域，推动全省集成电路设计、芯片制造、引线框架、集成电路材料和集成电路设备等产业协同发展。

4.打造数字政府协同治理模式，推进数字天水建设

一是完善数字政府理政服务平台建设，构建数字治理新形态。深入推进社会治理和政府管理模式创新，加快推动政府管理、城市治理、民生服务数字化转型。以深化"放管服"改革优化营商环境为主线，以利企便民、激发市场活力为目标，统筹推进政府职能从管理型向服务型转变，全面推行"一网通办""一网统管""一网协同"，打造全省一流的数字政府标杆，探索数据驱动、人机协同、跨界融合、共创分享的智能化治理新模式，构建多渠道、全方位、宽领域、有特色、可持续的数字治理新形态。

二是强化市场监管数字技术能力建设，推进"平安天水"建设。基于

互联网和大数据思维，以数据整合为基础同步提升市场监管部门在行政执法、风险感知和科学决策等方面的能力，实现"一处发现、多方联动、协同监管"。在数字化市场监管改革的进程中，实现由事后补救式监管向事前预警式监测转变，提升政府监管效能。按照市场风险管理数据的标准化体系，形成各类市场主体风险的基础信息库，构建"早期识别—早期预警—精准核实—及时处置"的风险防控闭环工作机制，提高风险感知与情报搜集的能力。加快推进智能化技术防控网、常态化治安巡逻网、精准化风险预警网、明晰化公共安全网、多元化社会共治网、专业化处突维稳网"六位一体"的社会治安防控体系建设，推进"平安天水"建设。大力推进"雪亮工程"建设，重点公共区域视频监控覆盖率、联网率达到100%。对社会治安监控系统前端设备进行智能化、高清化、数字化改造，强化信息资源整合应用和互通共享，市级平台实现10万路视频资源推送至平安甘肃信息化支撑管理平台。着力打造城乡统筹、线上线下整合、人防物防技防结合、打防管控一体的社会治安防控新格局。

5. 积极推进智慧教育、智慧医疗、智慧交通，加快智慧天水建设步伐

一是以加快实施智慧校园环境建设工程、智慧教育"2215"建设工程为重点，积极推进共享智慧教育。构建教育数字资源服务新体系，加快天水智慧教育云平台和"天水云教育"平台建设，打造纵向无缝衔接、横向融会贯通，全方位、多层次、立体化的教育云服务体系；推进优质数字资源共享，推动区域间、城乡间、学校间课堂教学互联互通、共建共享，促进优质教育资源共享和区域教育资源均衡配置；推动信息教学融合应用，支持各级各类学校开展基于移动互联、人工智能、大数据、虚拟现实等信息技术的教育教学模式创新应用，推进以自主、合作、探究为主要特征的教学结构变革；构建覆盖各级各类教育的"互联网+"课程，促进线上线下课程融合，将人工智能技术与教育教学、教育管理、教育决策深度融合。

二是以建设医疗5G专网和互联网医院为重点，积极推进新一代信息技术在医疗健康服务领域的创新应用。推进医院智慧化建设，依托全市优质医疗资源建设两所以上互联网医院，构建医疗、服务、管理"三位一

体"的智慧医院服务体系；完善"健康甘肃"App功能，全面推广完善居民电子健康卡，为公众提供覆盖全生命周期的一体化电子健康管理服务；开展面向基层的远程医疗、人工智能辅助、数字化健康管理、在线医学教育等，提升基层诊疗能力。以5G专网支撑医院数字管理系统，构建智慧医疗生态圈，将数字世界和物理世界融合，实现院区空间三维可视化，搭建远程医学资源辐射新模式，实现医疗机构管理一体化闭环运营，达到高水平同质化。

三是以畅交通受阻基础设施建设为重点，积极推进智慧交通建设。推动交通指挥平台升级，统筹推进智慧交通城市大脑和交通大数据中心建设，推进路网智能监测、人车路智能管控、路网应急指挥，提升交通运行效率和管理水平；推进交通数字基础建设，统筹推动公路领域重点路段、重要节点的交通感知网络覆盖，规划建设综合交通监测终端、智能视频监测终端等系统，加快构建交通运输大数据共享及智能决策中心，加强融合基础设施建设，试点探索推进实施一批基础好、潜力大的"智慧高速"项目；部署智能传感终端场景，建设智慧交通智能化设施，稳步推进智慧公路、智慧民航等智慧交通基础设施建设，发展智慧化出行服务。

第三节　酒泉市新能源及新能源装备制造业基地建设与数字经济发展

酒泉市，古称肃州，地处亚欧大陆腹地、河西走廊西段，自古就是通往新疆和西域的交通要塞、扼守"丝绸之路经济带"甘肃黄金段的西面门户，是甘肃向西开放的重要节点城市。酒泉市是敦煌艺术的故乡、现代航天的摇篮、新中国石油和核工业的发祥地、"铁人精神"的诞生地，获影响世界的中国文化旅游名城、中国最具国际影响力旅游目的地等荣誉称号。酒泉市辖1个区、2个县级市、4个县，总面积19.2万平方公里。2023年末，常住人口104.27万人，生产总值908.7亿元。酒泉市风光无限，成为国务院确定的全国重要新能源开发利用示范区，以及国家新能源战略布局的重要支点、西北清洁能源向中东部地区输送的重要通道。新能源及新能源装备制造业成为酒泉市产业转型升级和经济高质量发展的主导产业。

一 酒泉市新能源及新能源装备制造业基地建设

近年来，酒泉市深入贯彻落实国家"双碳"目标和习近平总书记视察甘肃提出的"打造全国重要的新能源及新能源装备制造基地"重要指示精神，围绕强龙头、补链条、聚集群，着力培育壮大以新能源为主体的绿色低碳能源体系和以新能源装备制造为核心的现代产业体系，协同推进产业高端化、绿色化、数字化、融合化，着力补短板、拉长板、锻新板，以数字经济培育新质生产力，引领推动新能源及新能源装备制造产业集群发展。

1. 提升新能源产业规模和能级，全力建设"中国新能源之都"

酒泉市实际可用于新能源开发的土地面积约 4 万平方公里，风能资源总储量 2 亿千瓦，太阳能资源理论储量约 20 亿千瓦，是中国风光资源储量最丰富、开发条件最优越的地区之一。按照国家"建设河西风电走廊，打造西部陆上三峡"的总体构想，从 1996 年玉门三十里井子风电场 4 台 300kW 小型风机并网发电，到 2021 年基本建成以玉门、瓜州、肃北为核心的全国首个千万千瓦级风电基地。截至 2023 年末，酒泉市新能源装机达到 2733 万千瓦，占全省总装机的 53.0%；新能源发电量 422 亿千瓦时，占全省的 61.6%。其中，风电装机 1803 万千瓦，占到全省风电装机总量的 69%；光伏装机 909 万千瓦，占到全省装机规模的 36.1%。新能源装备制造业产值达到 205 亿元，同比增长 64%，新能源产业已成为优化工业结构的重要牵引力量。随着国家"双碳"目标的提出，酒泉市新能源产业发展进入一个政策叠加期和黄金发展期。酒泉市以打造国家"两个一体化"示范城市为引领，力争"十四五"末全市新增新能源电力装机突破 4000 万千瓦，建成第二个千万千瓦级风电基地、千万千瓦级光伏基地和千万千瓦级"光热+光伏"一体化基地，不断提升新能源产业规模和能级，全力建设"中国新能源之都"。

2. 聚焦六大产业链，着力打造新能源装备制造千亿级产业集群

酒泉市聚焦风电、光伏、光热、储能、氢能、智慧电网等六大产业链，着力打造新能源装备制造千亿级产业集群。一是酒泉已成为全国陆上最大的风电装备制造产业集群。近年来，以持续引大引强引头部为主攻方向，招商引资落地各类新能源装备制造规上企业37家，其中"三个500强"、行业头部企业28家，总投资352.6亿元。金风科技、广东明阳、浙江运达等一批行业头部企业落地投产，风电装备已形成集发电机、齿轮箱、轮毂、底座、紧固件、塔筒、叶片、主机于一体的全产业链体系，风电整机实现本地化生产，形成了年产主机2600台、叶片2450套、塔筒2700套的产能，年可供应装机1300万千瓦以上整机制造能力，产品覆盖西北地区乃至全国，并出口哈萨克斯坦、乌兹别克斯坦等共建"一带一路"国家，成为产业链条最为完备、聚集效应最为明显、发展质态最为优越的全国陆上最大风电装备制造基地。二是光伏产业集群加快形成。宝丰多晶硅一体化项目投产，补齐了硅料、拉晶、切片产业短板，凯盛大明光电背板和优质光伏玻璃、特变电工逆变器和浙江正泰、广东欧昊、阿特斯电池片及组件投产，光伏全产业链成功实现了上下游贯通，全市风光电装机产能达1722万千瓦。三是氢能、储能产业迅速崛起。苏州青骐骥制氢装备、平高集团电气装备制造和昆明电缆填补了氢能、电网装备链条空白点；南都电源、海博思创等储能电芯成功落地，填补了酒泉市储能产业空白点。同时，上海寰泰全钒液流电池、中能数科压缩空气储能、中国天楹重力储能等多个新能源储能装备企业都在酒泉落户并齐头发展。

3. 以数字化、智能化赋能新能源产业开发，实施绿色制造推进工程

一是围绕产业链部署创新链，酒泉市加快新能源关键共性技术攻关。建成清洁能源技术产业研究院、太阳能发电系统工程重点实验室、氢能研究院、国家风电设备质量监督检验中心、国家能源（电力）计量中心等技术创新服务平台；成立酒泉市检验检测集团，推动新能源产品研发设计、咨询认证、运维检测、备品供应等业态快速发展；探索建立电力

大数据交易市场，以数字化、智能化赋能新能源产业开发，形成电站数字化选址、电力可靠性评估、送出消纳多场景融合、碳排放核算交易的应用集成，打造西北重要的新能源研发、运维、数据分析和结算中心；加快产教融合城市建设，推进酒泉职业技术大学开展"金风学院""欧昊班"等订单式教学，培养应用型技术人才。二是实施绿色制造推进工程，积极创建绿色园区。酒泉市紧抓能耗双控向碳双控转变机遇，拓宽电能就地消纳渠道，以绿色电力承接东中部产业转移，大力支持相关重点项目落地建设。在用能权交易、绿电认证方面先行先试，释放绿电红利，探索新能源与高端制造、现代化工、矿产精深加工高效耦合的新路子，促进产业低碳转型、绿色发展。实施绿色制造推进工程，率先推动玉门油田等传统产业绿色化升级改造，推进奥凯种机、大洋天庆等先进制造企业开展绿色工厂和绿色供应链企业认定，积极创建绿色园区，凝聚工业发展绿色动能。

二 酒泉市数字经济发展状况

酒泉市积极抢抓国家"一带一路"建设和大数据发展等机遇，紧紧围绕甘肃省把数据信息产业作为突出战略产业的定位，出台《绿色化信息化智能化改造推进传统产业转型升级落实意见》《"上云用数赋智"行动实施方案》《"十四五"数据信息产业发展规划》等政策文件，加快数字经济高质量发展步伐。

1. 加速数字基础设施升级，努力夯实"数字底座"

酒泉市信息基础设施建设主动顺应新一代信息通信技术迭代升级、数字技术和实体经济深度融合的发展趋势，全面深入实施电信普遍服务、千兆城市创建和数字化转型、智能化改造，加快推进以5G、工业互联网、数字中心为核心特征的信息基础设施建设，着力筑牢数字经济关键底座，积极赋能经济社会高质量发展。截至2023年底，全市建成通信光缆11.4万公里、通信铁塔2791座、移动电话基站14295个；移动电话用户达138.4万户，其中4G用户63.9万户、5G用户65.6万户；固定互联网宽带接入用户达65.8

万户。每万人拥有 5G 基站数达到 26.6 个，5G 用户占比达到 52.4%，城市和重点场所 5G 网络通达率达到 100%，均高于全国平均水平，在 2022 年度成功创建全省首个千兆城市基础上再上新台阶。

2. 大数据平台加速推进，着力释放算力基础设施价值潜能

以酒泉云计算大数据中心和全国新能源大数据中心项目建设为龙头，加快完善全市一体化算力布局。酒泉云计算大数据中心已建成 2200 个机架，投运 1100 个机架，取得跨地区增值电信业务经营许可（IDC）、互联网接入服务许可（ISP），通过了国际 T3（Uptime）设计及国家 A 级机房认证，开通了深圳等地人工智能算力服务、政务云等业务，是西北区域建设规格较高的数据中心。全国新能源大数据中心将酒泉市已建成的新能源场站的风机和光伏运行数据都接入系统，已对接金风、大唐、华电等 85 家新能源发电场站，提供了风光功率预测、现货交易辅助决策等服务。此外，酒泉市组织实施了工业互联网大数据中心、敦煌门户云数据中心、玉门 EC2 超算中心、金塔数据信息中心等项目，进一步释放了算力基础设施价值潜能。

3. 积极创建智能工厂和数字化车间，加速企业数字化转型

一是围绕 5G、工业互联网、数据中心等新型基础设施，组织开展 5G+、"互联网+" 等项目建设，积极创建智能工厂和数字化车间，推动企业数字化转型。常乐电厂 "5G+智慧电厂" 项目进展顺利，正在进行 5G 专网、5G 巡检机器人本地运行测试和机房改造施工；玉门风渡 "5G+智慧工厂" 项目园区、厂区已部署了部分 5G 基站，智能网关、边缘计算等相关设备，已对接 5G 定制网络，第一阶段智慧工厂已调试完成并实现场景应用；酒泉移动相继建成了常乐电厂和玉门油田 5G ToB 专网；甘肃电力首个 5G 应用试点项目国网甘肃检修公司±800 千伏祁连换流站 5G 应用项目已完成交付；恒亚水泥、普罗生物、博伦矿业、鲁玉能源、大洋天庆等企业相继通过了工业和信息化部两化融合贯标认定，大禹节水、奥凯种机被认定为全省第一批智能工厂，西部天成三车间、鲁玉能源液化气深加工车间、泰尔精细化工甲醛车间、大洋天庆磷烷砷烷车间、酒泉正泰新能源科技有限公司被认定为省级数

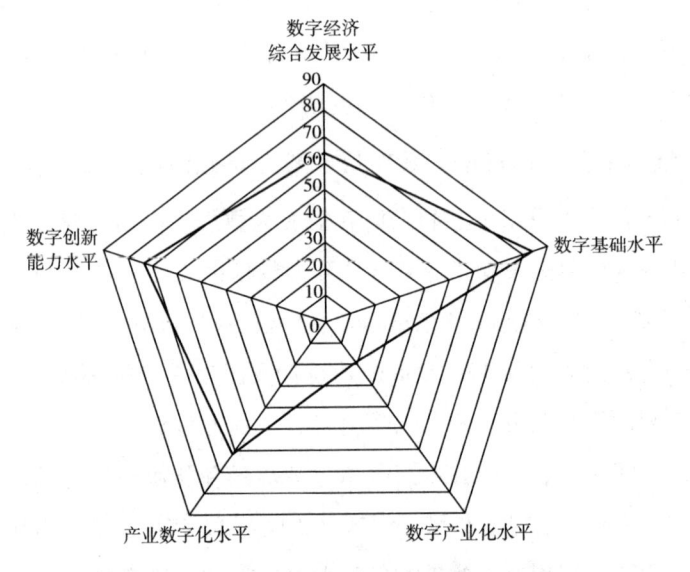

图 6-3 酒泉市数字经济发展水平雷达图

注：本图由关兵依据甘肃市州数字经济发展水平评价结果绘制。

字化车间。二是积极推动实施"酒泉新能源大数据中心暨国家千万千瓦级风电基地5G+智能电网+智慧能源综合应用项目"，运营好已建成的新能源集控中心和数字化运营平台，支持甘肃能通公司融合区域多维度数据谋划建设碳交易、碳资源管理数字化平台，"智慧观'碳'"决策分析平台等，为用户提供多个应用场景和服务功能。三是积极推广和应用"工业互联网标识解析通用设备制造行业二级节点及应用平台"、酒泉联通公司"5G+工业互联网综合服务平台暨工业互联网大数据中心"，支持相关企业进一步完善和优化平台服务功能，创新和丰富平台应用场景。目前，"工业互联网标识解析通用设备制造行业二级节点及应用平台"已与国家（重庆）顶级节点实现对接，接入企业120余家，标识注册量近10万个，"5G+工业互联网综合服务平台暨工业互联网大数据中心"已完成基础网络和云平台的搭建，注册企业370余家，正在组建运营团队开展生态汇聚、场景建设和企业服务。

4. 全面强化数据应用共享安全，加快数字政府和智慧城市建设

目前，政务云平台共为市县两级56个部门（单位）的108个政务信息系统（约400个应用）分配云计算服务器1054台，切实解决了全市信息化项目投资分散、管理困难、信息孤岛、安全防护水平低等问题。同时，为各部门（单位）信息化建设提供了安全规范、集约高效的云计算服务，有力地提升了酒泉市数字政府和智慧城市建设管理水平。一是全面加强电子政务外网建设。根据全省"一网双平面"技术架构，编制印发《酒泉市电子政务外网升级改造方案》，共投入约60台网络核心、交换和安全防护设备，升级改造电子政务外网一平面，新建电子政务外网二平面，基本形成了双平面、双核心、双链路、负载均衡的电子政务外网架构体系。全市政务外网广域网带宽由原来的省到市200兆提升为万兆，市到县从100兆提升为1000兆，网络覆盖面不断扩大，全市电子政务外网接入用户数量大幅增长。全市政务外网共接入978个部门（单位），接入终端超2万台，部署系统应用78个。其中，市本级接入163个部门（单位），县（市、区）接入815个单位，乡镇覆盖率达100%，基本实现市县两级政务部门全覆盖。二是强化数据共享应用，加快推进数据直达基层系统建设。持续完善人口、法人、信用信息等基础数据库，积极推动国家、省直部门政务数据回流和应用。酒泉市数据共享交换平台共编制数据目录15476项，归集整合政务信息资源17362个，其中发布数据接口317个、库表资源1422个、文件资源15112个、库表数据量54.36亿条；申请国家、省级共享交换平台670个数据资源，为全市29个部门单位提供457项数据共享应用服务，数据共享交换能力全面提升。三是强化网络安全防护。进一步增强政务外网、政务云平台安全防护监测能力，定期开展网络安全漏洞扫描工作，及时发送漏洞扫描报告和安全事件协查整改通知，并协助相关单位完成系统更新、漏洞封堵和安全防护提升。四是全面加快智慧城市建设步伐。依托"数字酒泉一张图"、城市信息模型平台、地理信息系统、时空大数据平台等"城市大脑"应用体系，酒泉市还建设了"智慧城管"大平台，打通了应急、消防、地震、气象、防汛等信息监测系统，共享"雪亮工程"视频监控数据，建成了反应灵敏、协同联动的应急管理信息化平台。在党政机关协同办公方面，酒泉市与"甘政通"平台实现互联互通，全面推进办公流程再造和电子文件应用。移动政务办公实现跨地区、跨层级、跨部门信息共享和指挥协同，政府办公效率不断提升，行政成本不断降低。

三 加快酒泉市数字经济发展对策建议

酒泉市数字经济发展还存在如下突出问题。数字网络基础设施建设有短板，物联感知体系有待完善，新型融合基础设施应用不成熟，数字基础设施亟待升级；数据中心多元化发展不足，大数据应用项目较少，溢出效应和牵引效应还不明显，信息共享平台、区域信息科技平台、优势产业转型平台、综合服务互联网平台等处于初步谋划和发展阶段，枢纽平台带动价值尚需提升；传统数据信息产业基础较为薄弱，电子信息制造、软件和信息技术服务业等传统数据信息产业领域内企业数量少、规模小、技术力量薄弱等，新一代信息技术数字企业核心竞争力不足等，数字产业化基础薄弱；企业信息化程度不高，规模以上制造企业关键工序数控率和网络化率较低，两化融合深度不足，产业数字化转型步伐还需加快；缺乏电子商务、平台经济等领域新兴业态的大企业，本土化新兴业态特色创新模式较弱，本地化品牌知名度低，推广力度不够；技术驱动数字经济发展的动力不足，技术创新和安全保障体系需加快布局；等等。酒泉市应全面推动数字经济规模化发展和产业升级，全面推进数字技术与全产业各领域的深度融合，全面打造数字化政府、数字化治理新模式以支撑核心产业新能源及新能源装备制造业发展，把酒泉建设成为面向全省、辐射西北、服务全国和共建"一带一路"国家的大数据产业集聚地和丝绸之路信息港重要支点。

1. 以打造丝绸之路信息港战略枢纽为引领，全面升级建设新一代综合数字基础设施

一是加快推动市政设施数字化升级。以"雪亮工程"等重点项目为引导，聚焦市政建设重点领域，广泛应用大数据、物联网、云计算以及3S（遥感、全球定位系统、地理信息系统）、BIM（建设信息模型）、VR（虚拟

现实)、AR（增强现实）等信息技术，推进城市市政基础设施建设改造与5G信息网络、传感技术融合，做到同步规划、同步设计、同步推进，逐步构建市政设施管理感知网络系统，实现市政设施全生命周期智能化管理，助力数字化基础设施持续完善。深度应用互联网、人工智能等技术，整合技术资源、产业链资源和金融资源，推动基础设施升级演进。

二是深化物联网感知技术在社会基础设施体系的应用。推动传感器技术、地理空间信息技术、卫星定位与导航技术、新一代信息网络技术等感知技术在公路、轨道、桥隧等社会基础设施体系中的应用，加速构建以NB-IoT网络为基础的城市感知网络体系和一体化城市智能感知平台，促进感知网络与物流运输、路况巡检、生态监测等产业融合。加强传感设备、无线通信设备、控制设备和摄像头等图像采集终端和感知终端在城镇公共基础设施、重点制造业企业的布局和应用，统筹感知体系建设及应用推广，全面推广数据挖掘、人像对比、车牌识别、轨迹追踪、视频检索、人机互动等智能应用。推进集照明控制、无线基站、视频监控管理、广告屏播控、城区环境实时监测、紧急呼叫、水位监测、充电桩和井盖监测等功能于一体的智慧多功能杆建设，形成共建共享、集约高效的智慧城市物联网，全面提升公共安全、城市管理、道路交通、生态环境等领域的智能感知水平，发挥物联感知网络在社会治安管理、城市交通管理、电子政务、企业生产制造、平台服务等重点领域的作用。

三是持续推进网络基础设施一体化建设。持续推进"宽带中国"示范城市建设，加快骨干传输网和城域网出口扩容升级，着力部署全光网建设，加快建成高速畅通、覆盖城乡、服务便捷的网络基础设施和服务体系。谋划部署云网融合工程，加快公共服务场所、交通枢纽、热点商圈、旅游景点等重点场所的宽带无线网络全覆盖，推进新型无线网络架构部署和全面应用。完成政务网与公众通信网的IPv6改造，积极推动下一代互联网规模部署。推进广播电视传输网络数字化、智能化改造，部署4K视频播控平台建设。支持量子通信敦煌试验站建设，鼓励量子通信领域规模化应用突破。加快推动国际互联网数据通道建设，积极开展互联网出口带宽升级工程，有效提升专用通道覆盖园区的国际互联网访问性能，降低企业访问时延及丢包率，提升对国际金融服务、跨境电子商务、跨境物流、国际文化交流等外向型企业的通信服务能力，提升通信业对中小规模和民营企业的服务支撑能力，促进外向型产业集聚。构建空天地一体化数字信息网络。推动北斗导航、卫星宽带、卫星遥感、卫星通信应用和服务推广，建立覆盖丝绸之路国家的国产高分辨率商业遥感卫星、卫星数据接收站与处理设施，形成覆盖酒泉、西北区域、丝路国家的边远地区和农村地区的卫星遥感、卫星宽带普遍服务能力。依托酒泉卫星基地，以卫星项目和地面生态系统监测站点为抓手，建设卫星通信网络和天地一体化信息网络，为区域提供全天候、全天时、高精度的时空信息服务和生态环境监测服务。推动下一代广播电视网建设和有线无线卫星融合一体化建设，提升三网融合水平。

2.依托酒泉云计算（大数据）中心等重大项目，加快推动一体化、综合化大数据集群建设

一是推动一体化、综合化大数据集群建设，提升信息枢纽能力。依托酒泉云计算（大数据）中心等重大项目建设，探索跨区域共建共享机制和模式，促进各数据中心统筹协调发展，形成以酒泉云计算（大数据）中心为核心，金塔、敦煌等地中小型专业数据中心及通信运营商企业级数据中心为补充的物理分散、逻辑统一、高效运行的云计算（大数据）集群，引导数据中心向规模化、集约化、智能化、绿色化方向发展，与丝绸之路信息港开展对接，形成丝绸之路信息港重要支点。建立健全与国家数据中心的互联机制，为国家新能源数据大数据中心等行业级、国家级、国际级数据资源入驻奠定基础，推进"一带一路"互联网交换中心建设，打造服务和支撑全省乃至西北地区，连通中西亚和中东欧及蒙古国的信息汇聚平台，建成"一带一路"互联互通专用信息通道重要节点和区域信息枢纽，全面提升网络与信息服务能力，努力打造国家级新能源和新能源装备制造数据中心。积极吸引省内外政府、企业将酒泉云计算（大数据）中心作为数据存储、备份和灾备中心，积极开展大数据相互备份、灾备的业务合作，完成分布式数据中心集群架构搭建，基本实现数据中心规模化、集约化、智能化、绿色化，

使其成为辐射全省、全国和共建"一带一路"国家的"绿色、安全、开放"的数据存储、容灾、备份中心和云计算中心。

二是积极开展数据资源整合处理服务，健全数据资源综合应用服务链。建立完善数据交换、共享、利用长效机制，推动数据有效集成、互联共享。谋划引入一批数据采集整合、加工处理、可视化等企业，围绕新能源、文化旅游、生态环保、农业产业、核产业等区域优势领域和医疗、教育、养老等本地社会民生产业，充分发挥数据规模优势，通过数据脱敏、清洗、加工等环节发掘和释放数据资源的潜在价值。支持本地数据资源整合企业参与酒泉云计算（大数据）中心、新能源大数据中心等项目建设，借助平台效应发展壮大。打造服务和支撑酒泉乃至西北地区、连通中西亚和中东欧及蒙古国的数据服务输出平台，推进数据资源资产化、数据资产服务化、数据服务价值化。依托酒泉云计算（大数据）中心建设数据中心核心节点，建立全市公共云调度资源池，实现区域内算力资源的均衡发展与高效流通，打造"绿能云"平台，为企业提供多层次、高性价比基础云资源服务。依托酒泉云计算（大数据）中心，开展大数据应用技术研究，积极整合本地计算能力、数据承载能力、IT 能力、服务能力，发挥数据中心运营公司、电信运营企业、互联网公司、第三方 IDC 运营商等多种市场主体作用，上溯产业链，拓展云计算、雾计算、边缘计算等高端计算服务，建立云到端全链条数据服务产品体系，实现资源型数据中心向智算中心升级突破。培育本地云平台、云软件等重点领域专精特新服务商，支持企业开展云计算研究及相关产品研发，全面拓宽云计算示范应用，力争在车联网、智慧城市等场景率先实现规模应用，加强内容分发网络（CDN）部署，形成云计算产业优势。

3. 全面推进区域特色农业的数字化转型，加快推动农业数字化智能化发展

一是全面推动酒泉现代农业的产业化、信息化和智能化改造，实现现代农业数字化智能化发展。加快农机信息化发展，推动农机装备智能化应用，利用物联网、大数据、区块链、人工智能等以 5G 为核心的新技术，加快粮食、经济作物、畜牧养殖、设施农业、林业等方面作业机械及农业废弃物利

用、植保、农产品保鲜仓储、加工等方面农机装备智能化、自动化技术集成应用，推动农机装备智能化建设。加快智慧农业建设，提升农业生产、经营智能化水平，围绕"高效蔬菜、现代制种、绿色畜牧、特色林果、食药同源、农畜加工"六大特色产业，加快酒泉农业大数据平台、农产品质量安全监管及溯源系统、市场信息化服务系统建设，提升农业生产管理、经营销售智能化水平。完善农业农村信息服务，实施信息进村入户工程，建立村级信息服务站，搭建"数字乡村（智慧农业）"综合信息服务平台，开展公益信息服务和市场化运营，向农民群众提供便捷的生产生活信息服务。对接全国统一的农村信息网络，打造功能完备的"三农"服务平台。深入推进美丽乡村、田园综合体建设，培育发展一批特色鲜明、环境优美的特色小镇和乡村旅游示范村，推动农村一、二、三产业深度融合。酒泉、嘉峪关联手发力建设农高区，借力酒泉"西出"、嘉峪关"东扩"，携手共建国家农业高新技术产业示范区，建成全省果蔬肉蛋主产区、西部绿色农产品保供基地和出口基地。

二是着力打造世界先进、全国一流、数字化的集种子生产加工、种业信息发布、产品展示交易、成果技术推广、新技术研发于一体的国家级种子产业园。种子是农业之母、农业科技的"芯片"、粮食生产的源头。酒泉市具有光热资源丰富、昼夜温差大、降雨量偏少等特点，因独特的自然环境成为各类农作物制种的天然优质区域，是国家规划布局的三大种子生产基地中的重要片区、区域性蔬菜良种繁育基地"国家队"的重要成员。酒泉市是农业农村部认定的区域性蔬菜良种繁育基地，是全国最大的蔬菜、瓜类、花卉种子生产基地，被誉为"天然的种子繁育场"和"种子生产黄金带"。酒泉市把制种产业数字化作为推进现代农业发展的重要突破口，鼓励扶持酒泉种子产业园和酒泉种子科技创新园通过物联网、大数据、区块链等新一代信息技术手段完善种子质量追溯和信息化、数字化管理体系，配套信息数据采集、汇总、存储及发布等设施设备，建设以"互联网+农业"为主的监管信息平台和电子交易平台，提升种子产业园信息化水平，进一步集聚政策资源要素，扩大辐射带动效应，努力把酒泉种业打造成中国种业领域新名片。

三是加快农产品产供销信息化综合服务平台项目建设。全力打造"立足酒泉、辐射全国、面向全球"的"电商平台+仓储物流+产业金融+精深加工+品牌建设"的大宗农产品数字化信息供应链。促进全省辣椒、红枣、枸杞、瓜子及洋葱等优势农产品从酒泉销往全国各地。同时，吸引新疆辣椒、孜然、瓜子、红枣、核桃等大宗农产品在酒泉交易和仓储，将物流、人流、资金流聚集到酒泉。

4. 推动新能源及新能源装备制造业数字化转型，加快布局新能源装备制造新兴产业和未来产业

一是以加快推动新能源生产智能化、新能源网络运行智能化和新能源消费智能化为抓手，加强数字技术在新能源产业链各环节的深入应用。一要加大新型能源生产的数字化改造力度，以 5G 网络建设和电网智能化为基础，为风电场、光电场和电网建设 5G 网络通道，开展"5G+智慧巡检"等 5G 应用场景合作，提升电源侧智能化水平，推动实现能源生产的实时监测，精准调度、故障判断和预测性维护，提升能源生产效能。二要加大新能源网络运行智能化投入力度，加快建成 5G+智能电网综合应用示范中心和能源大数据中心，将能源开发及运维企业新建及已建电站全面接入大数据平台，推动电站向"集中化监控、区域化运维"的精简集约化模式转变，构建电网智能化运营新模式。三要加大推动新能源消费智能化应用力度，加强新能源资源大数据的分析及应用，加强新能源生产和消费协调匹配，积极发展智能化新能源交易，不断提升新能源企业的综合实力和核心竞争力。

二是加快做大做强风电装备产业链，协同发展光电装备产业链。紧盯风电产业链关键零部件空白，精准招商引资产业链缺项弱项项目，加快做大做强风电装备产业链。着力打通光伏装备产业链上中下游链条，实现光伏装备从上游硅料、拉晶、铸锭、切片到中游光伏玻璃、聚光材料，再到下游电池片及组件的全产业链布局。加快构建以智能化、信息化为主的新能源装备制造工业互联网平台建设，推动新能源装备制造企业联网运行，引领装备制造业数字化发展；积极发展新能源装备制造后运维服务业，引进拓展定期检修、部件维修维护、备品备件供应、机组技改与退役等服务业态。

三是促进新能源装备制造企业加快发展智能制造，促进企业生产经营模式变革。一要鼓励大型优势新能源装备制造企业发展智能制造，推动产业链向下游延伸、价值链向中高端攀升，着力打造西北地区新型工业化示范基地支持企业引进研发工业机器人、智能制造装备业传感器、高端数控机床、无人机、光热产业智能设备等装备制造生产线，培育规模化、智能化区域特色制造企业，建成西北地区重要的新能源智能设备生产基地。二要推进新能源装备制造企业的研发、生产、管理、服务等模式变革，着力打造一批智能制造示范基地，积极扩大智能工厂和数字化车间试点，提升企业生产自动化、智能化水平。三要推动先进制造业和现代服务业融合发展，推进智能工厂建设，加快工业互联网创新应用，发展服务业衍生制造，进一步增强制造业核心竞争力，培育现代产业体系，提升产业发展质量。

四是积极布局新能源装备未来产业。在高端锂电池、全钒液流电池、磷酸铁锂电池等领域加大投资和引进力度，加快全钒液流储能装备生产基地项目和高效晶硅电池项目建成投产，加快破题新能源共享储能领域；深度研究国家氢能发展规划，探索氢能产业综合开发利用，以新能源制氢为切入点，构建以制氢—储氢—加氢—应用为主的全产业链条；引进发展新一代智能输配电装备，推动特高压输变电设备、智能型高中低压开关设备、高效节能变压器等项目，延伸配套新能源装备制造产业链。

5.加快智慧旅游基础设施建设，推动全域智慧旅游发展

一是加快敦煌智慧旅游大数据中心和统一数据共享交换平台建设，建立涉旅数据资源交换共享机制。依托旅游大数据平台，构建旅游信息监测、应急管理和指挥、区域管理、景区管理、交通监控平台，推动旅游信息监测与应急指挥平台和文化旅游市场综合执法指挥平台建设。

二是推动智慧旅游营销平台建设。推动线上线下旅游产品宣传营销和动态调整，推进线下扫码消费系统建设，充分发挥敦煌通过智慧旅游平台的辐射带动作用，吸引国内知名电商平台及智慧旅游企业落户，创新智慧旅游营销方式，加大与携程、腾讯、驴妈妈等网络平台合作，不断提高旅游资源和产品网络曝光率。

三是推动智慧旅游服务平台建设。加强机场、车站、景区（点）、游客服务中心等游客集中场所旅游信息服务终端设施建设，加快推进景区景点、宾馆饭店、旅游专业村等及重点旅游线路的无线网络、有线网络、4G/5G等基础设施建设。

四是推动智慧旅游遗产保护平台建设。搭建大敦煌文化遗产数字化保护、研究、展示、共享平台，智慧旅游云联网互动平台，构建完善的"智慧敦煌"和"数字敦煌"保护与开发平台体系。

6. 着力构建高能级创新平台，增强数字经济技术创新支撑保障能力

一是聚焦提质赋能，着力构建高能级创新平台。要在拥有2个国家级工程技术研究中心、9个省级工程技术研究中心、5个重点实验室，3个省级科技企业孵化器、2个国际科技合作基地等的基础上，围绕数字经济产业重点领域发展需求，推动数字经济创新资源共建共享，完善公共技术研发平台，重点支持物联网、大数据、云计算等数字技术在风电、光电、电网、调峰电源等新能源方面创新应用，深化人工智能、动态感知技术在石油化工、新能源装备制造业中的融合创新。

二是聚焦数字技术市场服务体系，打造技术创新成果转移转化平台。重点打造现代农业、装备制造业、资源综合利用和水能、核废燃料处理工业产业成果，加大农械远程控制、农业机器人、农业智能深加工装备应用力度。

三是聚焦数字化转型，推进数字经济相关服务平台建设。主要以工业园区、专业市场和龙头企业为依托，以现有信息化服务平台、中小企业服务平台、电子商务平台等为基础，整合行业协会、技术中心、研发中心、信息服务商、行业专家等资源，改造、建立、完善与互联网、云计算、大数据等关联程度高、服务能力强、带动效应好的"互联网+"数字经济服务平台。依托酒泉云计算（大数据）中心，逐步建立以市级数字化转型促进中心为核心，以多个企业子中心为依托的数字化转型促进平台，重点围绕数据、技术、资本、人才等要素资源在数字化转型过程中的集聚赋能，建设数字经济和数字化转型创新资源池，促进项目实施和成果转化。

四是聚焦产学研用融合创新机制，加快构建以企业为主导、产学研用合

作的数字经济产业创新联盟。支持骨干企业围绕数据存储和安全、大数据分析、5G+产业融合等重点领域牵头联合省内外高校、科研院所建设工程技术研究中心、重点实验室等研发平台，建立以企业为主导的产业技术创新战略联盟，改善创新研发条件和环境，强化核心技术和新产品研发能力，完善技术研发体系。推动高校和职业技术学院增设大数据、智能制造、人工智能、智慧旅游、电子商务等数据信息相关专业和课程，加强专业教育和融合型、实用型人才培养。探索跨界人才联合培养制度，鼓励支持重点龙头企业和省内外高校、酒泉职业技术学院共建实习实训基地，面向数字经济发展需求，发展订单制、现代学徒制等多元化人才培养模式，培养应用型、技术技能型人才。建立产学研深度融合的利益分配机制和风险控制机制。建立产学研深度融合项目评价数据库，为企业、高校和科研院所提供合作项目的技术咨询和市场报价资料。打造集咨询、检索、申请、评估、审批、交易、投融资等功能于一体且具有权威性的产学研服务平台。构建技术创新联盟、技术创新服务平台和创新型企业三大载体，实现关键领域和核心技术的重大创新突破。

第四节　庆阳市清洁能源基地和大数据产业集群建设与数字经济发展

庆阳市位于甘肃省东部，是华夏始祖轩辕黄帝部落的发祥地之一，是一个历史悠久、文化底蕴深厚、资源丰富的城市，也是一个红色文化资源传承创新的城市。近年来，庆阳市经济发展水平不断跃上新台阶，成为甘肃除省会兰州外的首个千亿级市州。2023年，庆阳地区生产总值达1100.37亿元，增长8.5%，甘肃第二大经济体的地位更加稳固。庆阳市是长庆油田的发源地，不仅石油、天然气、煤炭等矿产资源储量丰富，而且风光电资源也极为丰富，较高的经济发展规模水平、独有的区位优势、有利的自然环境条件、丰富的能源资源，为庆阳市大力开展清洁能源基地和大数据产业集群建设、打造中国"算谷"、加速数字经济发展提供了坚实的支撑条件。

一 庆阳市清洁能源基地建设状况

近年来，庆阳市积极响应国家能源发展战略，抢抓清洁能源发展机遇，凭借其丰富的自然资源禀赋，特别是油煤气和风光电资源，通过制定发布《庆阳市"十四五"能源产业发展利用规划》纲领性文件，为清洁能源产业制定了明确的发展目标、重点任务并提出了相应的有力保障措施，将清洁能源产业打造成为当地经济发展的重要支柱产业，逐步打造综合性的清洁能源生产和输出基地。

1. 以油煤气风光电火储氢一体化开发助推陇东综合能源化工基地建设

庆阳市能源资源富集，油煤气风光电资源共生，全市石油资源储量78.8亿吨，已探明地质储量32.1亿吨。煤炭预测储量2360亿吨，已探明地质储量215亿吨。天然气资源储量2万亿立方米，探明储量423亿立方米。光伏年利用小时数1400~1600小时。风力年利用小时数为2000~3000小时。围绕陇东综合能源化工基地定位，庆阳市聚焦油煤气风光电火储氢一体化开发，持续推进千万吨级原油生产基地、亿吨级煤炭清洁高效利用基地、千万千瓦级清洁电力外送基地、千亿级油煤化工基地、百亿级天然气生产加工基地、氢能综合利用示范基地"六大基地"建设。2023年全市原油产量达到1129.6万吨；煤炭产量754.82万吨；新能源发电量25亿千瓦时；年均加工原油361万吨；天然气产量7.49亿立方米；氢气提纯项目正在建设，规划中远期制氢产能达到10万吨/年。

2. 围绕三条千亿级产业链建设，实现油煤气新能源开发从原料向材料转化、从产业链中低端向高端迈进

庆阳市以综合能源、油煤气化工、装备制造三条千亿级产业链建设为重点，全力打造清洁能源基地。石油化工方面，围绕庆阳石化建设"精品城市型炼厂"，推动"石油开采—石油炼制—石油化工—精细化工"全产业链发展，并依托现有聚丙烯、催化油浆等原料，发展塑料和小规模化工项目。

煤炭开发方面，坚持产输运同步、油煤气共炼、风光电耦合，发展煤炭开采、煤炭储运、煤电建材、高端煤化工产业链；积极推进化工园区认定，实施煤炭焦化、气化、液化、煤制气、煤制烯烃等现代煤化工示范项目，实现煤化工突破。天然气方面，重点发展天然气制乙炔、烯烃等下游产品，支持建设提氦项目，推动形成天然气生产、氦气生产、仓储物流及研发等全产业链，打造国家储备中心。电力新能源方面；做大做强风力发电、光伏发电及新能源装备制造全产业链。围绕电力发展，培育发展以电线电缆电器生产等为重点的电力装备制造产业；围绕新能源开发储能项目配置，开辟新型共享储能、储能电池等产业新赛道。装备制造方面，在钻井、试油、压裂、固井、录井等全环节培育地方服务油田产业；引进抽油机、石油钻杆装备、油田固井装备、油田维护装备、井场发电设备及拖动电机设备，建设创新平台和企业技术中心。氢能方面，发展绿电制氢，推动氢能在公交、重卡、掺氢、耦合化工等领域应用，在氢能制备、采集、存储、运输、应用、加氢站建设及其装备制造领域进行招商引资。输变电工程建设方面，为了更好地将庆阳市丰富的清洁能源输送至全国各地，庆阳市加大了输变电工程建设力度。其中，庆北750千伏输变电工程是连接环县北部大型风光电基地、新能源基地及陇东直流工程的关键载体。该工程于2023年正式开工，计划新建750千伏变电站1座，配套建设750/330千伏公网线路和330千伏风电场线路，概算总投资约40亿元。截至2023年底，该工程已完成多项关键建设任务，计划于当年12月具备设备带电条件，建成投运。该工程的建成将显著提升庆阳电网的供电能力和可靠性，为庆阳市清洁能源的外送提供有力保障。

二 庆阳市大数据产业集群建设状况

庆阳市作为全国一体化算力网络八大国家枢纽节点之一和十大数据中心集群之一，紧抓"东数西算"工程布局的重大机遇，全面推进大数据产业集群建设，取得了显著成效。

1.庆阳市大数据产业集群建设的政策与规划

自2021年12月20日国家发展改革委等四部门批复同意启动全国一体

化算力网络国家枢纽（甘肃·庆阳）节点和庆阳数据中心集群建设以来，庆阳市迅速行动，制定了一系列政策措施和发展规划。庆阳市委、市政府高度重视，将大数据产业集群建设作为推动经济社会高质量发展的重要抓手，出台了《庆阳市数字经济高质量发展三年行动计划（2023—2025年）》等文件，明确了发展目标、重点任务和保障措施。

2. 庆阳市大数据产业集群的基础设施建设

庆阳市大数据产业集群的基础设施建设重点包括数据中心和"东数西算"产业园区。截至2023年底，庆阳市已建成多个大型数据中心项目，包括中国电信"东数西算"国家枢纽庆阳算力中心、甘肃移动绿色数据中心、秦淮数据零碳数据中心产业基地等。这些数据中心不仅规模大、标准高，而且绿色低碳，为数字经济提供了坚实的算力支撑。其中，中国电信庆阳云计算大数据中心（一期）项目总投资4.47亿元，建筑面积17400平方米，历时16个月完成交付，具备国内最高等级的基础设施配套和可靠性。庆阳市规划占地1.7万亩的"东数西算"产业园区，该园区已完成1925亩项目用地和道路用地的土地报批，并启动了多个重点项目建设。园区内道路、供水、供电、通信等基础设施配套项目正在加速推进，为数据中心集群的快速发展提供了有力保障。

3. 庆阳市大数据产业集群建设的算力规模与资源调度

庆阳市的算力规模持续扩大，截至2023年底，已建成投运标准机架超过1.5万个，算力规模从2022年底的5000P增加到1.2万P。特别是庆阳燧弘绿色算力项目，在2023年部署了近千台AI算力服务器，构建了约3000P的高性能算力集群，并计划在2024年底达到5万P，2025年底达到10万P。此外，弘信电子在庆阳投建的燧弘庆阳绿色算力底座也正式启动建设，总规划算力达到2万P。

庆阳市积极推进算力资源调度平台建设，实现了庆阳集群与甘肃省内其他数据中心之间的算力资源统筹纳管。2023年8月，全国一体化算力网络国家枢纽节点（甘肃·庆阳）算力调度服务平台实现上线运行，显著提高了算力资源的利用效率。

4. 庆阳市大数据产业集群建设的绿色低碳特色

庆阳市在大数据产业集群建设中，始终坚持绿色低碳的发展理念。一方面，积极引进和建设绿色数据中心，如秦淮数据零碳数据中心产业基地等，推动数据中心向绿色、低碳方向发展；另一方面，依托庆阳市丰富的风光电资源，加快新能源开发和电网建设，为数据中心提供绿色电力保障。预计到"十四五"末，庆阳煤电、风电、光伏电站装机规模将达到1600万千瓦时，为实施"东数西算"工程奠定了绿色电力消费根基。

5. 庆阳市大数据产业集群建设进程中的企业招商引资与产业集聚

庆阳市始终把招商引资作为推进"东数西算"工程实施的关键抓手，以"构建完整产业链，培育产业集群"的模式，建立了数字经济一体化招商工作机制。截至目前，庆阳市已精准对接大数据、云计算、区块链、物联网、人工智能、电子信息制造等行业头部企业2360家，签约442家，在庆阳注册成立子公司180家。其中，包括中国电信、中国移动、中国联通、中国能建、秦淮数据、阿里云、百度智行、京东科技等知名企业。

6. 庆阳市大数据产业集群建设发展中的产业融合与协同发展

庆阳市在大数据产业集群建设中，注重产业融合与协同发展。一方面，推动数算电产业融合发展，吸引易事特、远景储能等储能系统企业入驻，构建"源网荷储碳数"互动的绿算供能系统；另一方面，加强与中部、东部城市的算力协同调度和数字经济合作，与南京、苏州、郑州、广东黄埔区等地达成结对子协议，探索构建数据算力领域的"西部陆海新通道"。

7. 庆阳市大数据产业集群建设进程中的人才培养与引进

人才是大数据产业集群发展的关键因素。庆阳市在大数据产业集群建设进程中高度重视数字经济人才培养与引进工作，采取了一系列措施加强人才队伍建设。人才培养方面，庆阳市积极与国内外知名高校、职业院校及培训机构合作，建立大数据人才培养基地和实训基地。通过开设专业课程、举办培训班、组织技能竞赛等形式，培养了一大批掌握大数据技术和云计算、人工智能等专业知识的人才；此外，庆阳市还鼓励本地企业参与人才培养过程，通过实习实训、项目合作等方式，为大学生提供实践机会，增强他们的实践能力和职业素养。人才引进方面，为了吸引更多高端人才来庆阳市工作，庆阳市出台了一系列人才引进政策，包括提供优厚的薪酬待遇和子女教育等福利待遇。同时，庆阳市还通过举办高层次人才交流会、创业大赛等活动，搭建人才交流与合作的平台，吸引国内外优秀人才来庆阳市创业发展。此外，庆阳市还积极与国内外知名企业和科研机构建立人才合作关系，通过项目合作、技术引进等方式，引进了一批具有丰富经验和深厚技术功底的专家和学者。

8. 庆阳市大数据产业集群建设进程中的创新驱动与科研成果转化

庆阳市大数据产业集群建设不仅注重基础设施建设和人才培养，还高度重视创新驱动与科研成果转化。庆阳市鼓励企业加大研发投入力度，建立研发中心和实验室，开展前沿技术和应用技术的研发。同时，庆阳市还积极与国内外知名科研机构合作，共同开展科研项目和技术攻关。通过产学研用深度融合，推动科研成果从实验室走向市场，实现商业化应用。此外，庆阳市还注重知识产权保护工作，加强专利申请和商标注册等知识产权管理，为创新型企业提供有力保障。

9. 庆阳市大数据产业集群建设进程中的应用场景与产业发展

庆阳市大数据产业集群的建设为当地经济社会发展带来了广泛的应用场景和产业发展机遇。在政务服务方面，庆阳市依托大数据平台实现了政务数据的共享和开放利用，提高了政府服务效率和透明度；在智慧城市方面，庆阳市利用大数据技术推动了城市管理、公共安全、交通出行等领域的智能化升级；在数字经济发展方面，庆阳市依托大数据产业集群吸引了众多数字经济企业和项目的入驻与发展壮大。这些应用场景的拓展和产业发展的推动为庆阳市经济社会高质量发展注入新的动力和活力。

三 庆阳市数字经济发展成效

1. 数字基础设施建设取得突破性进展，算力资源快速增长

近年来，庆阳市在数字基础设施建设方面取得了显著成果。截至2023

年底，庆阳市已建成多个高标准的数据中心集群（见表6-1）。这些数据中心不仅提升了庆阳的算力规模，还使其在全国的算力布局中占据了重要位置。

截至2023年底，庆阳数据中心集群标准机架已达到1.5万个，算力规模达到1.2万P，较2022年底增长了近2倍。甘肃燧弘绿色算力项目已部署近千台AI算力服务器，构建了约3000P的高性能算力集群。这些基础设施的高速高效建设为庆阳市数字经济的发展奠定了坚实基础。

表6-1　庆阳市数据中心集群建设情况（截至2023年底）

数据中心名称	建设规模（标准机架）	建设进度
中国能建"东数西算"源网荷储一体化智慧零碳大数据产业园	2.4万个	已建成50%
秦淮数据零碳数据中心产业基地	1.21万个	主体封顶
中国电信甘肃庆阳智能算力中心	7.2万个	1期完成
中国移动数据中心	8.8万个	1期完成
中国联通庆阳数据中心	1.05万个	规划建设中
京开能源有限公司西北零碳智慧物流信息港云计算中心	3.2万个	规划建设中
浙江众合时空大数据云中心	1.6万个	规划建设中

资料来源：本书课题组庆阳市调研资料。

2. 数字经济核心产业产值稳步增长

随着数字基础设施的不断完善、"东数西算"工程的逐步实施及庆阳市支持数字经济发展多项政策的有效落实，庆阳市数字经济核心产业产值近年也呈现稳步增长态势。截至2023年底，庆阳市数字经济核心产业产值已达到数百亿元，较2022年有显著增长。这主要得益于大数据、云计算、人工智能等新兴产业的快速发展以及传统产业的数字化转型。预计到2025年，庆阳市数字经济核心产业产值将突破千亿元，成为推动地方经济发展的重要力量。

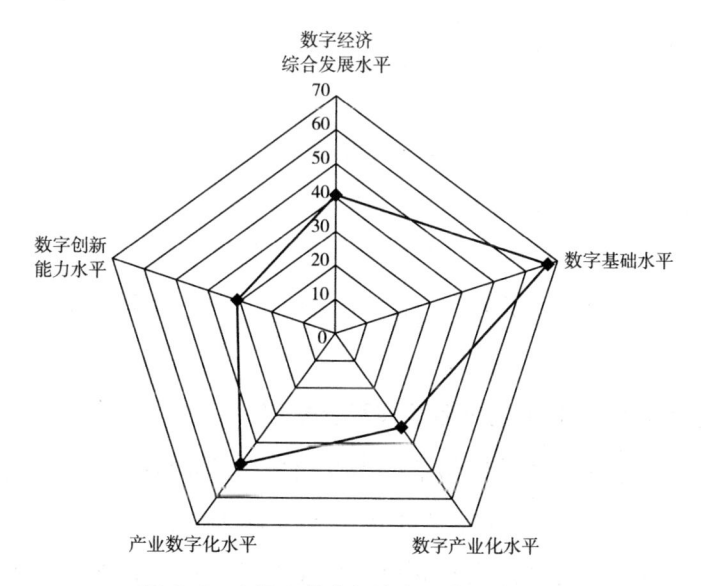

图 6-4 庆阳市数字经济发展水平雷达图

注：本图由关兵依据甘肃市州数字经济发展水平评价结果绘制。

3. 数字经济生态体系初步形成

近年来，庆阳市在数字经济生态体系建设方面也取得了初步成效。通过引进和培育一批数字经济领域的企业和机构，庆阳市初步形成了包括数据中心运营、数据处理、数据分析、数据应用等多个环节的数字经济生态体系。这些企业和机构在各自领域发挥着重要作用，共同推动了庆阳市数字经济的发展。

表 6-2 庆阳市数字经济生态体系构成（截至 2023 年底）

生态环节	代表企业/机构
数据中心运营	中国能建、秦淮数据、中国电信等
数据处理	甘肃燧弘绿色算力有限公司等
数据分析	京东科技、百度智行等
数据应用	华为、金山云、阿里农业云等

资料来源：本书课题组庆阳市调研资料。

4. 数据要素市场和数字经济产业链建设初见成效

近年来，庆阳市积极与多个城市开展算力协同调度和数字经济合作，目前已与南京、苏州、郑州、广东黄埔区等地达成结对子协议，推动数据算力领域的合作，数据要素市场不断得到拓展。

近年来，庆阳市聚焦智算、智能、智产三条产业链，引进包括金山云、京东、百度等在内的多家企业，推动数字经济产业链体系建设。数字经济创新能力不断提升。

5. 数字政府和信息化平台建设稳步推进

乘着数字经济"东风"，庆阳市数字政府建设稳步推进，2022年庆阳市数字政府平台全面上线运行，市本级146个部门（单位）1291项事项全部入驻大厅，与5省（区）实现异地代收代办和无差别受理，实现了政务服务的数字化转型，提高了行政效率和便民服务水平。同时，近年来，庆阳市在"数字政府""智慧城市""智慧医疗"等信息化平台建设方面也取得很大成效，有效提升了庆阳市城市管理和服务的智能化水平。

6. 支持数字经济发展的政策体系渐趋完备

近年来，庆阳市全面贯彻落实中央关于建设网络强国、数字中国、智慧社会的重大决策和省委省政府相关战略部署，宏观层面出台了《庆阳市"十四五"数字经济引领创新发展规划》、《推进全国一体化算力网络国家枢纽节点（甘肃·庆阳）建设重点任务落实责任清单》、《庆阳市"东数西算"试点工程实施方案》、《庆阳市扶持数字经济发展的若干政策（试行）》及配套实施细则和《庆阳市数字经济一体化招商工作方案》等指导性文件，对本市数字经济发展的大局方面作出战略部署；具体环节方面出台了"东数西算"项目要素保障"61条"和扶持数字经济发展"28条"等极具实效和可操作性的政策文件，构建了"40+61+28"政策体系，为庆阳市数字经济发展提供财政奖补、税费减免等具体支持。总体上看，庆阳市支持数字经济发展的政策体系已渐趋完备。

综上所述，近年来，庆阳市的数字经济发展成效良好，已经在数据中心建设、算力资源、产业生态体系建设、产业链发展、数字政府建设、政策支持等方面取得了显著成效，为地方经济的高质量发展注入新动能。

四 庆阳市数字经济进一步壮大发展的思路与对策

近年来，庆阳市积极响应国家能源发展战略，凭借其得天独厚的清洁能源发展条件，特别是丰富的油煤气和风光电资源，坚定不移地推进清洁能源基地建设；同时，在数字经济浪潮的推动下，庆阳市凭借其独特的地理位置、丰富的资源以及国家战略的支持，正加速推进大数据产业集群建设，致力于打造中国"算谷"。

1. 强化清洁能源与大数据产业的融合发展

庆阳市应充分利用其丰富的清洁能源资源，推动清洁能源与大数据产业的深度融合。一方面，可以通过清洁能源为大数据中心提供稳定、可靠、低碳的电力供应；另一方面，可以利用大数据技术分析清洁能源的生产、传输、消费等环节，提高清洁能源的利用效率和管理水平。同时，鼓励大数据企业在庆阳建设绿色数据中心，推动绿色数据中心与可再生能源的协同发展。

2. 加快大数据产业集群的建设与发展

庆阳市应继续加快大数据产业集群的建设与发展，通过引进和培育一批大数据龙头企业和中小企业，形成具有竞争力的产业集群。具体而言，可以采取以下措施：一是加强招商引资，吸引国内外知名大数据企业入驻庆阳；二是支持本地大数据企业的成长壮大，通过政策扶持、资金补助等方式提高其竞争力；三是构建完善的大数据产业生态系统，包括数据中心建设、数据处理与分析、数据安全与隐私保护等环节，形成全产业链条的协同发展。

3. 进一步深化"东数西算"工程的实施

庆阳市应继续深化"东数西算"工程的实施，推动数据中心集群的规模化、集约化发展。具体而言，可以采取以下措施：一是加大投资力度，推动数据中心基础设施的完善；二是加强与东部地区的合作与交流，实现数据资源的高效利用；三是推动数据中心与云计算、人工智能等技术的融合发展，提高数据中心的服务水平和附加值。

4. 推动传统产业数字化转型

庆阳市应积极推动传统产业的数字化转型，通过大数据、云计算、人工智能等技术的应用，提高传统产业的效率和竞争力。具体而言，可以采取以下措施：一是鼓励传统产业企业建立数字化管理体系和智能制造系统；二是支持传统产业与数字经济企业合作开展技术创新和商业模式创新；三是加大数字经济人才培养和引进力度，为传统产业数字化转型提供智力支持。

5. 打造数字经济创新生态

为了持续推动数字经济的高质量发展，庆阳市应致力于打造一个完善的数字经济创新生态。这包括加强政产学研用合作，建立数字经济创新联盟或研究院，促进技术、人才、资金等创新要素的集聚与流动。同时，积极引入和培育创新型企业、孵化器和加速器，为初创企业和创新项目提供全链条的支持和服务，激发市场活力和创新动力。

6. 深化数据要素市场化配置改革

数据作为数字经济时代的新型生产要素，其市场化配置对数字经济的发展至关重要。庆阳市应深化数据要素市场化配置改革，建立健全数据产权、交易流通、安全保护等制度规范，推动数据资源高效配置和有效利用。同时，加强数据交易平台建设，促进数据资源的安全有序流通和交易，激发数据要素的潜力和价值。

7. 进一步加强数字基础设施建设

数字基础设施是数字经济发展的基石。庆阳市应继续加强数字基础设施建设，包括高速宽带网络、5G网络、物联网、工业互联网等新型基础设施的建设和升级。提升网络带宽，降低网络延迟，增强网络覆盖等措施，为数字经济的发展提供了坚实的信息技术支撑。同时，推动传统基础设施的数字化改造和智能化升级，提升基础设施的智能化水平和运行效率。

8.强化数字经济发展的安全保障

随着数字经济的快速发展，网络安全和数据安全问题日益凸显。庆阳市应强化数字经济安全保障体系建设，建立健全网络安全和数据安全保护机制。加强网络安全技术研发和应用，提升网络安全防护能力；建立健全数据安全管理和监管体系，保障数据资源的合法合规使用和交易；加强网络安全宣传教育，提高公众网络安全意识和防护能力。

9.推动数字经济与实体经济深度融合

数字经济与实体经济的深度融合是数字经济高质量发展的关键。庆阳市应积极推动数字经济与实体经济的深度融合发展，通过数字技术赋能传统产业转型升级，提升实体经济的竞争力和创新能力。鼓励企业运用大数据、云计算、人工智能等技术优化生产流程、提高生产效率、拓展市场渠道；推动数字经济与农业、制造业、服务业等传统产业的深度融合发展，打造数字经济与实体经济深度融合的典范。

10.营造数字经济的良好发展环境

为了促进数字经济的健康发展，庆阳市应营造良好的发展环境。这包括加大政策支持和引导力度，出台一系列有利于数字经济发展的政策措施；优化政务服务流程和服务质量，提高政府服务效率和透明度；加大知识产权保护力度，营造公平竞争的市场环境；加强国际合作与交流，积极参与国际数字经济合作与竞争。

第五节 白银市新型储能产业培育与数字经济发展

白银市地处黄土高原和腾格里沙漠的过渡地带，是古丝绸之路和现代"一带一路"倡议的重要节点城市。白银因矿设企、因企设市，是全国唯一以贵金属命名的城市。白银市拥有丰富的矿产资源，金属矿藏有铜、铅、锌、金、银等30余种，煤炭储量达16亿吨以上，石膏储量7000万吨，石灰石储量超过1亿吨。因其铜矿储量和开采量在全国占有显著地位，被誉为

"铜城"。目前，白银市已形成电力、煤炭、稀土、化工、纺织、加工、建材等比较全面的工业体系，是全国规模最大的多品种有色金属工业基地和西部重要的新型化工能源基地。白银市现辖3县2区，总面积约为2.01万平方公里，截至2023年末，全市常住人口为148.81万人①。作为"兰州西宁城市群"的重点开发区、全省"一核三带"发展布局中"兰白一体化"的核心城市和"黄河上游生态功能带"的重点区域，白银市先后被评为国家循环经济示范城市、全国科技进步先进城市、国家知识产权试点城市、国家卫生城市、全国民族团结进步示范市和全国文明城市提名城市。

一 白银市新型储能产业培育

作为全国重要的工业城市，白银市具备比较完善的储能产业链发展基础，具备多种储能制造原材料生产供应能力。白银市积极抓住新能源产业发展机遇，特别是在新型储能产业的培育上取得了显著成果。为推动新型储能产业高质量发展，白银市紧紧围绕《白银市"十四五"能源发展规划》的要求，出台了一系列行动计划和相关政策，从技术创新、产业链布局、政策支持等多方面发展培育新型储能产业。

1. 技术创新为传统产业数字化转型注入活力

白银市坚持"工业强市，产业兴市"发展思路，紧紧围绕有色冶金、煤炭化工、能源产业等主产业链，以科技创新引领，不断推动传统产业转型升级。一是聚焦新材料、新能源、循环化工和工业物流，着力打造复合型新能源新材料、新型节能环保建材、对外开放工业物流、科技创新转化应用、数字经济创新发展等现代化产业基地。甘肃东方钛业推进实施"硫—磷—铁—钛—锂—钒"绿色耦合循环低碳产业项目，使钛白粉生产节能环保、高产高效②。二是自动化、数字化、智能化解决方案助力传统企业转型升

---

① 白银市统计局、国家统计局白银调查队：《2023年白银市国民经济和社会发展统计公报》，2024年3月25日。
② 《白银：推动传统产业转型升级》，白银高新区管委会，2023年8月9日。

级。例如,白银有色集团采用数智技术和绿色技术对白银炉进行技术创新升级,将白银炉产能提升到20万吨/年[①],达到国内行业先进水平。白银集团铜业公司通过升级自动化系统,实现了配料、炉体、余热锅炉、收尘等各系统的数据实时感知和自动执行生产指令,提高了生产效率和安全水平。白银有色集团与中国瑞林等合作,推动了一键式智能操控系统的应用,使生产过程更加智能化。三是鼓励企业加大技术创新与研发投入力度,推动新型储能技术的创新,如钠离子电池、锂离子电池、压缩空气储能等。银高储能科技有限公司的产品技术具有高能量密度、高使用次数、高安全系数和低制造成本等优势,体现了当地在新型储能技术方面的创新能力。

2.新能源产业链协调发展不断强化

一是通过引导龙头企业发挥引领作用,促进产业链完整,带动上下游企业共同发展。白银市通过实施"产业能级跃升工程",优化产业链布局,推动产业链上的企业协同发展,形成了全产业链循环发展的格局。二是建立完整的储能产业链,覆盖原材料供应、储能设备制造以及储能系统的集成和运营。三是推动新型储能与可再生能源、电网等产业的协同发展,形成良好的产业生态。白银市依托其丰富的矿产资源和雄厚的工业基础,积极引进和培育新能源产业链上的企业。甘肃银高储能科技有限公司等企业通过项目建设,持续推进当地新能源产业链延链补链工作。甘肃银高储能科技有限公司专注于生产方形铝壳磷酸铁锂电池,应用于风光电储能、电子汽车等多个领域。

二 白银市数字经济发展现状

白银市全面贯彻落实中共中央、国务院关于数字中国建设的决策部署,制定出台了《白银市"十四五"工业和信息化发展规划》《白银市高端化智能化绿色化改造推进传统产业转型升级实施方案(2024—2025年)》《白银市智能制造体系建设评价管理实施细则》《白银市"十四五"数字经济发

---

① 《新华视点丨老国企向"新"而行 为高质量发展赋能》,新华社,2024年5月19日。

展规划》等政策措施，全面推进传统产业"三化"改造，大力推动工业互联网、智能制造等产业发展，不断提升数字政府建设水平。总体来看，白银市数字经济发展呈现良好的发展态势，政策体系不断完善，基础设施建设加快，产业数字化转型稳步推进，数字产业快速发展，为全市经济高质量发展注入新的活力。

1. 数字基础设施建设加快

2023年末，全市完成电信业务总量15.77亿元。年末本地固定电话用户达到21.22万户，其中，城市用户14.1万户、农村用户6.54万户。年末移动电话用户达到161.7万户，其中，3G移动用户0.5万户、4G移动用户95.12万户、5G移动用户66.06万户。互联网宽带接入用户67.69万户，互联网宽带接入用户普及率为45.49部/百人[1]。2023年，中国铁塔白银分公司累计投资550余万元，完成5G基站建设130个，实现了白银城区及乡镇5G全面覆盖，并完成白银高铁南站、白银市第一人民医院新办公楼、银西工业园、银东工业园、中兰高铁沿线等的5G深度覆盖，不断提升白银区移动通信网络发展水平[2]。

2. 产业数字化转型稳步推进

一是数字化赋能现代化工业体系建设。白银市围绕强龙头、补链条、聚集群，突出抓好有色稀土、装备制造、生物医药和新材料等12条重点产业链和42条子产业链，加快打造上下游关联、横向耦合的优势产业链，全力构建现代化工业产业体系[3]。2024年上半年，全市规模以上工业产值同比增长16.8%，工业固定资产投资同比增长12.3%，全市规模以上工业企业实现营业收入505.38亿元，同比增长22.1%[4]。

二是智慧助力现代化农业产业发展。近年来，白银市将高标准农田

---

[1] 白银市统计局、国家统计局白银调查队：《2023年白银市国民经济和社会发展统计公报》，2024年4月11日。
[2] 《白银区实现5G网络城乡全覆盖》，白银区新闻，2023年12月8日。
[3] 《白银市以科技创新推动传统产业焕新升级》，中国甘肃网，2024年6月28日。
[4] 《【数据发布】上半年白银市经济运行情况》，白银市人民政府办公室，2024年7月30日。

建设与智慧水利、传统农业转型升级、美丽乡村建设结合起来,为发展现代农业、全面推进乡村振兴夯实基础。2023年末,全市累计建成高标准农田143.05万亩①,粮食和重要农产品供给保障能力持续提高。天津市和平区与白银市会宁县携手共建的现代农业科技示范园配置有智慧农业大数据综合管控平台、农业物联网生产管控平台、智慧农场管理平台和农产品追溯平台,加快推进会宁县农业农村现代化和农业产业提质增效。会宁县数字经济产业园通过直播带货的方式推动农业产业升级、拓宽农产品销售渠道。截至2024年7月,销售额已经突破1.2亿元,农特产品占40%左右②。

三是数字化赋能服务业高质量发展。依托丰厚的历史文化资源禀赋,白银市全方位加强文旅融合,积极与企业合作开展文化产业数字化设计、数字化文旅品牌营销等,全市文化旅游产业在完善公共服务体系、丰富群众文化生活、优化产业布局、塑造品牌活动等各领域取得了丰硕成果。为进一步融入"一带一路"建设、做强做优综合交通枢纽,白银市不断深化地企合作与运输资源整合,积极促进"互联网+道路货运"融合发展,引领供应链数字化转型和现代物流数字经济领域向前发展。白银有色集团联合铁运物流公司积极推进传统物流智能化改造,白银有色集团物流大数据及智慧供应链项目的成功运行标志着企业在供应链数字化转型和现代物流数字经济领域取得巨大进展③。

3. 数字产业发展迅速

白银市通过政策引导和产业扶持,培育了一批数字经济企业,数字产业稳步发展,成为推动经济增长的新动能。截至2021年底,全市数字经济市场主体共计7681家,数字经济核心产业营业收入32.14亿元,为全市经济

---

① 《田畴结硕果 沃野展新姿——白银市高标准农田建设工作综述》,中国甘肃网,2024年1月26日。
② 《白银:大力发展现代化农业产业,加快推进乡村全面振兴》,视听甘肃,2024年7月16日。
③ 《白银集团物流大数据及智慧供应链项目:安装智慧大脑让物流e键加速》,白银市人民政府,2023年2月16日。

增长提供了强力支撑①。作为"数字白银"孵化基地，白银区数字产业创新创业园吸引了一批锚定人工智能、大数据、区块链等新一代信息技术的知名企业、行业龙头企业，阿里巴巴、抖音、今日头条等10余家数字产业运营平台和本地23家企业已达成意向入驻②。

4. 数字政府建设取得成效

2020年，白银市政协"智慧云平台"正式上线，政协委员可通过该平台知情明政、提交提案、反映社情民意、开展网上交流、参与政协的相关工作与活动。推进招投标全流程电子化，推行"不见面开评标"，加快线上"一网通办"和线下"一窗办"深度融合。白银市数字政府运营指挥中心、12345市民热线中心等数字政府项目高效推进，提升了政府服务效率和治理能力。市电子政务综合办公系统在优化政务运行和政府治理方面的能力明显提升，同时加强了全市上下、部门内部的公文往来。白银市将"高效办成一件事"作为数字政府建设的突破口和优化政务服务、提升行政效能的重要抓手，不断优化政务服务，提升行政效能。

三 白银市发展数字经济对策建议

受资金、技术、人才资源限制，白银市数字经济发展还存在部分企业数字化转型动力不足、数字技术创新能力有待提升、数据价值未能得到有效挖掘、高端技术人才缺乏等突出问题，白银应立足市情和发展实践，抢抓全国数字经济发展与兰白国家自主创新示范区建设机遇，通过政策引导、产业链建设、技术创新、市场拓展、人才培养与引进等多方面措施，推动数字经济快速发展，为当地经济转型升级注入新的活力。

1. 加快推进数字基础设施建设

一是加快5G网络建设，进一步提升全市网络覆盖率和质量。聚焦重点

---

① 《白银市"十四五"数字经济发展规划》，白银市人民政府办公室，2022年9月12日。
② 《白银市白银区数字产业创新创业园：打造"数字创新"金名片重塑产业发展新格局》，白银市经济合作局，2022年8月23日。

保障区域、重点覆盖场所，建立5G网络覆盖常态测试优化长效机制。尽快实现全市城区5G室外连续覆盖、典型应用场景精准覆盖、行政村5G网络全覆盖。

二是加快千兆光纤网络普及升级，推动"双千兆"全覆盖。深入推进城区老旧小区千兆光网改造，加快推动千兆光网向工业制造、教育、医疗等行业深度拓展。尽快实现县城、乡镇驻地等区域千兆光网全覆盖，建成千兆示范城市[①]。

三是全力支持企业拓展5G网络覆盖深度、广度。推进数据中心、云计算平台等基础设施建设，为数字经济企业提供良好的硬件支持。推动工业企业与电信运营商合作，运用5G、Wi-Fi6等新型网络技术升级改造企业内网。鼓励重点行业、重点领域、重点区域建设工业互联网平台。

2. 推动数字技术与实体经济深度融合

一是加强数字技术在工业领域的应用，不断提升现代工业体系的综合实力和竞争力。鼓励企业进行数字化转型，利用数字技术提高生产效率、降低成本。强化政策引导，加快实施中小企业数字化赋能专项行动，做好企业数字化转型规划，引导规上中小企业"应改尽改"、规下中小企业"愿改尽改"。同时，进一步降低中小企业数字化转型的门槛和成本，为企业提供精准化的数字化解决方案，提升企业数字化改造意愿。引进数字化转型优质服务商，通过"小快轻准"产品和解决方案，助力冶金有色、石化化工、装备制造等传统行业数字化转型。在强化供应链、拓展产业链、提升价值链上下功夫，着力优化产业布局，不断壮大特色产业。

二是立足自身资源禀赋，利用"互联网+"、大数据、物联网、区块链等新技术，大力建设现代农业产业园区。实施数字农业建设试点，对田园建设进行数字化改造，实现温室蔬菜生产智能化、管理数据化、经营信息化。通过提升农业基础设施水平、推广现代农业技术、发展特色优势产业、强化

---

① 《白银市5G和千兆光网升级提质行动实施方案》，白银市人民政府办公室，2024年1月18日。

数字农业应用等措施，促进农村经济发展，有力有效推进乡村全面振兴。

三是深耕智慧供应链、数字经济等前沿领域，聚集更多制造产业上下游客户，实现社会化平台服务，提供更多就业岗位，锚定目标笃定前行，将物流大数据及智慧供应链系统打造成为全省乃至西北地区最大的物流数据中心。

3.打造数字经济产业园区和集聚区

一是依托兰州科技创新园、兰州软件园等园区，打造数字经济产业高地。结合白银本地资源优势，发展具有地方特色的数字经济产业，如大数据、云计算、人工智能等。加强园区配套设施建设，提供创业培训、孵化育成、科研办公等一体化服务。二是招大引强，提升数字经济产业平台的竞争力。加强与国内外知名数字经济企业的合作，引进先进技术和管理经验。大力招引世界500强、独角兽、隐形冠军等数字经济企业，[①] 强化龙头牵引，给予项目落地政策支持。三是围绕全省人工智能产业图谱，有针对性地开展上下游企业招商工作，将各大企业能力统一汇聚到"创新服务平台"，由平台按需实现跨公司、跨区域、跨行业、跨场景的灵活组合和深度融合，打造涵盖"算力制造、模型训练、数据供给、产品研发、智算运营"的人工智能产业生态圈。

4.加强人才引进与培养，提升数字人才支撑能力

一是制定更为精准、更能激发人才创新活力的制度体系。要认真考虑各类创新活动的特征，以及不同类型、不同层次、不同年龄阶段人才成长规律，这样才能开创可持续发展的科技创新人才发展道路。二是引进国内外高层次人才，为白银市数字经济发展提供智力支持。加快集聚全球顶尖人才，打造一批国家级重大科学装置、创新平台。三是与高校、科研院所合作，培养数字经济相关专业人才。从国家、高校科研院所、企业、社会等多层面，打造适应数字化转型需求的数字化人才培养体系，为未来数十年的转型发展

[①] 浙江省公共政策研究院：《关于以数字产业园区加快产业集聚，强力推进数字经济创新提质"一号发展工程"的调研建议》，2024年7月18日。

储备合格人才。四是全方位打造科技创新人才发展的良好环境。要破除现有一些阻碍人才释放创新活力的体制机制障碍，积极解决人才评价不科学、不准确等问题。

第六节 嘉峪关市"两化"融合及两条千亿级产业链建设与数字经济发展

嘉峪关市位于河西走廊中部，别称"边陲锁钥""戈壁钢城"，是甘肃省人民政府批复确定的丝绸之路经济带甘肃段重要节点城市、省域次中心城市、国家重要的冶金和先进制造业基地。嘉峪关被誉为"天下第一雄关"，是明代万里长城的西端起点，也是古丝绸之路的交通要冲，嘉峪关关城、悬壁长城、长城第一墩等历史文化资源享誉国内外。全市下辖2个街道、3个镇，总面积1224平方公里。2023年末，嘉峪关市常住人口为31.5万人，其中城镇人口29.82万人，城镇化率为94.67%[①]。嘉峪关市是随着国家"一五"重点建设项目酒泉钢铁公司的建设而逐步发展起来的新型现代化城市，目前是西部重要的老工业基地和西北最大的钢铁工业基地。2023年，全市规上工业企业达到77家，实现工业总产值1185亿元，完成工业固定资产投资91.3亿元，"强工业"工作在全省考核中位列第2名[②]。

一 嘉峪关市"两化"融合进展状况

嘉峪关市坚决贯彻落实习近平总书记对甘肃重要讲话重要指示精神，大力实施"四强行动"，积极推动"两化"融合，促进工业生产向高端化、智能化、绿色化方向发展。《嘉峪关市贯彻落实甘肃省深化新一代信息技术与制造业融合发展的若干措施工作方案》中涉及新一代信息技术与制造业融合发展"十四五"规划重点项目共66个，总投资为20.5亿元，主要涉及

---

① 甘肃省统计局：《2023年嘉峪关市国民经济和社会发展统计公报》，2024年6月9日。
② 《强筋壮骨 铸就发展新优势 嘉峪关市深入推进"强工业"行动 为经济发展打足"底气"》，嘉峪关发布，2024年5月6日。

钢铁产业、铝产业、装备制造产业、电力能源产业、生产性服务产业、通信设施产业等6个领域。以酒钢集团、大友、索通等为典型代表的企业，践行规划引领，创新能力逐年提升。西部重工新丝路工业互联网平台等项目建设深入推进，SAP ERP（企业资源计划）等系统已基本覆盖钢铁、电解铝、铁合金、装备制造、电力、固废综合利用等重点发展行业；酒钢私有云平台为40家单位的各类应用系统提供了777台虚拟机资源，实现了互联网聚集内外部设计及制造资源进行联合创新；宏电铁合金公司深化物联网重点工序的应用，提高了劳动效率，实现了减员增效；酒钢宏兴"钢铁行业焦炉建设新技术融合标准应用试点"成功入围工业和信息化部2022年度智能制造标准应用试点项目公示名单[①]。

二 嘉峪关市两条千亿级产业链建设状况

嘉峪关市以"冶金—循环经济—装备制造"和"光伏发电—电解铝—铝制品加工"两条千亿级产业链为支撑，依托酒钢公司、中核四〇四、东兴铝业等链主企业，通过创新强链、项目延链、招商补链，加快构建现代产业高质量发展体系[②]。

1."冶金—循环经济—装备制造"千亿级产业链建设

嘉峪关市依托酒钢集团公司的产业基础，以钢铁主业为核心，通过实施技术改造、产品创新和市场拓展，打造附加值高、集约高效、规模优势明显的千亿级钢铁产业集群。该产业链重点发展特种不锈钢、核用不锈钢等新型特种钢材，并推动钢材精深加工和装备制造企业的发展。作为该产业链的龙头企业，酒钢集团拥有年产1105万吨粗钢和120万吨不锈钢的产能，产业基础雄厚；实施核心技术攻关和自主创新产品攻坚行动，创新能力极强。嘉峪关市通过实施"三化"改造推动钢铁及装备制造产业链的技术创新和产

[①]《数字赋能助力嘉峪关市工业经济高质量发展》，嘉峪关市工业和信息化局，2023年3月2日。
[②]《嘉峪关：谱写工业经济高质量发展新篇章》，每日甘肃，2022年2月21日。

品升级，不断提升产业链的附加值和竞争力。2021年，全市钢铁及装备制造产业链完成工业总产值364亿元（钢铁、铁合金、耐材），同比增长30.6%。① 嘉峪关市的钢铁及装备制造产业链在酒钢集团的引领下，正朝着高质量、高附加值的方向发展，成为推动地方经济社会高质量发展的重要支柱。

2. "光伏发电—电解铝—铝制品加工"千亿级铝产业链建设

嘉峪关市依托酒钢集团公司的电解铝产能以及天成、铭翔、广银等现有铝材加工企业，通过引进下游精深加工企业，培育高附加值的铝板带、卷箔管精加工、高端铝合金棒材、建材以及航空铝材、汽车用铝板材等轻质高强度合金材料产业，打造西部地区铝产业发展的新高地。嘉峪关市电解铝及铝制品加工产业链发展迅速，近年来取得显著进展。一是产业链不断延伸拓展。嘉峪关市已经形成了从氧化铝生产，电解铝、铝材加工到铝制品深加工的完整产业链，包括氧化铝—电解铝—铝材—铝制品深加工的各个环节。为了提升原材料资源保障能力，嘉峪关市与酒钢集团东兴铝业公司等企业合作，优化产业布局，与上游原燃料等供应商建立稳定的合作关系。例如，正在建设的600万吨氧化铝生产项目将大幅提高氧化铝的就地供应能力。嘉峪关市积极引进下游铝加工企业，支持重点企业开发生产新能源汽车用铝、光伏用铝、特种铝箔等高附加值产品。同时，引进铝型材、铝制家具、铝制导体材料等精深加工项目。二是产能进一步提升。嘉峪关市电解铝产能已达到135万吨，并且正在通过引进电解铝生产企业、优化产业布局等措施，进一步提升全市电解铝产能。大力保障电解铝产量达到135万吨、铝铸轧生产线平均保持在50条线以上。2021年，全市电解铝及铝制品加工产业链完成工业总产值474亿元，同比增长47.7%②。

三 嘉峪关市数字经济发展现状

嘉峪关市坚定贯彻党中央、国务院和甘肃省委、省政府的决策部署，以

---

① 《嘉峪关：谱写工业经济高质量发展新篇章》，每日甘肃，2022年2月21日。
② 《嘉峪关：谱写工业经济高质量发展新篇章》，每日甘肃，2022年2月21日。

推动数字产业化、产业数字化和全要素数字化为主线，加快构建数字经济体系，制定出台了《嘉峪关市新型智慧城市建设顶层设计方案》《嘉峪关市新型智慧城市建设初步实施方案》《嘉峪关市大数据产业发展规划（2019—2021年）》《嘉峪关市"十四五"数字经济发展规划》《嘉峪关市5G通信网络建设实施方案》《嘉峪关市公众通信5G基站站址规划（2020—2035年）》《嘉峪关市贯彻落实甘肃省深化新一代信息技术与制造业融合发展的若干措施工作方案》《嘉峪关市推进数字化发展实施方案》①等政策文件，全面推动落实数字基础设施建设、数字产业化发展、产业数字化转型升级。

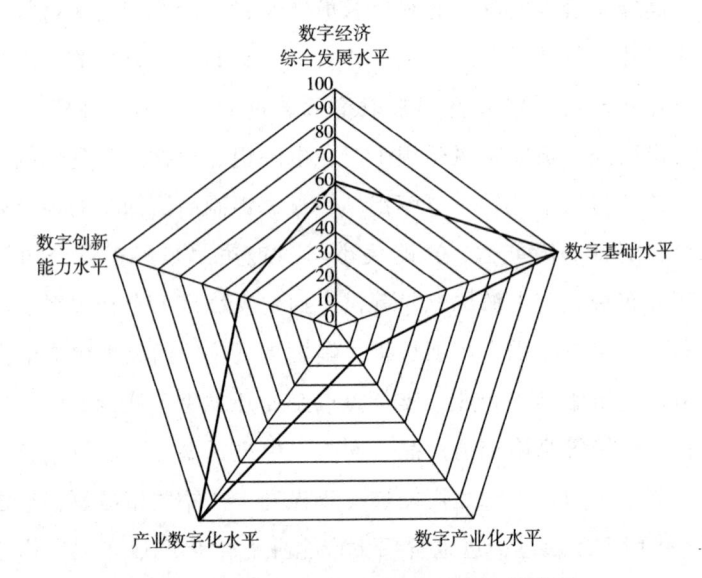

图 6-5　嘉峪关市数字经济发展水平雷达图

注：本图由关兵依据甘肃市州数字经济发展水平评估结果绘制。

1. 数字基础设施不断完善

2023年，嘉峪关市全年电信业务总量4.82亿元，增长21.44%；年末固定电话用户15.43万户。其中：城市14.67万户，农村0.76万户。年末

---

① 《数字赋能助力嘉峪关市工业经济高质量发展》，嘉峪关市工业和信息化局，2023年3月2日。

移动电话用户54万户，4G移动电话用户17万户，5G移动电话用户37万户。年末互联网宽带接入用户达到22.15万户。[①] 5G网络建设不断加快，新建、改建5G基站累计840个，实现主城区、南市区、酒钢冶金厂区5G网络连续覆盖，为数字经济的发展提供了坚实的基础[②]。重点企业信息基础设施建设不断加强，酒钢集团在酒钢厂区、镜铁山矿、西沟矿及周边建设并开通5G宏基站54座，实现9.8平方公里主要生产现场的5G网络全覆盖。同时，嘉峪关市大力推进信息数据基础设施及融合基础设施建设，建成甘肃省第一批数字化车间、3D打印绿色智能铸造工厂、西沟矿5G+智慧矿山等，不断加强公共管理、公共安全、公共服务等领域的数字场景应用[③]。

2.产数融合加速传统产业转型发展

一是数字赋能工业经济高质量发展。嘉峪关市全力支持酒钢集团推进工业互联网建设，传统产业数字化转型升级步伐加快，智慧矿山、智慧工厂、智能制造等工业应用场景不断拓展。钢铁产业工业互联网架构、仓储物流管理一码通系统平台、设备运行状态监测平台、统计信息化平台等项目极大地优化了各业务环节、提升了生产效率。工业互联网应用的不断深化进一步夯实嘉峪关市工业根基，钢铁产业链向下游制造业深度拓展，铝产业链进一步向上游延伸，各大企业"延链、补链、强链"的优势不断放大，产业链附加值持续提高。

二是数字化助力传统农业转型发展。5G网络、大数据、人工智能、工业互联网正引领新一轮科技革命和产业变革，为传统农业转型发展注入"数字动能"。农业生产智能化、经营网络化、管理高效化、服务便捷化成为新常态，数字农业技术覆盖农作物耕、种、管、收各个环节，数字农业通过采集、处理、分析土地类、作物类、气象类、环境类等农业相关数据，为农业生产、产业融合等提供数据支持和管理服务。积极引进新技术、新科

---

① 《2023年嘉峪关市国民经济和社会发展统计公报》，甘肃省统计局，2024年6月5日。
② 《嘉峪关市数字经济发展取得阶段性成效》，每日甘肃，2023年7月6日。
③ 《嘉峪关市数字经济发展取得阶段性成效》，每日甘肃，2023年7月6日。

技，助力农业产业发展，目前北斗导航、无人机等先进设备成了农户的好帮手、提高了种植效率。北斗卫星导航技术的应用，可以使农机实现全天候无人自动驾驶，一天最多可以种植 45 亩地，大大提高了播种效率①。在加快 5G 应用方面，建成祁牧乳业 5G+智慧牧场，实现了对牛奶生产过程的全流程溯源和安全管理②。

三是持续推动科技与服务业深度结合，不断让科技为服务业发展赋能。持续推进农村电商发展。加快推进农村快递基础设施建设，拓展农村快递综合服务功能，加强农村快递末端投递服务监管。加快农村寄递物流体系建设，分类推进"快递进村"工程，建立完善农村物流共同配送服务规范和运营机制，发展市镇村物流共同配送，实现统一仓储、分拣、运输、揽件。要培育乡村数字经济。拓展农产品网络销售渠道，完善农产品现代流通体系，深入推进"互联网+"农产品出村进城工程，优化提升产业链供应链③。

3.数字政府建设全面推进

全市聚焦"数字政府""一网通办""一网统管""一网协同"工作目标，紧密结合"五线联动、上下协同、全面推进、提质增效"的工作准则，全力推动"数字政府"建设进程，助力政务服务效能的提升，政务服务网注册用户规模达到 14.65 万。一是加速提升一体化政务服务平台功能，公安、医保、社保、公积金等高频事项实现"一网通办"。二是做实做强"甘快办"等政务服务移动端。该移动端涵盖助企纾困、营商环境、社保、卫生等 59 个专区，上线公积金、不动产、生活缴费、教育考试等 873 个应用。全面推广自助终端服务，在市政务服务中心、三镇便民服务中心和 31 个社区便民服务站全量布设自助服务机，社会保险、医疗卫生、养老服务等 679 项高频政务服务事项可在自助终端办理，实现自助服务全覆盖，有效弥补了

---

① 《嘉峪关：科技赋能让"汗滴禾下土"成历史》，甘肃省科技厅，2024 年 5 月 20 日。
② 《嘉峪关市聚力 5G 项目建设 赋能行业数字化智能化转型》，《嘉峪关日报》2022 年 9 月 15 日。
③ 《农村寄递物流体系建设被纳入嘉峪关推进数字化发展实施方案》，国家邮政局，2023 年 11 月 10 日。

服务盲点。三是全力推动数据汇聚共享。完成大数据中心项目数据交换共享平台建设，着力在行政执法、市场监管、便民服务等领域汇聚、归集、共享政务数据。四是加强数字政府专业化人员队伍建设和培训，围绕数据共享、电子证照应用、数据资源挂载等专题，举办培训班 11 场，培训 1300 余人次，工作人员业务素质和驾驭工作的能力显著提升[1]。

4. 社会服务数字化普惠水平不断提升

嘉峪关市在医疗、教育、卫生、公共交通等社会服务领域的数字化普惠水平不断提升。"雪亮工程"建成投用，打击犯罪、整体防控、基础防控和破解社会管理难题能力进一步提升。建立健全了市级全民健康信息平台，引进建设远程医疗系统，基本实现省内外远程医疗资源共享和互联互通。以康养融合、居家养老、社区养老服务为基础，建立健全了智慧健康养老综合管理平台、养老服务手机 App、民众互助平台（时间银行）等。搭建完成集旅游资讯、旅游资源产品介绍、便民服务等功能于一体的嘉峪关旅游微官网平台，借助微博、抖音、快手等新媒体、自媒体平台加大了新式营销、在线交易力度。新建云计算机教室、录播教室、地理教室等各类功能教室 20 余间，教育城域网扩容到 4600M，实现了宽带网络"校校通"[2]。

四　嘉峪关市发展数字经济对策建议

嘉峪关市数字经济发展还存在基础设施不足、技术革新步伐较缓慢、数字经济监管体系有待完善、技术人员和金融机构的支持不足等突出问题。嘉峪关市应立足市情和发展实践，把握数字经济发展带来的战略机遇，补齐短板、拉长长板、锻造新板，推动工业互联网、智能制造等产业发展，建立区域性的数字经济合作平台，推广智慧城市、智慧交通、智慧医疗等数字化应用，充分发挥数字技术对经济发展的叠加和集成效应，从顶层设计、产业培育、技

---

[1] 《嘉峪关市"数字政府"建设全面赋能高质量发展》，中国甘肃网-嘉峪关日报，2023 年 11 月 14 日。

[2] 《嘉峪关市数字经济发展取得阶段性成效》，每日甘肃，2023 年 7 月 6 日。

术服务、人才培养等方面为全市数字经济发展提供全方位、体系化支撑。

1. 聚力5G项目建设及应用

一是多举措加快部署建设5G网络。解决全省普遍存在的5G建设"三难两高"问题。二是支持酒钢集团等企业积极开展5G技术研究，并结合工厂实际引进先进成熟技术，开展了多个5G+工业互联网融合应用项目，为企业高质量发展发挥示范引领的作用。三是不断拓展5G在医疗、教育、卫生、公共交通等社会服务领域的数字应用场景。推进智慧教育、智慧医疗、智慧交通建设，提高城市管理和公共服务水平。

2. 促进数实融合，着力构建现代工业体系

一是继续挖掘工业企业内部潜力，深入实施工业互联网创新发展战略。通过促进产业链上下游数据互通、信息共享，畅通产业链供应链，加速赋能企业数字化转型。二是积极推广数字化改造应用。鼓励酒钢公司、大友公司等重点工业企业与ICT（信息和通信技术）企业深度合作，开展智能工厂、数字化车间建设，全面提升研发设计、生产制造等智能化水平。积极搭建数字化转型关键共性基础设施和公共服务平台，促进企业跨域数字化转型技术对接与业务协同。三是加强电子信息企业培育。电子信息企业主要从事互联网信息服务及软件应用设计开发服务，计算机、通信、广播设备及辅助设备销售和租赁等业务。2022年，全市电子信息企业全年主营业务收入为5.41亿元，同比增长10.7%。代表性的国有企业建成大额资金动态监测系统项目和数据中心数据级异地容灾系统，扩容设备在私有云平台上的配置及测试工作，极大地缓解了酒钢私有云资源紧张的现状；代表性的民营企业有普斯智能科技公司，致力于军工民用技术开发和应用，该公司研发的无人机反制检测防御系统，实现了敏感空域的全时段、全覆盖、全过程无人机防控管理，该技术应用在全省独树一帜[①]。

[①] 《数字赋能助力嘉峪关市工业经济高质量发展》，嘉峪关市工业和信息化局，2023年3月2日。

3.着力优化数字经济发展营商环境

着力优化营商环境,加大招商引资力度,为企业提供宜居的生活环境、便利的营商环境和优质的公共服务,增强了企业的发展信心。一是制定优化营商环境重点任务调度工作机制,不断加强对营商环境细分领域目的、功能、流程等方面的研究,推动交易全流程电子化、规范化。依托"网微屏端"全媒体推送、全方位宣传嘉峪关市营商环境工作信息。二是不断优化政策供给,为"智改数转网联"示范园区、示范项目、公共服务平台等给予奖补支持。发挥政府引导基金作用,鼓励产融结合探索,引导社会资本投入"智改数转网联"领域。支持银行金融机构在依法合规、风险可控的前提下,对工业互联网企业加大信贷支持力度。

4.壮大数字人才队伍

一是组建专业智库为行业发展提供专业性指导和服务。专家资源要覆盖政、产、学、研、金等领域。二是加强数字化普及提升培训。支持鼓励企业策划实施数字化意识提升的系列活动,确保公司基层核心管理及技术人才能够有效利用数字资源和技术来提高工作效率和创新能力。三是鼓励高等院校、职业院校等围绕数字经济发展培育相关领域学科专业建设,培养应用型、复合型、创新型技术技能人才。进一步落实高校专业设置自主权,鼓励开设数字经济、人工智能、大数据等前沿学科专业和课程,推动学科间交叉融合。四是支持企业与院校共建,探索建设数字经济教学和实践基地,打造数字人才订单式以及定制化培养平台。五是鼓励专业机构和企业开展数字经济在职培训,开展企业新型学徒制培训,支持企业建立数字人才内部体系等[①]。

第七节 金昌市"5G 赋能"数字经济产业基地建设与数字经济发展

金昌因矿设企、因企设市,地处河西走廊中段、丝绸古道东段,是

[①] 王鹏、邢璇、汤笑添:《发展数字经济优化提升数字营商环境》,《数字经济》2023 年第 Z2 期。

"一带一路"重要节点城市。现辖一区一县，总面积8927.68平方公里，总人口43.2万人，城镇化率79.83%。被誉为"中国镍都"，先后被确定为全国首批工业资源综合利用示范基地、国家新材料产业化基地、国家新材料高技术产业基地、国家新型工业化示范基地、国家新能源示范城市、国家循环经济示范城市。

一 金昌市"5G赋能"数字经济产业基地建设状况

近年来，金昌市聚焦数字经济产业链，发挥甘肃省"东数西算"试点的优势，积极融入全省"数字丝绸之路"建设，大力实施"上云用数赋智"行动，抢抓国家大力支持发展"互联网+物流"数字经济的重大机遇，重点引进工业互联网、智能制造、数字金融等新业态项目，打造西部首家网络货运数字产业园，吸引国内领先的互联网和云服务企业投资兴业，全力打造5G赋能的数字经济产业基地。

1. 加速构建良好产业生态

金昌市将5G与云计算、大数据、区块链等新一代信息技术同部署、同推动、共融合，依托金昌网络货运数字产业园网络货运区块链服务功能、紫金云大数据中心平台支撑能力和金川集团公司"5G+"数字转型解决能力，不断拓展5G应用新蓝海。强化市场在资源配置中的决定性作用，积极引导市内基础电信企业、工业企业、垂直行业企业等各方积极下场"参赛"，促进产业链上下游企业共同发展，打通产业链各环节[①]。推进"引大引强引头部"行动，紫金云大数据中心先后签约金昌市12345服务热线运维保障、读者集团云资源服务、上海虎博GPU运营服务、金昌发电公司恶意代码监测服务等一批重大项目，与兰州大学共同建设人工智能与算力技术重点实验室，提升科技创新能力，推动市场发展。加强部门间协同，发挥有为政府作用，做好产业、建设、应用、政策等方面有机衔接，促进新一代信息技术融合应用加快落地，加速构建良好产业生态。

---

① 金昌市工业和信息化局：《金昌：数智赋能工业经济行稳致远》，2022年11月10日。

2."东数西算"算力产业基地加快建设

甘肃金昌紫金云人数据中心是全省信息化建设重点项目，2021年被确定为国家绿色数据中心。金昌市以紫金云大数据中心为"链主"，积极参与甘肃省"上云用数赋智"行动，以全国一体化大数据中心节点项目和"北斗导航"位置服务甘肃分中心项目落地为基础，推动数据存储向数据计算转变；通过政府牵线和市场化对接的方式向省内外输出安全可靠的高性能计算算力，在提供服务的同时围绕高性能计算形成上中下游互补合作模式，形成了"人才+算力+成果"的长效合作体系。建立北斗平台+北斗终端产品体系，甘肃北斗高精准综合指挥平台在公司云平台上线；国家北斗导航位置服务数据中心甘肃分中心通过验收授牌，先后建成上线"北斗+智慧农业""北斗+安全生产""北斗+智慧监测""北斗+调度指挥"4个应用场景，完成国家北斗导航位置服务数据中心甘肃分中心北斗应用示范项目——九甸峡水库28号滑坡体地质灾害监测预警系统项目建设；与中科信控共同建设运营中科融合算力中心甘肃分中心，打造"千卡级"智算商用基地。2023年，实现营业收入6891.22万元，实现土建工程、机电工程竣工验收，110千伏变电站及配套线路工程建成并带电运行；完成23台A100、9台A800的设备投入并上线运营，推动128台A100算力集群尽快部署[1]。2024年5月，紫金云大数据中心项目一期建成，可以提供5000个机架的服务能力，在传统数据中心的基础上，搭建算力平台和人工智能算力平台，一期计算目前算率达到300P，预计年底达到1000P的计算能力，是甘肃省内规模最大的高性能计算平台。充分发挥紫金云大数据中心算力基础设施作用，发展"平台+应用+数据"算力服务，数字政府指挥中心、城市云平台、北斗导航位置服务数据中心甘肃分中心等项目投入运行，"电投云""天翼云""紫光云"等"八朵云"完成部署，云计算服务中心、高性能通用计算中心等平

---

[1] 甘肃省地方史志办公室：《甘肃年鉴2024》，甘肃民族出版社，2024。

台上线运行,"东数西算"算力产业基地加快建设①。

3. 聚力培育新业态经济

金昌市地理位置优越,是甘肃省发展物流的重要节点和连接国家东、西部重要物流通道,有适合大数据产业和网络货运新业态发展的先天优势。2020年,金昌市抢抓国家大力支持发展"互联网+物流"数字经济的重大机遇,成立金昌数字经济服务有限公司,积极与国内具有影响力的高新技术企业——山东阿帕网络技术有限公司对接洽谈,建立金昌市网络货运数字产业园,聚力培育新业态经济。2021年10月,制定出台了《推进金昌经济技术开发区创新提升发展的若干政策》,支持网络货运产业发展②。金昌市网络货运数字产业园采取"专业公司+产业园"的运营模式,搭建网络货运区块链服务平台,从信息采集和对接、数据审核和整理、信息查询和追踪、风险识别和监控、大数据分析等方面为入驻企业提供从注册登记、资质办理,到风控评估、税务办理等全方位、一站式的数字网络服务,利用区块链、大数据等技术,将企业找车、司机找货、交易费用等数据全部上链,并为企业打通市场监管、交通、金融和税务等系统,缩短各类企业单独对接时长,切实提高企业运行效率;同时,对企业的运输轨迹、交易和支付等进行监管和保护,帮助货运企业合规合法运营,维护合法权益。建设了税企直连二期项目和西部网络货运区块链服务平台扩建升级项目,接通了交通运输部轨迹验证接口、银行资金流水验证接口,产业园运营进一步规范③。2023年,已引进全国优质网络货运企业近70家,产业园网络货运交易规模达22.85亿元,实现税收1.26亿元,推动金昌市万元GDP能耗下降5个百分点。

二 金昌市数字经济发展现状

近年来,金昌积极融入全省"数字丝绸之路"建设,以服务"东数西

---

① 《巨笔如椽谱新篇——金昌市全面转型高质量发展综述》,甘肃经济信息网,2024年2月2日。
② 刘欢欢:《乘势而上 奋进有"数"——全市数字经济高质量发展综述》,《金昌日报》2023年8月25日。
③ 甘肃交通融媒体中心:《金昌市网络货运赋能道路货运高质量发展》,2024年7月25日。

算"发展数字经济为目标，布局建设紫金云大数据产业园数据中心，持续完善网络基础设施，推进数字产业化、产业数字化，促进数字经济与重点产业和实体经济深度融合，加快推动"东数西算"试点城市、网络货运、工业互联网、智慧城市建设，全市数字经济发展迅猛。

1. 政策体系进一步完善

金昌市强化顶层设计和科学引领，相继出台《金昌市绿色化信息化智能化改造推进传统产业转型升级行动计划》《金昌市进一步支持5G通信网建设发展的意见》《金昌市数据信息产业发展专项行动计划》《金昌市5G通信基站专项规划（2020—2025年）》等政策性、指导性文件，县（区）政府同步配套制定《永昌县进一步支持5G通信网建设发展的意见》《永昌县工业互联网及企业上云宣传工作实施方案》《金川区数据信息产业发展专项行动计划》《金川区进一步支持5G通信网建设发展的实施意见》等一系列政策文件，初步建立了数字经济产业发展制度机制体系，为推动数字经济高质量发展提供了有力的政策支撑。

2. 数字基础设施建设稳步推进

金昌市积极推进"宽带金昌"建设，加速推进城乡一体化的千兆光纤网络、5G基站部署，打造双千兆网络标杆城市。宽带光纤、新一代移动通信网、下一代互联网、数字电视网等信息基础设施不断完善，城乡宽带网络普及水平和接入能力显著提高。2023年新建5G基站225座，5G基站达到1160座，全市5G用户32.86万户、4G用户30.26万户，宽带互联网用户23.52万户；5G网络实现市县（区）主城区、乡镇重点区域全覆盖及部分行政村覆盖，10GPON端口覆盖规模逐步扩大，千兆光纤实现城区全覆盖，部分行政村具备千兆光纤接入能力，达到了双千兆城市评选指标要求。北斗高精准综合指挥平台建成投运，金川数智工业互联网、工业互联网安全实验室、信息港如意云金昌节点上线运行，圆通速递金昌智慧创业园一期项目顺利建成[①]。

---

① 《金昌市政府工作报告》，《金昌日报》2024年1月14日。

3. 产业数字化步伐不断加快

金昌市充分发挥数字技术赋能工业转型发展的强大引擎作用，促进数据信息与实体经济加快融合，推进工业互联网标识解析体系建设，不断拓展数字化融合创新应用，大幅提升行业网络安全能力，数字赋能行动呈现良好势头。

一是传统产业加快转型，"三化"改造全面推进。金昌市着力推进传统产业"三化"改造和转型升级，加快实施10万吨动力电池用液体硫酸镍、30万吨铜冶炼工艺技术提升、40万吨铜电解系统建设等一批高端化改造项目，逐步挖掘新质生产力发展动能。金川集团粉体材料2000吨/年新能源电池覆钴正极材料等15个工业新产品完成市级注册备案和省级评审备案，累计备案甘肃省新产品30个。金川数智工业互联网平台、"工业互联网安全实验室"、"信息港如意云"平台金昌节点上线运行，数据安全得到有效保障。2023年，新增规上工业企业20家，创建国家"两化融合"管理体系贯标企业4家，培育国家级绿色工厂2家，认定省级专精特新中小企业10家、绿色工厂4家、数字车间1家、工业节水型企业1家，市级创新型中小企业41家，掩膜版用4536带材、大宽幅纯镍带材、医用重离子加速器用4N无氧铜实现进口替代[①]。金川集团被列为国家级信息化和工业化深度融合示范企业，镍盐公司被认定为国家级专精特新"小巨人"企业，成为全省唯一入选创建世界一流专精特新示范企业；宇恒镍网、鑫华焦化等企业被推荐为全省"两化融合"示范企业。

二是"5G+工业互联网"建设加速推进，数字化融合创新应用不断拓展。加快推动5G、工业互联网等新一代信息技术与传统工业融合创新发展，不断增强行业发展新动能、拓展新空间。充分发挥龙头企业示范引领作用，支持金川集团公司在5G+工业互联网应用等方面打造标杆示范项目，促进实体经济"智能+"转型、制造业数字化转型。金川集团"5G+"智慧园区项目加快建设，"5G+"智能天车、无人驾驶等项目成功实施，"5G+"智能样

---

① 谢晓玲：《金昌科学布局产业加快形成新质生产力》，《甘肃日报》2024年4月8日。

板车间建成投用；大板电解镍智慧工厂样板间实现生产线"无人化"，"5G+"5万吨铜精矿仓智能配料系统改造项目投入使用；工业和信息化部2019年工业互联网创新发展工程——工业企业网络安全综合防护平台项目和工业企业侧安全数据采集设备项目完成建设，5G+智能机器人巡检项目建成投运[①]。鼓励龙头企业在工业互联网标准研制、新型工业互联网App培育等方面开展创新，探索数字化转型和智能制造新应用新场景。2023年，金川数智工业互联网平台完成"5000+"工业设备解析标识，部分工业App应用"上云"；"信息港如意云"平台金昌节点为省政府国资委、金川集团等多家单位、企业提供云服务；首个"数字孪生"项目落户金川科技馆，金铁集团"铸造大脑"落地实施，MES与ERP系统实现集成，智能浇铸小车和机器人改造成功；天牧乳业"5G+"绿色数字化牧场建成投用[②]。金川公司制定了数据采集技术标准规范，开发了设备检修、安全管理等移动App和生产管理报表系统、生产看板、数据驾驶舱等数字化应用，推动数字化智能化水平大幅提升。基于5G技术的井下电机车无人驾驶应用研究项目、基于5G技术的铜精矿仓配料系统智能化改造研究项目荣获全国第四届"绽放杯"5G应用征集大赛二等奖；"矿浆采样主动巡检系统"获得全国工业App和信息消费大赛优秀解决方案奖[③]。金川镍钴研究设计院被认定为国家级工业设计中心，智慧矿山项目获评全国5G+工业互联网绿色发展案例[④]。

三是夯实网络安全管理和技术能力基础，做好工业控制系统信息安全。做好重点工业企业工控系统检查和隐患整改工作，及时消除各类网络安全隐患，确保企业网络安全稳定；建立健全网络信息安全制度，定期开展网络安

---

① 刘欢欢：《乘势而上　奋进有"数"——全市数字经济高质量发展综述》，《金昌日报》2023年8月25日。
② 金昌市工业和信息化局：《金昌：用"数"赋智　以"智"筑擎　助推新型工业化取得实效》，2023年7月25日。
③ 刘欢欢：《乘势而上　奋进有"数"——全市数字经济高质量发展综述》，《金昌日报》2023年8月25日。
④ 《金昌市政府工作报告》，《金昌日报》2024年1月14日。

全专项检查，监测网络安全态势，及时完成网络安全设备策略优化和系统升级，提升信息系统、计算机终端、信息网络、系统漏洞等多方面安全技术防范能力；督促重点企业摸清数字化资产底数、研判网络风险，对工业数据进行分类分级，全面提升工业数据安全水平；督促基础电信企业落实网络安全各项工作要求，提升网络运行安全防护、监测预警和安全应急处置能力，保障通信网络安全[①]。

4. 数字经济发展呈现更强的"创新"特征

金昌市不断做优研学平台，加强北斗产业项目招引，引导全国北斗行业的头部公司或高校与金昌紫金云大数据中心北斗导航甘肃分中心开展产学研用协同，与珠海欧比特卫星大数据有限公司、甘肃新东正公司、甘肃大禹九洲公司共同签订成立北斗运营公司协议，与北京大学研究院/北京大学时空大数据协同创新中心签订共建西北北斗时空融合编码中心及遥感应用合作协议，北斗导航应用产业协同创新发展基础不断夯实。建成"镍钴资源综合利用全国重点实验室""先进储能材料国家工程研究中心"等4个国家级和"甘肃镍钴新材料创新中心""甘肃镍钴资源高效利用及新产品开发创新联合体"等14个省部级创新平台。目前，全市高新技术企业总量达到75家，省级科技创新型企业达到48家，评价入库科技型中小企业122家。现有博士后科研工作站、全国重点实验室、国家级工程技术研究中心各1个，国家级知识产权优势企业5家，国家级技术创新示范企业1家；拥有省级技术创新中心6个，省级企业创新联合体、省级有色金属新材料创新创业示范园、省级高新技术开发区各1个，省级农业科技园区、省级科技孵化器各2个，省级众创空间3家[②]；完成工业优秀新产品备案24个，累计有效发明专利549件，每万人口高价值发明专利拥有量3.56件，居全省第二位；建成西北地区在镍及镍合金、膨胀合金、铜及铜合金、金属材料金相检验等方面唯

[①] 金昌市工业和信息化局：《金昌：用"数"赋智 以"智"筑擎 助推新型工业化取得实效》，2023年7月25日。

[②] 《拓展新材料 点亮新能源——金昌市联手金川集团共筑新材料和新能源产业发展新高地》，每日甘肃网，2024年6月28日。

一取得CMA认证的检测平台；金川集团跻身国家知识产权优势企业和国际标准研制创新示范基地[①]。

5.数字政府建设有序推进

金昌市全面深化"放管服"改革，持续优化营商环境，优化政务服务"一网通办"，全面推行指尖办、掌上办等制度机制和服务模式，有序推进数字政府建设。成立金昌市大数据管理局、金昌市大数据中心，围绕构建"12345+N"的数字政府体系，依托金昌紫金云大数据产业园，于2021年12月全面启动数字政府建设工作，完成数字政府运营指挥中心、政务服务网门户网站、政务云、政务大厅行政审批系统等12个市级建设任务和县级数字政府运营指挥中心及管理软件等3个县（区）级建设任务。2022年3月，"数字政府"成功上线运行，形成省市县乡村"五级联动、一次认证、全网通行"的工作格局，实现了数据共享交换平台与省级平台和全市信息系统的互联互通。建成甘肃政务服务网（市、县、区、经开区子站）和"甘快办"政务服务移动端应用，完成了10类栏目、10个专区、106个政务应用的建设，设置热点专题、特色服务等专区，为企业和群众提供清晰化网上指引，政务服务事项网上可办率达100%。借助"雪亮工程"建设，推进公安大数据汇聚节点、大数据安全体系、智能通信指挥调度系统等平台系统落地实施；成立"智慧交管"建设工作专班，落实"三网一中心"等系统平台建设，实现对124个路口、44条主干路、20条次干路、全市国省道路的智慧前端全覆盖；设立平安金昌信息化支撑管理平台，在县、乡、村三级综治中心建设综治信息平台188个，实现视频会议、信息收集、数据传输、矛盾纠纷调解、特殊人群管理、命案风险防范等功能；研发了"平安金昌"App客户端，实现治安防范人人参与、社会平安人人共享。"擦亮'办事不求人'金名片""信用承诺制+标准地+帮办代办"等经验做法成为全国典型，"一把手走流程、坐窗口、解难题"模式成为

[①] 李峰：《巨笔如椽谱新篇——金昌市全面转型高质量发展综述》，《金昌日报》2024年2月2日。

国务院政务服务效能提升典型案例；成功创建第四批全国社会信用体系建设示范区[①]。

6.数字化应用服务初见成效

政务信息化平台化集约化水平全面提升，全市272个单位接入政务专网，开通投资项目审批监管平台等8个业务系统，网上办事大厅、商户主体登记及许可审批信用信息公示平台等跨部门业务系统建成运行；市全民健康信息平台、居民电子健康卡管理平台和智慧医疗协同服务平台建成投用，实现了各级医疗机构运行情况和诊疗行为的实时监管和远程医学、心电诊断及检查检验结果互通共享。建成移动"惠农通"、电信"农技宝"、联通"智慧农业"等平台，农业企业信息化应用水平大幅提升。全市电商三级服务体系建设日趋完善，物流信息互通共享技术及应用国家工程实验室成立，建

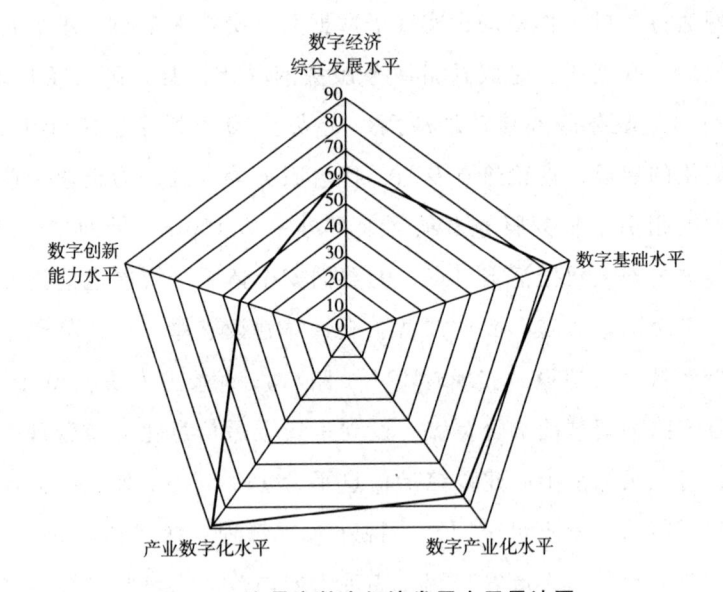

图6-6 金昌市数字经济发展水平雷达图

注：本图由关兵依据其对甘肃市州数字经济发展水平评估分析绘制。

---

① 《金昌市政府工作报告》，《金昌日报》2024年1月14日。

成县级电子商务服务中心2个、乡级电子商务服务站12个、村级电商服务点91个，培育活跃网店2460家，县、乡、村的服务中心、服务站、服务点覆盖率分别达到100%、100%、66%[①]。2024年1~4月，金昌市网络零售额达到4.51亿元，同比增长10.81%；其中，农产品网络零售额1.47亿元，同比增长10.53%。

三 金昌市发展数字经济的对策建议

目前，金昌市数字经济发展存在数字基础设施支撑能力不强、产业集聚发展步伐不快、龙头企业缺乏、核心竞争力不强、数据开放共享水平不高、数字经济产业人才不足等问题，必须抓住用好网络强国、数字中国、智慧社会等重大历史机遇，夯实数字经济新型基础设施，以信息技术赋能新技术、新产业、新业态，积极推动互联网、大数据、人工智能和"2+4"产业链深度融合，加大数字经济产业领域人才引进和培养力度，着力推进数字产业化、产业数字化和数字化治理。

1. 增强数字基础支撑能力

加快推进新型基础设施建设，着力构建以通信网络为基础、以数据和计算设施为核心、以融合基础设施为突破的新型数字基础设施体系。深入推进光纤网络全域覆盖，实施"千兆城市""百兆乡村"工程，提高县（区）、农村地区光纤接入覆盖率，提高城乡宽带网络接入速率；加快骨干传输网及新一代移动通信网络建设和升级，加快推进金昌—兰州新区高速网络链路建设，改善网络通信能力；加大5G网络覆盖密度，实现5G网络城市建成区全覆盖，加快推进6G网络技术储备部署；积极推进工业互联网建设，构建基于云、网、边缘计算深度融合的数据网络，满足工业领域数据存储和计算需求；加快推动工业互联网平台建设，加强产业链上下游的匹配和打通，促进制造业企业数据集聚汇聚和开放共享。

---

① 闫红海：《产业赋能强筋骨　奏响田园丰收曲》，《金昌日报》2023年2月28日。

2. 做大做强数字产业

依托紫金云大数据中心、5G基站等新兴基础设施建设，充分发挥能源、数据资源优势，深入开展"东数西算"试点，做大做强数字产业。一是加强与中国电信、中国移动、中国联通、华为、紫光云等企业的合作，加大紫金云大数据中心建设力度；加快建设新能源数据中心，推动新型互联网技术设备在数据中心的应用。依托紫金云大数据中心，探索建设服务共建"一带一路"国家的离岸数据中心，开展离岸数据存储、数据交换对接等合作。推广云数据中心基础设施即服务（IaaS）模式，依托金川集团等企业，面向全国重工业开展企业信息化资源出租服务。二是打造数据资源高效流通和挖掘应用示范园区，引进培育可承接数据清洗、脱敏、分析挖掘、可视化等业务的大数据企业，建设大数据清洗加工基地、大数据分析处理基地。着力推广行业大数据应用，重点建设全国领先的有色金属大数据、物流大数据、电商大数据等一批精品大数据平台。三是推动电子信息制造业发展。依托紫金云大数据中心、金川集团等企业，积极引进机柜及配套设备生产、软件开发、数据中心设计和运维服务等上下游配套产业，加快形成以数据中心为核心的配套装备制造产业群。

3. 推动产业数字化转型升级

一是加快发展数字农业。顺应产业数字化发展趋势，推动农产品生产、加工、贮藏、包装、运销等各环节数字化改造提升，实现农产品从种植到销售的全流程数字化、智能化；不断优化升级农业农村大数据管理平台，提升数字化管理服务水平，推进农业数字化转型和农村数字经济发展。二是加快制造业数字化转型升级。以金川集团、紫金云大数据中心和基础电信企业为"龙头"，以规上工业企业为"主战场"，加快"三化"改造，推进生产车间数字化改造升级，建设企业云平台和边缘计算中心，聚焦"5G+工业互联网"发展重点行业，立足自身资源禀赋优势打造一批典型应用场景，拓展数实融合的内容与边界，推动企业数字化转型升级。三是大力推进服务业数字化。立足现有服务业发展优势，重点发展电子商务、商贸物流、网络货运等产业，支持金昌经开区、金昌经开区河西堡工业园、永昌工业园等园区优势企业与互联网企业深度合作，打造协同制造平台、电商平台、物流平台等，推动"数字+服务业"壮大发展。加强数字文旅建设，完善和丰富旅游信息线上资源，打造涵盖旅游产品推广、个性化服务预订、旅游体验增强的一体化智能服务体系，建设旅游产业运行监测与应急指挥平台，构建高效完善的旅游管理体系。加快推动金融行业与信息技术融合发展，支持普惠金融等数字化转型。

4. 提升数字化治理水平

加强数字政府建设，完善一体化政务云平台，加快推动各级业务系统云化迁移，有效整合不同部门、不同系统之间的政务数据和业务应用，推动信息数据资源整合共建共享；持续提升"互联网+政务服务"水平，完善政务服务事项动态管理机制，实现政府政务服务网站、网上办事大厅融合发展。建设"互联网+政务服务"应用系统，建立跨部门、跨地区业务协同、共建共享的智慧民生服务体系，完善城市数字化管理平台和感知系统，深化城市治理"一网统管"。不断创新"互联网+公共服务"产品，推进现代信息技术与教育、医疗、养老、居住、交通管理、公共安全等各领域深度融合；加快智慧警务、智慧交通、智慧金融建设，提升公共服务、社会治理数字化和智能化水平。建立数字信用体系，健全数字化市场监管体系，强化数字化监管能力。

5. 强化智力支撑

加大数字经济产业领域人才引进力度，完善多渠道、多形式的人才引进方案，培养引进数字经济建设领域技术人才和领军人才，构建高层次数字经济建设人才队伍。深化高校、科研院所与企业人才培养合作，探索定制式人才联合培养模式，建设数字经济人才集聚新高地。建立健全数字经济人才职业技能教育培训体制机制，鼓励员工接受培训和在职学习，优化制造企业人才的知识结构，提升自主创新能力和员工数字化水平。要遵循企业市场化、创新化发展规律，健全企业发展支持机制、支持体系、支持主体，在资金、场地、人才、技术设施、创新环境营造、城市公共服务等各领域协同发力，努力造就一批扎根金昌的优秀企业家群体。完善人才激励机制，制定吸引人才、留住人才、集聚人才的政策措施，依托数字人才的带动，吸引更多的复合型人才，进而发挥人才的集聚效应。

第八节 武威市数字创新平台建设与数字经济发展

武威古称凉州，位于河西走廊东端，曾是六朝古都，因汉武帝嘉奖骠骑将军霍去病"武功军威"而得名，武威地处亚欧大陆桥的咽喉地位和西陇海兰新线经济带的中心地段，是"一带一路"建设的重要节点城市。

一 武威市数字创新平台建设概况

近年来，武威市着力强化数字平台建设，先后建成数字化城市管理平台、智慧武威"城市大脑"、"天马行市民云"、数字政府运营指挥中心、数据共享交换平台等政务服务、城市管理、行业发展领域的多个数据信息资源平台，数字化应用范围不断拓展。

1. 武威数字化城市管理平台

2020 年，武威市投建运行数字城管平台，全市三县一区共划分单元网格 2838 个，实现了省、市、区（县）三级联网。[①] 该平台采用"混合模式"构建，市级平台由服务提供商购买云服务，建设所需共享共用的运行环境，提供运营维护服务；区（县）级平台根据各自辖区城市管理实际需求，由服务提供商业务应用系统实现业务独立的技术集成模式。市级平台与凉州区、民勤县、古浪县及天祝县数字城管分平台实现了工作流程对接、数据对接、统计对接及数据融合，共同构成一个统一的数字化城市管理平台。其中，工作流程对接可实现市级协同督办，数据对接可实现在市级监督指挥系

[①] 《武威市：发挥数字城管优势，提升城市管理水平》，住房和城乡建设部信息中心，2024 年 5 月 29 日。

统中对各区（县）平台运行情况进行统一监督和指挥调度，统计对接可生成对各区（县）相关部门、岗位、区域工作情况统计报表，实现对各区（县）城市管理工作的考核评价。同时，按照"横向到边、纵向到底"的平台建设要求，已完成数字城管平台与武威市"智慧武威，城市大脑平台"的横向对接工作和与省部级平台纵向对接工作。

2.智慧武威"城市大脑"平台

2020年2月，武威市政府印发《智慧武威"城市大脑"建设方案》，计划在8月底之前，基本建成智慧武威"城市大脑"，形成"城市大脑"的平台体系、数据体系、应用体系和运行体系，完成各类感知数据、业务数据的融合，信息孤岛基本消除，数据资源实现共享，城市整体运行的数字映射通过"一张图"得以实时呈现。主要通过综合全市已有平台，整合各类App，基本实现"一部手机、一个App、一个入口"享受智慧政务和便民服务的目标，形成一批基于"城市大脑"的特色应用，实现在公共交通、城市管理、环境保护、文化旅游、医疗卫生、教育就业、社会保障、生活缴费、12345便民服务热线等服务事项的综合应用，"城市大脑"应用成效显现，推动政府数据开放共享，促进社会事业数据融合和资源整合，提升政府整体数据分析能力，为有效处理复杂社会问题提供新的手段。2020年底，智慧武威项目总投资4.85亿元，累计投资额已达14575.08万元，初步实现了"一数"智全域、"一屏"观全城、"一机"享生活、"一站"全服务、"一图"映全城、"一网"统筹办六大核心功能，2021年可提供336项便民服务功能，其中274项个人事项办理，43项法人办事功能，实现办事"最多跑一次"和"一次不用跑"[①]。

3."天马行市民云"智慧城市服务平台

"天马行市民云"是武威市政府以市民为中心打造的一站式"互联网+"公共服务平台。"天马行市民云"App围绕市民出生、教育、医疗、就业、

---

① 《科技赋能让城市更"智慧"——武威市推进智慧武威"城市大脑"建设侧记》，《甘肃法制报》2021年3月17日。

创业、出行、养老等生命全周期，整合政府多部门信息资源，为市民提供"衣食住行办"全方位的公共服务、生活服务、社区服务、其他服务。"天马行市民云"对接42个部门单位，提供七大类政务服务，个人事项432项、法人事项541项，提供便民生活服务29类130项功能，并在统一身份认证体系、多部门一网通办、普惠金融应用推广等方面都取得创新性成果。自2022年以来，"天马行市民云"平台深入拓展服务渠道，先后上线文旅通、金融通、绿马通等板块服务应用，打通为民服务"最后一公里"。7月，该平台获得"2022数字政府创新成果与实践案例奖"，2023年1月，武威市城市服务一站式平台"天马行市民云"入选中国标准化研究院发布的《标准化支撑政府数字化转型评估指数及全国典型实践50强案例》。同时，"天马行市民云"平台还荣获"第二届中国新型智慧城市创新应用大赛"数字政府类"智成奖"。[①]

4. 数字政府运营指挥中心

2022年，武威市以推进政务数据开放共享为基础，深化数据应用，提升数治能力，全面推进"数字政府"建设工作。"数字政府"建设以来，武威市着力打造以大数据为后台技术支撑、以政务服务为前端服务的线上线下深度融合的新型政务服务模式，建成了"数字政府"运营指挥中心，将指挥中心作为宣传推广、动态感知、辅助决策的核心，通过大数据基座和8张IOC大屏，实时分析"数字政府"政务服务各系统的运行情况。并接入全市33个信息化平台，依托数据共享交换平台、"城市大脑"应用平台和"雪亮工程"视频资源实时调用分析等，开发6类城市事件智能分析算法，及时发现并处置相关问题，为社会治理和公共服务赋能，实现"数字政府"服务效能线上线下全面检验和城市运营精准监测治理[②]。2022年6月，武威市"一件事一次办"主题集成服务增加至85个，"最多跑一次"事项占比

[①]《武威"天马行市民云"平台再获殊荣》，《武威日报》2023年1月12日。
[②]《武威市加快推进"数字政府"建设全面赋能高质量发展》，《武威日报》2023年7月12日。

提升至100%，网上可办率提升到99.21%，政务服务网及"甘快办"移动端个人用户注册达149.14万人，企业用户注册达93.05%，12345热线接通率为9.57%，按时办结率为100%，线上政府服务能力大幅提升，"数字政府"服务经济社会发展的作用初步显现，取得了积极成效。

5.数据共享交换平台

2022年，按照甘肃省数字政府整体建设和规划要求，武威市启动建设上线数据共享交换平台，当年完成数据共享交换平台与省级平台对接，具备了省市数据共享交换的能力，数字政府运营指挥中心汇聚雪亮工程、明厨亮灶、公交调度等各类视频资源，接入全民健康信息平台、甘肃政务服务、城市大脑等32个系统平台，为社会大数据汇集沉淀和资政辅政奠定了基础。2022年底，全市已发布政务数据目录数6890条，已挂载目录数5313条，已挂载资源数6549条。数据汇聚量达3.1亿条，其中通过挂载资源和从旧的共享交换平台、自建系统中推送至市级数据共享交换平台政务数据资源7300万条，国垂省垂系统回流至市级共享交换平台数据2.4亿条左右。[①] 初步建成人口、法人单位、自然资源和空间地理等基础数据库，电商、物流、农业、工业等行业数据平台成功汇聚人口数据196余万条，法人数据13万余条，对接武威市各委办局。申请汇聚了国家、省市共享数据共计1177.39万条，接入市直部门目录476个，区（县）部门目录800个，报送省平台目录1151个，信息数据交换15亿余条，并与各区（县）和32个市级部门成功对接，初步具备了数据共享共用的能力。[②]

二　武威市数字经济发展的现状

近年来，武威将数字产业作为重点产业链来布局发展，加快推进数字基础设施和数字政府建设，稳步推进产业数字化转型，探索发展数字产业化，

---

① 《武威市大数据中心关于对市政协五届一次会议第7号提案的答复》，武威市大数据中心，2022年12月12日。

② 《武威市"十四五"数字经济发展规划》，武威市人民政府，2021年1月30日。

信息基础设施不断完善，工业结构持续优化，主导产业增速明显，电子信息产业不断突破，信息经济日益繁荣。武威市初步形成了数据资源丰富、数据应用良好、数据需求广泛的数字经济业态。

1. 数字信息基础设施不断夯实

（1）加快推进5G网络建设进度。武威抢抓全国一体化算力网络甘肃枢纽节点建设的重大机遇，加快推进新一代信息基础设施建设，按照"统一规划、合理布局、远近结合、共建共享"的原则，编制完成《武威市5G通信基站站址及应用规划（2021—2025年）》，2022年累计建成5G基站1685个，全市市县城区、工业园区、旅游景区和重点乡镇的5G网络覆盖率达100%。

（2）加大信息基础设施建设力度。积极与工信厅对接，将武威大数据聚集区纳入全省大数据"一核两翼六中心"发展布局，已完成三大基础通信企业大数据云计算中心基础设施互联互通，为下一步整合数据资源、打造西北数据深度开发应用示范基地奠定基础。

（3）不断提升信息服务能力。积极协调通信企业加大资源投入力度，加快信息传输设施能力建设，电信、移动、联通3个数据中心总存储能力达2PB，武威市互联网出口带宽由1800G提升至2300G，4G网络覆盖率由98.7%提升至99.3%，家庭有线宽带覆盖率由90.4%提升至97.2%，企业有线宽带覆盖率由96.2%提升至100%。

（4）加大盲区盲点通信网络覆盖。组织开展全市全域人口活动区域通信网络盲区盲点排查工作，按照有计划、分批次解决的思路，下达22处盲区盲点指令性任务，2022年完成17处通信网络覆盖。

（5）加快工业企业智能化升级改造。组织各基础通信企业、天马大数据公司及知名信息科技公司集中开展规上工业企业全量智能化诊断和升级改造方案讨论。遴选普安制药、钛中新材料、众兴菌业、红太阳酒业开展基于5G、物联网等新一代信息技术的智能化生产控制示范应用项目建设，打造企业智能化、高端化改造样板企业，带动全市工业企业加快智能化升级改造步伐①。

2.数字科技创新大力推进

（1）大力推进数字产业技术攻关。围绕区块链、云计算、大数据、人工智能，立足装备制造、新能源、电子信息、生物医药、生态保护等重点领域，推动智能终端产品、软件开发、信息系统集成、网络通信服务、数字安全等领域开展科技攻关，推动数字经济与实体经济融合，促进传统产业技术改造升级，组织实施市级科技计划项目13项，扶持项目经费40万元。

（2）完善科技创新政策，促进数字技术赋能产业发展。制定出台《武威市强科技行动实施方案（2022—2025年）》《武威市"十四五"科技创新规划》等科技创新政策，从加快数字技术与一二三产业的融合应用、加快产业园区数字化改造、加快企业数字化转型升级、发展创新资源分享经济、加快推进农村电子商务发展等方面提出重点任务和目标；从激发科技创新活力、加强创新主体培育、强化创新平台建设、推动科技成果转化应用、激励科技人才创新创业等方面提出支持政策，加快数字产业化和产业数字化②。

3.数字经济业态初步建立

（1）建设数据存储共享基础平台，推动数据汇聚共享。依托数字政府项目，建设投用大数据基座、大数据安全治理平台、数据共享交换平台，为各类数据资源汇聚和共享提供了载体，统一全市各类数据资源的入口和出口，解决不同行业不同领域数据资源零散、不同源、共享不畅等问题，为数据资源汇聚、加工、共享、安全等奠定了基础。

（2）编制数据资源目录，收集数据资源，促进数据标准统一。对照省级标准，与数字政府专班成员单位配合，对市县6459个政务服务事项数据资源编制了目录，为每条政务数据资源贴上标签，统一了政务数据资源标

---

① 董丽俊：《市工信局加快推动信息基础设施建设》，《武威日报》2022年1月10日。
② 方青春：《市科技局以科技支撑数字经济创新发展》，《武威日报》2023年11月29日。

准，使数据能被有效识别和调用，盘活了数据资源价值，推动数据资源共享共用。对照目录，持续推动数据资源整合，截至2022年底，共整合政务数据、视频数据等3.4亿条数据资源，为数字产业链发展提供了数据支撑，初步具备了数据应用场景开发的基础条件。

（3）加强政务服务基础设施建设，加快数据赋能应用。按照"线上线下深度融合"的政务服务模式和"以大数据中心为后台技术支撑，政务中心和交易中心为前端服务"的三中心业务融合的思路建设公共服务中心。坚持以深化"放管服"改革优化营商环境为主线，在全省率先建成投用数字政府系统平台，打通省、市、县、乡镇、村五级政务服务体系，消除数据壁垒，促进各级各部门政务数据共享共用，推动政务服务"掌上办""网上办""自助办"，使数据赋能市场主体，提升政务服务质量和水平。

（4）完善"天马行市民云"平台功能，发展数据增值服务。"天马行市民云"是将数据资源通过场景化应用发展增值服务的重要载体。通过整合环节、优化流程、系统对接等方式，完善"天马行市民云"功能，推动已汇聚数据在金融、旅游、保险、电商等行业共享，发挥数据叠加效应，发展数据增值服务，探索数据资源市场化发展路径，推动数字产业化发展。

（5）建设数字政府运营指挥中心，提供数据分析决策。以社会治理体系和治理能力现代化为目标，整合各类数据资源，发挥"智慧武威城市大脑"中枢作用，分行业、分领域建设主题库和专题库，使各类数据资源广泛应用在城市治理、应急管理、指挥调度、市场监管等工作中，在武威市委、市政府重点工作中发挥大数据综合分析价值，为各级各部门提供决策参考依据。

（6）申请设立"大数据开发应用技术创新"实验室，创新数据应用场景。积极响应"强科技"行动，依托"大数据开发应用技术创新"实验室，研究5G、大数据、人工智能、物联网等技术在数字产业发展中的应用，创新数据应用场景，并探索建立数据治理、开放、共享等环节的相关制度和管理办法，使数据活起来、跑起来、用起来的同时确保数据安全。

（7）加快信息化项目建设，疏通数据流通渠道。2020年，武威市印发《智慧武威三年规划（2020—2022）》，规划了面向民生、环保、城市服务、文化、公共安全等领域的智慧应用体系，提升城市数字化服务整体能力。截至2022年底，共开工建设子项目16个，进一步夯实了数字产业发展基础。同时，把握"东数西算"政策机遇，积极参与"侨领侨商"招商活动，并与中国电建成都院、中国电信、万维、百度等公司持续对接，积极吸引社会资本参与数字产业基础设施建设，延伸数字产业链条。[1]

4.数字产业链条逐渐形成

（1）数据共享促进"放管服"改革，优化营商环境。依托数字政府项目建设契机，升级优化政务服务软硬件设施设备，提升政务服务水平，进一步深化"放管服"改革，优化营商环境。软件方面，数字政府项目12个系统平台于2022年2月割接上线，全面打通省、市、县（区）、乡镇、村五级政务服务体系，统一事项标准和办理流程，通过整合环节、优化流程、系统对接等方式，加快数据互通互认、共享共用，大力推动政务服务"预约办""网上办""掌上办""一件事一次办"。硬件方面，按照线上线下深度融合的政务服务模式，规划布局公共服务中心，设置了自助服务大厅和综合服务窗口，并为每个乡镇配备了自助服务终端，推动政务服务事项"自助办""综合办""就近办"，大幅提升了群众办事效率和满意度。截至2022年底，公共服务中心进驻市区单位90家，政务服务网累计点击量50.6万次，累计办件量26.9万件，12345便民服务热线累计话务量6.1万件，省、市、县（区）三级数字政府会议系统全面打通投用。

（2）开发数据增值服务，推动数字经济发展。数字产业链的链主企业天马行大数据运营有限公司已与上海万达信息股份有限公司完成混合所有制改革，并依托万达信息股份有限公司技术力量、运营经验、市民云用户群体等各方面优势资源，升级改造完成天马行市民云，陆续上线了个人事项432

---

[1]《武威市大数据中心关于对市政协五届一次会议第18号提案的答复》，武威市大数据中心，2022年12月12日。

项、法人事项541项，提供便民生活服务29类130项功能。特别是推出了"金融通""文旅通""城市名品"等数字经济发展平台，"金融通"是为积极响应市政府出台的关于稳住经济一揽子政策中的"货币金融政策"，与市政府金融办、各金融机构、保险机构、相关委办局合力推出的一项依托大数据搭建的便民利企金融服务平台，为企业和市民提供政策性贷款、普惠贷款，降低贷款利率，通过大数据分析，快速触达用户，提供精准金融服务。其中，与交通银行合作的"惠民贷""惠企贷"受众个人和企业分别为3万人次和430家，"惠民贷"产生的交易额为57万元，"惠企贷"产生的交易额为15万元。"文旅通"最大限度地实现旅游资源及社会资源的共享与有效利用，创建文旅融合新业态，提供景区线上预约、线上购票、基础服务、路线规划等服务。"城市名品"是以与万达信息股份有限公司合作的27个城市1.4亿市民云用户资源为基础，将本地特色农产品通过天马行市民云平台销往成都、柳州、上海等城市，打造本地农产品品牌，增加农民收入，助力乡村振兴。2022年底，"文旅通""城市名品"已上线试运营。

（3）数据分析为社会精细化治理提供参考依据。以"一屏观天下、一网管全城"为目标，建设运营支撑全市信息汇集、深度研判、科学决策、指挥调度等功能的数字政府运营指挥中心，对城市运行状态进行实时监测预警，对各领域的运行指标分析展示，通过分析研判，提前预警城市运行问题，为管理者提供参考依据，提升城市管理效率。数字政府运营指挥中心汇聚了雪亮工程、明厨亮灶、公交调度等各类视频资源14572路，接入全民健康信息平台、甘肃政务服务、城市大脑等32个系统平台，整合各类数据资源7000余万条，设计开发了政务服务、服务效能、应急调度、经济发展、市场监管、社会发展与公共安全、数据共享、云网态势等8个专题。以"智慧武威城市大脑"为中枢，通过大数据分析，开展疫情防控和创城视频巡检、外地车牌号自动识别、大气污染检测、天然气管道巡查、工地防尘网覆盖检测等工作，在交通管理、安全隐患排查、疫情防控、城市治理、平安武威建设、全国文明城市"智城"创建、文化旅游等方面发挥了积极作用。

三 武威市推进数字经济发展的对策建议

尽管武威市数字经济发展已经具备一定基础，也取得一定成效，但与高质量发展需求和武威市数字经济总体规划相比，还存在基础设施、开发利用、产业结构等方面的不足。

1. 加快提升信息基础设施支撑能力

一是结合综合业务、5G 等业务需求，加快提升网络骨干传输和交换能力，扩大互联网出省带宽，提升乡镇、农村信息化水平，简化承载网网络层级，引入新型设备，满足用户 5G 承载需求，构建"低时延、高带宽、高品质"的综合承载网，增强大容量业务承载能力，提高网络安全性。二是加快 5G 网络规模化部署，持续扩大 5G 网络深度覆盖，完成 5G 基础覆盖层建设，进一步推进高速无线宽带覆盖，实现重点商圈的宽带无线网络全覆盖，前瞻性布局 6G 网络技术储备。三是构建新型数字网络体系，布局物联网智能化感知设施，推动物联网、工业互联网的规模部署与集成应用，推动物联网与大数据、云计算、移动互联网的融合协同发展，推进电力、供水系统、交通运输系统等传统基础设施的数字化、网络化、智能化改造，提高物联网技术应用水平。

2. 加快实施数据资源汇聚融通工程

一是增强数据集聚融合能力，全面落实国务院印发的《政务信息资源共享管理暂行办法》，加快建设和完善武威市政务资源共享平台，支持各政务部门开展政务信息资源共享交换。实现跨部门信息业务的数据共享。二是全面推动武威市政务资源与武威市各部门业务系统互联互通，深度融合数据信息，通过智能化分析等应用，提高数据利用率和分析、研判能力，促进智慧武威深度发展。三是建立政府部门带头、与社会互动的大数据采集形成机制，鼓励政府部门运用互联网手段和外包、众包等模式采集数据，提高数据更新频率，制定出台政府数据开放计划，梳理政府数据开放目录，促进高价值数据开放。

3. 加快延伸数字经济产业链条

一是建立健全信息产业链长制支撑服务体系，大力实施链主企业培育计划，强化要素支撑，优化服务保障，推动信息产业建链延链补链强链。二是培育壮大龙头链条，放大产业集聚效应，增强信息产业创新发展能力和内生增长动力，不断提升信息产业链主企业的示范带动能力。三是加强数据中心建设，推进"上云用数赋智"行动，促进产业转型升级，构建高附加值产业链。四是发挥禀赋优势，引进逆变器、电力存储等创新应用企业，拓展信息产业链，扶持人员队伍强、产品创新优的本地信息集成企业，稳步提升本地信息产业孵化和带动能力。

4. 加快推进数实融合发展进程

一是充分发挥政府在数实融合中的引领带动作用，推动数字技术与政府管理的广泛深度融合，重点围绕政务网络、政务云平台、大数据基座、公共应用支撑、一体化政务服务平台、部门重点政务应用、信息安全保障等建设网络化政府办公平台，使政府运行效率与数字经济的快速发展相匹配。二是大力推进民生服务数字化应用进程，主要包括医疗健康、教育、文化创意、便捷交通、社会保障、就业培训、社区服务等方面的数字化应用。三是着力推进企业数字化转型升级工程，要加强企业生产执行数字化，促进企业资源配置数字化，推进企业运营决策数字化，增强企业电子商务应用能力等。

5. 加快健全数据安全体系

一是落实网络安全等级保护制度，建立健全安全测评、风险评估、安全防范、应急处置等机制，确保公共数据安全开放共享。二是探索建立面向政府信息采集和管控、敏感数据管理、数据交换标准和规则等领域的大数据安全保障制度，明确数据采集、使用、开放等环节涉及信息安全的范围、要求和责任。三是深入落实《数据安全法》，研究制定数据应用违规惩戒机制，加大对数据滥用、侵犯个人隐私等行为的管理和惩戒力度，对关键信息基础设施进行安全防护，提高重大系统、重要信息等的安全保障能力。

6.加快培育数字经济人才

一是建立多层次、多类型的数字经济人才培养体系。加强对数字化高端人才和团队的培育和引进，支持数字经济企业与高等院校、职业院校、科研院所合作，优化数字经济相关学科设置，培育数字化技术和应用创新型人才。二是制定完善数字人才引进政策，以优厚的条件广泛吸引海内外高端数字人才集聚，针对在职人员开展开班授学、在线学习等信息化培训，加大对高层管理人员数字思维的培训教育力度。三是积极组织开展面向政府、企业及市民的数字化转型专题讲座和培训，通过办展办会、市民信息技能大赛等方式，逐步提高武威市居民信息化数字化基本素养。

第九节　张掖市智慧文旅、智慧康养与数字经济发展

张掖市位于青藏高原和蒙古高原交汇的河西走廊中部，西汉时期置郡，以"张国臂掖，以通西域"而得名，历史上又称"甘州"。自古以来就是丝绸之路商贾重镇和咽喉要道，素有"塞上江南""金张掖"之美誉。张掖市拥有丰富的自然风光和人文景观，是甘肃省的商品粮基地，也是全国历史文化名城和中国优秀旅游城市，全市辖一区五县，总面积3.86万平方公里，2023年全市常住人口110.46万人，城镇人口60.60万人，城镇化率54.86%。张掖市委、市政府提出打造"百亿元"文旅康养产业集群的决策部署，大力发展文旅康养产业，实现文旅康养产值"百亿元"目标[①]。

一　张掖市智慧文旅、智慧康养发展状况

张掖市历史文化悠久、自然风光独特，市委、市政府紧抓政策机遇，全面推动项目落实，促进招商引资，完善公共服务体系，全市文旅康养产业持续快速发展。

---

① 《文旅融合焕生机——张掖市文旅康养产业发展综述》，澎湃新闻，2021年9月28日。

1. 智慧文旅激发文旅产业新活力

张掖市拥有丰富的旅游资源，包括丹霞地貌、古长城遗址、裕固族风情等。近年来，张掖市坚持以文塑旅、以旅彰文，促进多元化旅游发展，推动文旅产业向"全域、全季、全民、全业态、全要素"迈进。智慧旅游将物联网、云计算、5G等新技术引入旅游体验、产业发展、服务管理等环节，人民群众的旅游体验得到极大的提升和丰富。

一是建立智慧旅游平台。通过打造旅游综合服务平台，整合全域资源，为游客提供便捷的预订、导览、咨询等服务，提升旅游体验。2024年，张掖七彩丹霞旅游景区投资744.39万元，对景区智慧化系统全面升级改造，采用S2B2C模式打造旅游综合服务平台，为游客提供权威的目的地旅游资讯、营销服务。二是提升智慧文旅服务水平。通过优化旅游服务设施、提升景区智慧化管理水平等措施全面提升旅游服务水平。张掖七彩丹霞旅游景区通过建立面向互联网端和现场业务场景的二消经营业态体系，为游客提供一站式服务，为经营者提供统一的餐饮及进销存业务管理服务；建立全网实名制分时预约管控平台，实现错峰入园，提升游览体验。打造旅游大数据平台，全面接入涉旅经营管理数据，提供即时、全量、全域的数据可视化服务。建立景区统一文旅企业服务总线，构建景区经营管理数据标准和接口规范体系，提供所有业务统一接口标准、统一路由服务、统一监控服务、统一对账服务、统一数据推送等能力，让景区服务更加高效。三是丰富旅游产品。结合当地特色，开发智慧旅游产品，如虚拟现实（VR）体验、智能导览系统等，利用5G+VR、AR等技术为游客提供沉浸式体验。

2. 智慧康养促进民生保障事业高质量发展

一是康养产业全面快速发展。依托祁连山腹地夏季凉爽、阳光充足、气候宜人、天然氧吧的生态资源优势，张掖市积极发展康养产业，打造"养老养生"休闲旅游度假胜地。营芦水湾康养度假小镇、孔文养老创新实验基地、方舟温泉水世界游乐健身等文旅康养项目已投入运营；祁连村温泉小镇、临泽丹霞康养村、流沙河温泉康养体验中心、屯泉文旅康养小镇等重点文旅康养项目开工建设中。临泽丹霞生态康养谷和民乐现代丝路田园旅游区两大康养产业集群开发休闲养老慢游产品。在做好项目建设的同时，张掖市全力推进招商引资，专程拜访上海复星集团等重点企业，先后在济南、青岛、武汉举行张掖文旅康养产业招商引资活动，围绕合作开发康养旅游项目、创新康养文化旅游产品、强化旅游基础设施建设、促进文化旅游深度融合发展等方面与长三角地区文旅项目投资考察团深入对接，[①] 确保通过招商项目充分发挥全市丰富的文旅资源优势。

二是居家社区医养服务不断强化。将社区（乡镇）卫生服务中心打造为医养结合重要平台，面向居家社区机构老年人提供全面、连续、有针对性的服务。发挥社区（乡镇）卫生服务中心平台整合各类资源的功能，探索将符合条件的社会办综合门诊部、全科诊所、护理中心、康复医学中心等纳入，加大医疗康复护理服务供给力度。

三是智慧养老服务水平不断提升。张掖市部分养老机构引入智能化设备，如智能床垫、智能手环等，实时监测老人的健康状况，提高养老服务质量。鼓励养老机构（社区、乡镇托养机构）与周边的医疗卫生机构开展多种形式的签约合作，为养老机构提供预约就诊绿色通道、上门巡诊等服务。实施智慧健康养老产业发展行动，推广"一键通"智慧养老服务，为老年人提供远程实时看护、实时定位、健康监测、紧急救助呼叫等服务。探索通过可穿戴设备和便携式、自助式健康检测等设备，对高龄、独居、失能或部分失能老年人等重点人群开展基本健康状况实时监控。支持张掖智能制造产业园等有关企业研发生产方便老年人使用的智能辅具、智能家居等智能化终端产品。

二 张掖市数字经济发展现状

张掖市深入贯彻落实中共中央、国务院关于加快发展数字经济的决策部署，制定出台了《张掖市"十四五"生态工业和信息化发展规划》《张掖市

---

① 《文旅融合焕生机——张掖市文旅康养产业发展综述》，澎湃新闻，2021年9月28日。

关于加快推进5G网络建设和应用的实施意见》《张掖市强工业数字赋能工程实施方案（2022—2024年）》《张掖市"十四五"数字经济发展规划》等政策措施，持续在新型基础设施建设、产业数字化发展、公共服务数字化水平提升上发力，产业数字化、数字产业化取得积极成效，全市数字化基础能力、应用水平和发展环境大幅提升，为全面推进数字经济发展打下了坚实基础。

1. 数字基础设施水平不断提升

2023年末，全市超额完成省上下达的网络基础设施建设年度任务，建设进度位居全省第4，累计建成5G基站3034个，其中2023年新建5G基站782个，主城区、工业园区、重点景区、乡镇政府驻地实现5G网络连续覆盖，70%行政村实现5G网络重点覆盖，每万人5G基站数达到22.352个，达到全省平均水平。大数据产业园一期大数据中心实现上线运行，自有云平台正在搭建，深圳市鹿驰科技公司、厦门风鱼动漫有限公司作为首批客户已签约入驻。二期算力中心主体已完工，项目引进、产业布局等工作正在加紧推进[①]。

2. 产业数字化加速转型

张掖市始终把数字赋能现代农业、生态工业、现代服务业摆在突出位置，以项目建设为抓手，强力推动传统产业数字化。

一是农业数字化提档扩面。推进玉米制种"规模化、标准化、机械化、集约化、信息化"基地建设，全年改造基地18.4万亩，建成玉米制种智慧农田2.6万亩，累计改造"五化"制种基地84.9万亩，配套"水肥一体化"面积50万亩。民乐春禾国际农业科技园项目一期等智慧农业重大项目加快实施，制种玉米田卫星遥测监管、"互联网+"农业社会化服务体系等农业产业数字化示范项目建成投运。甘肃祁连牧歌实业有限公司获批省级数字化车间，甘肃甘绿脱水蔬菜有限责任公司、甘肃万德福食品科技有限公司

---

① 《张掖市做强数字经济集聚发展新优势——2023年张掖市数字经济发展综述》，张掖市人民政府，2024年1月16日。

数字化改造后被评为省级专精特新企业。

二是工业数字化加快布局。采取标杆示范与普遍培育双管齐下，积极推进"5G+工业互联网"融合应用，实施 LNG 智能化二期、宏源矿业 5G+智慧矿山等重点项目 13 项，助力企业降本增效 20% 以上。实施肃南县祁青工业集中区 5G+智慧园区、高台南华、盐池 5G+智慧园区等数字化园区项目 4 个，形成园区数字化配套服务体系。招引先导集团数字经济科技赋能中心、冠军时代张掖健康照明数字化智能化产研基地等智能制造、信息产业链项目 6 项，落实到位资金 5.57 亿元。

三是服务业数字化创新发展。开发张掖智慧文旅应用程序，整合旅游"六要素"，全方位展示文旅资源，实现"一机在手，游遍张掖"。张掖交投物流产业园有限公司、张掖交通建设投资有限责任公司等积极引入智慧运营平台系统，通过远程调度实现智慧运行，有效提高工作效率，提升服务质量。建设运营县、乡、村级电子商务服务中心（站、点）255 个，60 多款产品入驻"臻品甘肃"省级电商平台。以"直播+电商"模式举办"彩虹张掖千人主播团矩阵"文旅主播团直播大赛，实现数据"流量"向经济"增量"转变[①]。

3.公共服务效能持续提升

张掖市充分拓展数字技术在政务、文化、教育、养老等公共服务方面的融合应用，有效提升了服务资源配置效率和共享水平。

一是数字政府建设有序推进。强化新一代数字政务信息基础设施建设，数字政府运营指挥中心、"甘快办"张掖子站等全面建成，基本形成省、市、县（区）、乡镇（街道）、村（社区）五级数字政务基础设施体系。政务服务能力平台汇聚全市各类政务服务及公共服务事项 32410 项，"甘快办"App 累计下载 15.43 万次，点击量 67.08 万次。市级 88 类场景化套餐服务实现"一次告知、一表申请、一口受理、一网审批、一窗发证、一体

[①] 《张掖市做强数字经济集聚发展新优势——2023 年张掖市数字经济发展综述》，张掖市人民政府，2024 年 1 月 16 日。

管理"。

二是数字文化服务加快普及。数字图书推广工程加快推进，23 个乡镇（街道）图书馆、15 个村级农家书屋配备了数字终端，城区 10 个点位安装了 24 小时智能书柜，实现了数字阅读服务全覆盖。数字文化馆线下体验馆通过"沉浸式体验"，与国家公共文化云及各地公共文化资源实现互联互通、资源共享。市图书馆形成以视听体验区、数字国画馆、海洋馆体感互动英语等数字体验区为主的数字文化体验阵地。全市公共文化云资源建设总量 1120 个，资源访问量 13.8 万人次。

三是智慧教育改革不断深入。积极开展智慧校园、智慧教室建设，建设互动教室 120 余间、听课教室 1000 余间，服务学生 1.3 万名。开展"虚拟实验教学""数字书法教学""人工智能教育"等特定学科专项教学应用试点，实施中小学数字教学终端迭代升级工程，完成云桌面、电子班牌、班班通设备集控平台等智慧公共教学装备建设。

四是智慧康养实现快速推广。市、县（区）居家养老服务信息平台全部建成运营，加盟服务企业 150 余家，为 4746 名城乡分散特困供养对象和 3261 名经济困难老人提供上门居家服务。临泽县、山丹县为 1720 户城乡独居老人配发安装"一键通"应急呼叫设备，为老人提供紧急救助、智能监测、安全提醒、精神慰藉、关爱问候等服务。

三 张掖市发展数字经济对策建议

张掖市数字经济发展还存在三次产业数字经济发展不均衡、基本公共服务建设水平不高、数字技术创新能力和应用能力亟待提升、要素价值尚未发挥、高端人才资源短缺等突出问题。张掖市应把握数字经济发展带来的战略机遇，主动融入全省统一的数据要素市场，坚持统筹推进与重点突破相结合，强化自主创新与开放合作，持续加大数字基础设施建设力度，努力构建具有张掖特色的数字经济体系，聚力在数字经济"赛道"上跑出张掖"加速度"，为赋能经济高质量发展作出更多积极贡献。

1. 大力促进数字基础设施建设优化升级

一是加强新一代信息基础设施建设。加大 5G 网络和千兆光网建设力度，丰富应用场景。二是统筹大数据基础设施建设，持续优化网络架构，着力保障网络质量，不断提升服务质量，确保用户体验逐步提升。三是强化数字经济安全保障，提升宽带网络安全防护能力，构筑安全可信的新型信息基础设施，做好跨行业宽带网络安全保障。四是着力提升数字技术支撑能力。培育和引进一批数字化转型解决方案服务商，提升系统集成、定制化开发等数字技术供给能力。

2. 结合特色产业构建数字产业生态体系

一是以数字化智能化推动农业现代化。以建设现代丝路寒旱农业为抓手，以发展水肥一体化、农业物联网、智能农机、农作物病虫害监测预警、畜牧业智能检测及遥控等物联网基础应用推广为支撑，充分发挥智慧农业推动现代农业发展的引领和驱动作用[1]。

二是推动数字化与现代工业深度融合。①推动制造业数字化转型。聚焦新能源及装备制造、新材料及冶金、农畜产品精深加工、先进制造四大战略性支柱产业，积极构建工业主导型经济格局。②推进企业数字化转型升级。通过制定相关政策和规划，包括税收优惠、土地使用、资金扶持等，引导企业加大数字化转型的投入力度。③加快布局发展工业互联网。依托龙头骨干企业和技术，推动工业互联网建设，提升产业竞争力。

三是推动数字化与服务业深度融合。①塑造数字文创旅游品牌。挖掘地域特色，整合优质资源，加大新模式、新业态、新产品开发力度，推动全域旅游业提质增效。围绕打造区域（特色）消费中心城市，重点培育明清街、欧式街、张掖老街、甘州府城等夜间经济消费聚集区。"甘州有礼"文创产品展销基地建成运营，甘美智慧农产品供应链溯源集配平台普及使用，甘泉文化街区被文化和旅游部列入夜间文旅消费集聚区培育名单。②积极发展智

---

[1] 王永鹏、王泽民：《甘肃省张掖市：数字赋能打造现代农业升级版》，中国村社发展促进会，2024 年 7 月 18 日。

慧物流服务。数字赋能平台建设不断加快。国际陆港、国际空港、综合保税区、跨境电商综合试验区等平台不断建成。电子信息制造等数字经济出口基地加快建设。数字物流商贸蓬勃发展。③加快培育新型消费业态。重点招商引资电商企业，加强数字营销和推广，提升张掖数字产品的市场知名度和影响力。推行直播带货、线上销售等营销模式，举办"直播带货赋能乡村振兴"电商人才技能大赛。

3. 深化数字治理与数字服务

一是推进数字政府建设，提高政府服务效率和透明度。加强数字政府建设，是创新政府治理理念和方式的一项重要举措。张掖市需要持续深化"一网通办"，拓展网上政务功能，继续完善政务服务网建设，促进市政府政务服务中心实现省市跨部门业务、系统协同和数据共享等，进一步深化"互联网+政务服务"，打造智慧便捷、公平普惠的数字化服务体系，助力提升数字政府服务能力，不断满足人民群众对美好生活的向往。二是发展智慧城市，提升城市管理水平，改善民生服务。持续推进各相关部门业务数据采、存、算、管、用全过程建设，为指挥运营中心智慧型应用提供有力的数据支撑，强化数据汇聚、发掘和应用能力，实现数据应用智能化、数字化、创新化。不断提升城市运行、政务服务、城市综合管理能力，实现真正的智慧城市。三是全面推行智慧教育、智慧医疗、智慧交通等数字化应用，提高城市管理和公共服务水平。

4. 加快发展数字金融

积极推动金融与数字技术有机融合，促进金融服务的广度和深度不断拓展、效率不断提高。一是开发推广数字信贷产品，为小微企业提供高效便捷的数字金融服务。二是充分发挥金融服务平台功能，为企业提供银行信贷、担保、政策宣传等"一站式"金融服务，着力提高中小微企业金融服务效率。三是打造智慧服务场景。引导金融机构大力推广网上银行、手机银行、网上结算、第三方电子支付等结算支付方式，打造支付结算智慧服务场景，提高支付结算便利化水平。鼓励金融机构和支付机构积极参与医疗服务、公共交通、便民缴费、商业消费、文化旅游等业务合作，在消费支付环节构建智慧场景，助力全市促消费、扩内需①。

第十节 平凉市"千兆城市"建设与数字经济发展

平凉是古丝绸之路北线东端的重镇，被誉为"西出长安第一城"；如今是"一带一路"、关中平原城市群重要节点城市。平凉市是中华民族和华夏文明的重要发祥地之一，崆峒山道源文化、古成纪伏羲文化、西王母远古文化、皇甫谧医学文化等独具魅力，出土的佛舍利金银棺、西周青铜器和南宋货币银盒子等文物被誉为"中华之最"。平凉也因为这些深厚的历史文化底蕴被誉为"道源圣地""书画之乡""武术之乡""针灸之乡""围棋之乡"。平凉市辖1区5县，代管1个县级市，总面积1.1万平方千米。2023年末，全市常住人口178.58万人②。平凉市是甘肃省委、省政府布局建设的陇东综合能源基地、先进制造基地、文旅康养基地，煤炭清洁高效利用、静宁苹果、平凉红牛、文旅康养、设施蔬菜、中医中药、绿色建材、智能制造、生态环保等重点产业链初具规模③。

一 "千兆城市"示范城市创建状况

以千兆网络和5G为代表的"双千兆"网络是新型基础设施的重要组成部分和承载底座，在拉动有效投资、促进信息消费、赋能产业数字化转型等方面发挥着重要作用④。为贯彻落实党中央、国务院决策部署，按照《"双千兆"网络协同发展行动计划（2021—2023年）》要求，平凉市开展了千兆城市建设行动，推动高速光纤宽带网络的建设，以实现千兆级别的网络接

---

① 张掖市财政局金融协调科：《张掖市加快发展数字金融打造金融服务"新样板"》，张掖市人民政府，2024年7月15日。

② 平凉市统计局、国家统计局平凉调查队：《2023年平凉市国民经济和社会发展统计公报》，2024年3月25日。

③ 《平凉市》，甘肃省人民政府网，2024年6月25日。

④ 《"千兆城市"发展成绩单》，通信世界全媒体，2023年2月22日。

入速度，从而提升城市的信息化水平和居民的生活质量。"千兆城市"建设旨在构建高速、智能、安全、可靠的信息基础设施，为经济社会发展提供强有力的网络支撑。

1. "双千兆"网络建设情况

全市5G基站实现了城区及景区、广场、医院等重点区域和所有乡镇全覆盖，"双千兆"基础设施建设数量和用户占比已达到国家千兆城市标准。自5G建设以来，平凉铁塔携手电信企业已累计建设5G基站3022个（宏基站），平均每万人5G基站数16.58个，新建基站共享率大幅提升到97.69%；累计建设楼宇室内分布系统超110套，覆盖楼宇建筑面积近1000万平方米，助力平凉5G网络覆盖率居全省领先水平。① 截至2023年11月，全市5G用户占比达到50%以上，实现重点区域和所有乡镇全覆盖，② 基本实现了千兆网络进千家万户、千行百业。2024年第一季度，平凉市持续加快5G规模组网和千兆光纤网络建设步伐，新建5G基站310个，累计建成5G基站3845个。③

2. "双千兆"应用创新情况

积极推动互联网、大数据、人工智能、5G等新基建与矿山开采深度融合，促进产业转型升级。砚北煤矿累计投资1.71亿元，全面完成40项智能化系统建设，顺利通过国家能源局组织的创建全国首批智能化示范矿井验收，成为国家首批、华能集团煤炭系统（井工矿井）首个通过验收的Ⅱ类中级智能化示范矿井。④ 完成华亭煤矿5G一体化融合基站无线通信及精准定位系统、东峡煤矿F5G光网建设2个5G行业应用项目硬件设备安装和基础网络链路铺设⑤。

---

① 《平凉铁塔推进数字创新 发展新质生产力——持续助力"数智平凉"抢占发展新高地》，平凉工信，2024年5月17日。
② 《我市累计建成5G基站3185个》，平凉市工信局，2023年11月8日。
③ 《强信心 看发展 | 全市一季度工业经济实现稳定增长》，澎湃政务：平凉发布，2024年4月18日。
④ 《我市累计建成5G基站3185个》，平凉市工信局，2023年11月8日。
⑤ 《强信心 看发展 | 全市一季度工业经济实现稳定增长》，澎湃政务：平凉发布，2024年4月18日。

二 平凉市数字经济发展现状

全面贯彻落实国家关于数字经济高质量发展的部署，充分发挥科技创新的支撑引领作用，平凉市制定出台《平凉市5G通信网络基站布点专项规划（2020—2024年）》《开展推动信息通信业高质量发展赋能产业转型升级行动重点工作任务》《平凉市新型基础设施建设暨智慧城市规划（2022—2025年）》《关于进一步深化电信基础设施共建共享促进"双千兆"网络高质量发展实施方案》《"三提一攻关"数字赋能行动计划（2022—2025年）》《平凉市数字经济创新发展重点任务分解落实方案》等一系列政策文件，积极融入建设网络强国与数字中国发展大局，加速推进数字创新，发展新质生产力，持续助力"数智平凉"抢占发展新高地。

1. 数字基础设施日趋完善

近年来，平凉市不断加快光纤宽带网络的建设和升级，推动城市范围内的家庭、企业、公共场所等实现千兆网络的接入。截至2023年11月，平凉市累计建成5G基站3185个，其中年内信息基础设施投资超过1.5亿元，新建5G基站948个，完成年度计划的176.54%，5G用户占比达到50%以上，实现重点区域和所有乡镇全覆盖。[①] 2023年，全年电信业务总量17.27亿元，增长18.3%。年末电话用户217.68万户，其中固定电话用户21.78万户，移动电话用户195.90万户，4G移动电话用户92.70万户。年末互联网宽带接入用户168.62万户，其中移动宽带用户137.08万户。全年移动互联网用户接入流量2.66亿GB，比上年下降18.4%。[②]

2. 数字化加速构建现代产业体系

一是数字化推进新型工业化发展。以促进提质增效为重点，支持制造业企业开展高端化智能化绿色化改造，2024年内实施"三化改造"重点项目

---

① 《我市累计建成5G基站3185个》，平凉市工信局，2023年11月8日。
② 平凉市统计局、国家统计局平凉调查队：《2023年平凉市国民经济和社会发展统计公报》，2024年3月25日。

45项，计划投资34亿元以上。围绕《平凉市2024年智能制造产业链工作要点》，聚焦传统产业转型升级，广泛应用数智技术、绿色技术对煤炭电力、能源化工、传统农业、装备制造等产业进行全方位、全链条改造，积极培育战略性新兴产业。强链延链做强工业产业集群，华亭市聚丙烯高值化产业园以煤炭清洁高效利用产业延链补链为主攻方向，全力建设现代化生产线，目前已洽谈引进永润聚丙烯改性高值化、通湖电线电缆及仪器仪表生产线、年产50万吨高铁配件生产线建设等项目[①]。香港卫理集团有限公司平凉智能终端生产基地项目，5条自动智能主板贴片生产线已投入试生产，初步形成"智能终端产业链主企业+中小企业集聚"的产业链业态[②]。

二是数字化助力现代农业发展。全力打造种养结合、科技示范、三产融合于一体的综合性农业产业园区，如庄浪河流域农业综合开发示范园、崇信县汭河川现代循环农业示范园和平凉红牛国家级现代农业产业园等，引领传统农业数字化转型。依托产业园区、示范基地等创新平台深化产学研用结合，致力于在平凉红牛新品种培育、苹果和马铃薯育苗育种、中药材精细化萃取提炼等方面突破一批关键共性技术，增强创新源头供给。

三是现代服务业数字化转型加快。①促进现代物流数字化转型：围绕煤炭等大宗货物交易，加快建设大型物流园区（中心），形成"通道+枢纽+网络"的现代化物流运行体系；加快建设静宁苹果产地冷链物流园、泾川县冷链物流园，带动发展"全温控"自动化立体冷库、移动式冷链加工厂等新型冷链基础设施，提高生鲜农产品流通附加值。开工建设华亭市智慧物流园、五举煤矿选煤厂配套物流园、庄浪县电商科技产业园等项目，推动城乡流通基础设施互联互通，打通工业产品下乡和农产品进城"最后一公里"[③]。②智慧文旅实现绿色转型。平凉市聚力打造西北文旅康养融合先行区、全国生态文明建设先进城市，一方面，实施水源涵养、水土保持、治山增绿等工

[①] 《中省媒体看华亭丨华亭："链"上工业乘风起》，华亭发布，2024年7月18日。
[②] 经济贸易发展局：《香港卫理集团有限公司平凉智能终端生产基地项目》，2024年1月9日。
[③] 《平凉市人民政府办公室关于印发平凉市基础设施攻坚突破年行动实施方案的通知》，平凉市发展和改革委员会，2024年4月9日。

程，筑牢陇东黄土高原生态安全屏障；另一方面，大力推进智慧文化场馆、智慧景区、智慧乡村旅游点、智慧酒店等智慧文旅建设。2024年上半年，全市共接待游客3009万人次，实现旅游综合收入153.5亿元，分别增长40%和44%[1]。③构建智慧水利网。建成庄浪县农村供水信息化管理、崇信县新窑煤矿矿井废水处理站改扩建及中水回用等项目。实施重要地表饮用水水源水质监测能力提升、水土保持监测站点优化布局等工程，持续完善地下水监测站网。

3. 数字技术引领智慧生活

一是新型智慧城市建设迈入新篇章。智慧平凉App集查询、预约、缴费等诸多功能于一体，为群众打造了一个全方位、多功能、一站式的智能生活服务平台；平凉社保卡"一卡通"依托社保卡"身份认证、金融支付、全民覆盖"主要功能特点，面向人民群众提供办事、查询、身份认证、缴费、监督评价等服务，面向政府、企业提供业务管理、数据研判、用户画像等服务，创新打造"一卡通用"数字政府应用新场景；[2] 平凉市智慧城市建设服务中心数据融合平台完成升级改造并正式投入运行。数据融合平台通过构建"聚、管、治、用、运"的全流程数据服务模式，促进智慧城市各业务应用领域间数据共享和业务协同，促进智慧城市业务应用高效运行[3]。

二是智慧交通建设全面推进。随着智慧交通建设的逐步推进，相关部门在道路安全隐患排查、交通事故预防、交通违法查处、基础设施建设、智慧停车信息化建设、"智慧交管"建设等方面工作成效突出，道路交通基础设施明显改善，交通乱点、堵点问题得到有效治理，交通事故环比下降，交通参与者安全意识和法治观念明显增强[4]。

---

[1] 《强信心看发展｜奋楫前行 稳中提质——平凉上半年经济社会高质量发展观察》，平凉发布，2024年8月6日。

[2] 《平凉：一张智慧"社保卡"书写民生"大文章"》，"平凉工信"微信公众号，2023年10月18日。

[3] 《平凉智慧城市建设服务中心数据融合平台上线运行》，"平凉日报"微信公众号，2023年11月17日。

[4] 《平凉：稳步推进智慧交通建设》，"平凉工信"微信公众号，2021年2月4日。

三是智慧教育加快实现教育资源共建共享。平凉市采用云计算、大数据、物联网等核心技术，规划建设平凉市智慧教育云平台。2021年7月，"平凉市智慧教育云平台"建成投用，通过为教师、学生和家长提供个人网络学习服务，实现了教育资源的"零距离"共建共享[①]。

三 平凉市发展数字经济对策建议

平凉市在数字经济发展过程中仍面临规划引领不足、项目建设滞后、技术创新有限、数据共享机制不完善以及人才培养不足等诸多挑战和困难，需要立足本市实情加大投入力度，在基础设施建设、政策支持、技术升级、吸引人才等方面采取有效措施，鼓励和引导企业参与"千兆城市"建设、加快光纤宽带网络的建设和升级、以数字化推进生产智能化和产业高端化，促进数字经济和实体经济深度融合，推动数字经济健康快速发展。

1. 加强数字基础设施建设

一是谋划布局新型基础设施。围绕通信网络、工业生产、公共卫生、公共事业、智慧城市等重点领域和场景，推进新型基础设施拓展应用。加速布局5G新基建，加快推进IPv6与5G、工业互联网等融合创新发展。二是加快光纤宽带网络的建设和升级，推动城市范围内的家庭、企业、公共场所等实现千兆网络的接入。包括完善城市光纤网络布局，提高光纤网络覆盖率；推进老旧小区光纤改造，确保老旧小区也能享受到高速网络服务；加强云服务大数据中心建设，提升政务数据、行业数据、社会数据等各方面数据的归集、处理、存储能力。三是持续拓展千兆光纤网络和5G网络覆盖深度，实现5G网络覆盖80%以上行政村，千兆光纤网络覆盖所有行政村。四是全面提升关键信息基础设施网络安全防护能力和应急处置能力，强化网络安全基础保障。

2. 深入实施"千兆城市"示范城市创建行动

一是按照《"双千兆"网络协同发展行动计划（2021—2023年）》有

---

① 《平凉市智慧教育云平台建成投用》，"平凉发布"微信公众号，2021年7月26日。

关要求,多措并举积极推动"双千兆"网络建设、应用创新和产业发展。有关部门、企业充分发挥千兆城市示范带动作用,加强典型经验交流和成果宣传,推动形成重点城市引领、各城市竞相发展的格局,营造良好发展环境。二是持续加大政策支持力度,引导各类市场主体发挥合力,积极参与千兆城市建设,着力解决区域内"双千兆"网络建设应用中的堵点、难点、痛点问题。例如,出台支持"双千兆"网络发展的有关政策,通过提供资金支持对参与光纤网络建设与维护的运营商给予补贴、免除或降低占用公共场所进行光纤网络和5G基站等通信基础设施建设的租金费用等方法降低"双千兆"网络建设成本;建立多部门联合工作机制,将"双千兆"建设发展纳入考核;建立督办机制,协调解决疑难站点等问题。三是积极组织开展千兆城市建设经验交流学习活动,不断巩固建设成果,加快提升"双千兆"网络建设应用水平,推动构建现代化基础设施体系。

3. 聚力打造数字产业生态体系

一是全面提升农业生产经营数字化水平。积极探索推广人工智能、大数据、云计算等现代信息技术在"牛、果、菜、薯、药"等特色产业中的应用普及,开展全产业链大数据建设试点,促进数字技术与现代农业产业体系、生产体系、经营体系深度融合,助推农业农村现代化发展。加快实现电子商务村级全覆盖,推动特色农产品上网销售。建立农产品生产、加工、流通、质量安全数字化、移动化追溯体系。

二是全力推进智能制造产业集群发展。充分发挥国企资源和技术优势,加快能源化工、装备制造、新型建材等传统产业数字化、网络化、智能化转型,促进传统制造业改造升级;加快工业园区平台建设,围绕制造业关键环节,发展工业操作系统及工业人数据管理系统;培育省级行业工业互联网平台,推动工业企业网络化、数字化改造。面向能源化工、装备制造等重点领域打造工业互联网平台,建立较完善的安全保障体系,形成较为完备的网络、平台、安全、数据、算力等供给支撑能力,建设数字化工业设计中心,培育省内领先的系统解决方案供应商。

三是数字化赋能金融、文旅、物流等现代服务业快速发展。支持符合条件的金融机构来平凉市发展，优化金融产品供给，提升服务实体经济水平；推动平凉文旅大数据平台建设，实现"一部手机游平凉"，完善对旅游产业运行分析、旅游数据统计、景区客流监测、旅游车辆运营等各业态信息的综合监管；同时，深度挖掘崆峒山道源文化、古成纪伏羲文化、西王母远古文化、皇甫谧医学文化等文化资源，鼓励对艺术品、文物、非物质文化遗产等文化资源进行数字化转化和开发；打造集物流、冷链物流、城市配送等多功能于一体的综合物流园区，组织市内大型物流企业参与并融入全省多式联运大数据中心建设，推动电子商务与平凉市重点产业精准对接、融合发展，加快物流贸易数字化。

第十一节 定西市"数字定西"建设与数字经济发展

定西市地处黄土高原、青藏高原和西秦岭交会地带，自古便是古丝绸之路、唐蕃古道的重要通道，素有"兰州门户、甘肃咽喉"之称，地理位置十分重要。定西市是甘肃省人民政府批复确定的丝绸之路经济带甘肃段重要节点城市、陇中地区中心城市，现已成为兰西城市群、关中天水经济区的重要辐射区和中国西部交通的重要交会点。定西市历史悠久，是中华民族黄河文明的重要发祥地之一，马家窑文化、齐家文化、寺洼文化和辛甸文化在此交汇，被誉为"天下李氏寻根祭祖地"。定西市辖2区5县，总面积1.96万平方公里。2023年末，常住人口为248.24万人，城镇化率为41.46%[1]。定西市有"千年药乡""中国马铃薯之乡"的美誉，被认定为国家中医药产业发展综合试验区核心区、全国首批区域性马铃薯良种繁育基地。近年来，全市围绕"一目标三聚焦四强化六行动一抓实"路径方略和"五比五看"行动要求，锚定建设农业强市目标，全力促进"牛羊薯药果菜种"七大特色产业提质增效，力争到2025年实现七大特色产业全产业链产值达到1200亿元以上[2]。

---

[1] 定西市统计局：《2023年定西市国民经济和社会发展统计公报》，2024年3月22日。
[2] 《定西市：落实"八大任务"推动特色产业提质增效》，定西市农业农村局，2024年5月20日。

一 "数字定西"建设状况

定西市积极响应国家政策，启动"数字定西"建设，以实现与国家战略的对接，通过数字化转型推动全市经济社会高质量发展。"数字定西"建设是定西市在数字经济发展战略指导下，以数字化转型为驱动，通过信息化手段推动经济社会各领域转型升级的一项重要工程，涵盖了公路养护、公共资源交易、政务服务、文化服务等多个领域，推动了公共资源交易、政务服务、人事管理等多个领域的创新发展，为全市经济社会高质量发展提供了有力支撑。

1.政务服务数字化转型持续推进

数字政务进展突出，政府工作效率和服务水平大幅提升。大力推进政务服务门户网站、政务服务能力平台、专题库项目等信息基础设施建设，构建起标准规范统一、政务事项明晰、数据通道流畅、应用特色鲜明的数字政府建设工作体系。促进数据资源汇聚、共享，构建起标准规范统一、政务事项明晰、数据通道流畅、应用特色鲜明的数字政府建设工作体系。强化公共应用支撑体系，优化集成式、场景式服务，推行"大平台、小前台、富生态"新模式，政务服务能力不断优化[①]。

2.数字定西建设加速推进

根据《数字定西建设总体规划（2019—2025年）》《数字定西建设三年行动计划（2020—2022年）》《关于加快数字定西建设的意见》《定西市"十四五"数据信息产业发展规划》的要求，定西市紧盯网、云、数、端协调协同融合共享，坚持网络化、智慧化、数字化"三化"引领，推进联合大数据中心（"一中心"）、电子政务外网（"一张网"）、电子政务云（"一朵云"）、数据共享交换平台（"一平台"）、5G场景应用展览馆（"一展馆"）"五个一"工程建设，突出数据信息在政府管理、社会治理、公共服务和产业发展四大领域的重点应用，推动产业数字化、数字产业化。

---

① 《定西：数字政府建设助力政务服务优化》，《定西日报》2023年9月7日。

3. 智慧政务助推治理能力不断提升

先后建成运行以电子政务外网、电子政务云、数据共享交换平台和一体化政务服务应用系统、"陇码"公共服务平台为核心的智慧政务体系，全面提升网上政务服务能力。政府治理"六大系统一平台"上线运行，政府网站集约化建设全面完成，从督考一体、营商环境、廉政建设、移动办公、政务服务、市场准入方面不断提升政府治理能力，为政府实现数字化治理提供了强劲支撑，为全面推动数字定西发展打下了扎实基础。

4. 智慧城市建设迈入新阶段

探索建立城市综合管理服务平台，2020年已实现市级平台与省级平台联网，7县（区）已实现与市级平台联网，市级平台及安定、通渭、渭源、临洮等4个县（区）已完成数字化城市管理平台建设。依托省应急厅自然灾害及安全生产风险监测信息化项目，建成桌面式指挥调度终端等信息化设备，并与气象、水务等单位信息数据已实现共享，应急通手机App可视化调度应用系统已广泛应用。全力实施公安大数据战略，打造"数据警务"，建设"智慧公安"，最大限度提升治安防控能力，目前"雪亮工程"项目已进入试运行阶段，初步实现了全市现有视频资源网络互联、平台互通、资源共享[①]。

二 定西市数字经济发展现状

定西市高度重视数字经济发展，将其作为推动经济高质量发展的新动能、提升政府治理体系和治理能力现代化水平的主抓手，提出了夯实数字定西基础支撑、打造阳光高效数字政府、培育壮大数字经济产业、创新现代数字治理体系、深入实施信息惠民工程、强化数字安全保障能力等6方面工作任务，力争到2025年将定西打造成为"'一带一路'重要节点城市、数字中国建设和新型智慧城市建设的中西部标杆城市"的建设目标[②]。

---

① 《大力发展数字经济　助推定西高质量发展远航》，定西市工业和信息化局，2022年9月13日。

② 《〈数字定西建设总体规划（2019—2025年）〉正式发布》，2019年11月26日。

1.数字经济基础设施加速推进

近年来，定西市加快推进数字经济基础设施建设，5G网络已初步覆盖市区主城区及企事业单位和院校，已实现光纤进行政村、电缆进自然村，实现数据专网、互联网等多种形式的组网，固定电话和宽带已覆盖自然村，无线通信网络覆盖率已达100%[1]。2023年，新建成5G基站613座，实现了市县城区和乡镇5G信号连续覆盖[2]。2023年完成电信业务总量22.4亿元，比上年增长20.1%。年末移动电话基站数1.65万个，其中4G基站10005个，5G基站4103个。全市电话用户总数273万户，其中移动电话用户265万户。固定互联网宽带接入用户98万户，比上年末增加16万户。全年移动互联网用户接入流量3.06亿GB，比上年增长9.3%。互联网宽带接入端口254.73万个，增长36.1%[3]。

2.数字化促进传统产业加速转型

定西市以"数字产业化、产业数字化"为主线，以信息技术与特色优势产业深度融合为方向，全力促进传统产业加速转型。

一是推进信息技术与农业生产、经营各环节加速融合。以马铃薯、中药材、种子种业等特色优势产业为重点，推动大数据在农业生产管理、产品追溯和市场销售等环节的广泛应用。

二是加快信息技术在企业研发设计、生产制造、经营管理、营销物流等环节的深度应用。鼓励企业大力发展高端智能装备产业，运用高新技术改造提升传统装备制造业，推动制造过程智能化，宏腾油气、陇西保和堂药业等企业加快智能化改造。史丹利化肥定西公司高塔复合肥车间被认定为全省第一批数字化车间；漳县祁连山水泥有限公司顺利通过工业和信息化部AA级两化融合管理体系评定，高强度紧固件公司及加工车间、中庆玄和玻璃精深加工车间被认定为甘肃省数字化车间[4]。大力推进"智慧园区"建设，引导

---

[1] 《对市政协五届一次会议第66号提案的答复》，定西市人民政府，2022年8月9日。
[2] 《全市新一代信息技术产业加快发展》，定西市发展和改革委员会，2024年2月1日。
[3] 定西市统计局：《2023年定西市国民经济和社会发展统计公报》，2024年3月22日。
[4] 《全市新一代信息技术产业加快发展》，定西市发展和改革委员会，2024年2月1日。

支持制造企业延链升级，着力提升有色金属、农机制造等传统制造业数字化、网络化、智能化水平，大力培育数字制药、新型材料、智能制造等新业态。谋划筹建区域级工业互联网平台，推进工业互联网建设。依托定西市中小企业服务中心，推进全市136家规上工业企业网站建设。

三是着力推进现代物流业和电子商务业发展，加强大数据在文化旅游、社区服务、养老服务等生活性服务业中的应用①。积极推进建设安定区军民融合（西北）应急物流基地、甘肃（南部）农副产品交易中心（西北国际农贸城）、渭源物流园区、陇中建材家居智慧物流产业园等项目，大力发展"企业+基地+网店"或"协会+基地（合作社）+网店"的农村电子商务模式，建成以信息展示平台、全域营销平台、VR观景平台、行业监管平台等为核心的一部手机游定西旅游大数据平台。

三 定西市发展数字经济对策建议

定西市属于西部内陆经济欠发达地区，数字经济发展还存在传统产业基础相对薄弱，信息基础设施建设相对滞后，高层次、复合型人才短缺等突出问题，需要不断优化政策环境，加强基础设施建设、加快推进"数字定西"建设、持续推进两化融合发展、培养和引进人才，推动数字经济成为经济社会发展的绿色新引擎。

1. 加强数字基础设施建设

加大投入，完善通信网络，提升宽带网络覆盖率和速度，确保城乡之间数字基础设施的均衡发展。加快推进5G网络建设，为数字经济的发展提供高速、稳定的网络环境。推动市直各部门、各县（区）政府制定务实管用的5G建设方案和推进措施。各部门要主动协调，切实解决进场难、费用高的问题，进一步加快全市5G通信网络建设。

2. 持续推进数据信息技术与实体经济深度融合

一是大力推进中医中药、特色农产品加工、装备制造、建材等传统支

---

① 《定西市启动"数字定西"建设》，定西市人民政府网，2019年4月11日。

柱行业数字化转型，进一步提升马铃薯、中医药、草牧等特色优势产业数字化水平。二是以龙头企业为牵引，强链补链，优化产业生态；同时制定优惠政策吸引和培育一批具有核心竞争力的数字经济企业，促进产业集群发展。三是培育业态发展新模式。鼓励发展基于数字技术的智能监测、远程诊断、在线管理、产品质量安全追溯等应用服务，培育产品智能检测和全产业链追溯等工业互联网新模式，提升制造业产品安全和服务质量。四是发展高端智能装备产业。依托省市布局高端智能装备产业政策，鼓励企业大力发展高端智能装备产业。以提升现有装备制造业核心竞争力为目标，运用高新技术改造提升传统装备制造产业，加快发展智能装备和产品，推动制造过程智能化。五是落实国家"上云用数赋智"行动，加快中小企业数字化赋能[①]。

3. 提升数字化公共服务水平

推广数字政府、数字城乡和智慧社会等数字化应用，提高城市管理和公共服务水平。一是推动优化数字政府建设。深化"一网通办"服务，优化政务流程，提高政务服务效率，实现政务数据资源共享和开放。加强电子政务云平台建设，提升政府治理能力和公共服务水平。畅通网上咨询投诉渠道，优化完善政务服务平台咨询投诉工作机制，形成上下覆盖、部门联动、标准统一的政务服务咨询投诉体系，提升惠民服务能力。二是建设数字城乡和智慧社会。构建覆盖城乡的智能化治理体系和感知体系，推进城市公用设施、建筑、电网等物联网应用和智能化改造，加快互联网技术在交通、医疗、养老、教育、社保等领域的应用，扩大移动互联网服务业务，增强公共服务能力。

4. 强化信息化人才队伍建设

在数字经济人才队伍建设上，定西市面临专业信息人才短缺、工业企业管理人员的信息技术应用能力较弱，信息化人才队伍结构性矛盾突出，高层

---

① 《大力发展数字经济　助推定西高质量发展远航》，定西市工业和信息化局，2022年9月13日。

次、复合型人才短缺等问题，亟须从加大人才引进、发掘后备人才、夯实业务能力、重视行业发展四个方面入手，不断加强网信人才队伍建设。[①] 一是聚焦专业队伍引进高层次人才，为数字经济发展提供智力支持；二是聚焦业余队伍发掘后备人才，公开选拔网络安全和信息化领域专业人才；三是加强数字技能培训，提升公务员、企业员工和市民的数字素养；四是加强与高校、科研院所的合作，培养数字经济相关专业人才。

第十二节　陇南市农村电商及乡村大数据平台建设与数字经济发展

陇南市位于甘肃省东南部，地处秦巴山区、黄土高原、青藏高原的交界处，是甘、陕、川三省的要冲，素有"秦陇锁钥、巴蜀咽喉"之称[②]。陇南市又有"陇上江南"之美誉。它是甘肃省唯一全境属于长江流域的地区，也是省域南部重要的交通枢纽和商贸物流中心[③]。陇南市历史悠久，是秦族、秦文化的发祥地之一，拥有丰富的自然景观和历史文化遗迹。此外，陇南市还是中国主要的中药材产地之一，享有"千年药乡"、中国油橄榄之乡的美誉。随着数字化时代的到来，陇南市积极探索乡村大数据平台的构建与农村电商的发展，通过大数据技术的应用，实现了农业资源的优化配置，提高了农业生产的效率和效益。

一　陇南市农村电商及乡村大数据平台建设

大数据技术已成为推动农业现代化、乡村振兴的关键驱动力。陇南市乡村大数据平台建设，不仅促进了信息技术与农业融合，也成为陇南市实现信

---

① 《甘肃通渭：牢固树立网信工作"一盘棋"思维　强化人才队伍建设》，中国发展改革，2023年11月16日。
② 王煜宇：《向南开放潮起云飞》，《甘肃日报》2023年10月8日。
③ 何惠丽：《文化自信视域下传统茶文化融入幼儿园课程的实践研究——以甘肃陇南为例》，《才智》2024年第14期。

息资源共享、提升农业生产效率、优化资源配置的重要手段。

1. 陇南市乡村大数据平台建设

陇南市，作为甘肃省的一个重要组成部分，拥有丰富的自然资源和农业资源，但受限于信息不对称和技术落后，农业生产效率和产品营销能力有待提升。针对这一现实问题，陇南市积极推进乡村大数据平台建设，旨在通过信息技术手段，解决农业生产与市场需求之间的信息不对称问题，提升农业产业的整体竞争力。陇南市通过构建"陇南乡村大数据平台"，为农村电商的发展注入新的活力。该平台集成了农村气象、村务公开、农产品销售渠道等功能，通过大数据分析消费者需求，指导农业生产，实现精准种植和养殖。此外，平台还提供了政务服务功能，简化了办事流程，提高了服务效率。在电商方面，平台通过直播带货、精准营销等手段，提升了农产品的附加值，促进了销售量的增长。

2. 陇南乡村大数据平台对数字经济发展的驱动效应

一是促进农业数字化转型与智能化升级。陇南乡村大数据平台通过集成先进的大数据技术，为农业领域带来了数字化转型与智能化升级的强大动力。平台利用大数据分析，精准指导农业生产，优化资源配置，提高了农产品的产量与质量。此外，通过智能化设备的应用，农业生产过程更加高效、精准，人力成本更低，农业生产效率更高。大数据平台还助力农产品溯源系统的建设，增强了消费者对农产品的信任度，推动了农产品的品牌建设与市场拓展。

二是推动工业智能化发展与创新应用。陇南乡村大数据平台不仅促进了农业的数字化，也对工业智能化发展起到了推动作用。平台通过收集和分析工业生产数据，为企业提供决策支持，优化了生产流程和管理模式。同时，通过大数据技术的引入，企业能够更准确地把握市场需求，推动产品创新和服务升级。此外，大数据平台还促进了工业自动化和智能制造的发展，提高了工业生产的效率和灵活性。

三是助力服务业数字化提升与跨界融合。在服务业领域，陇南乡村大数据平台同样发挥了重要作用。通过大数据分析，服务业企业能够更好地理解客户需求，提供个性化的服务[①]。同时，大数据平台促进了服务业与其他产业的跨界融合，如旅游、金融、教育等，创造了新的商业模式和服务方式，推动了服务业的创新发展。

四是驱动数字经济整体发展与区域协同。陇南乡村大数据平台的建设，不仅推动了各行业的数字化进程，更在宏观层面上驱动了数字经济的整体发展。通过大数据的整合与分析，区域间的资源得到了更合理的配置，产业协同发展得以实现。此外，大数据平台还促进了政府与企业之间的信息共享和合作，推动了区域经济的协同发展。陇南市的实践充分显示了大数据平台对数字经济发展的强大驱动力，以及它为区域经济带来的深远影响。

二 陇南市数字经济发展现状

近年来，陇南市积极拥抱数字化转型，不仅在电商产业、智慧城市、数字农业以及云计算与大数据领域取得了显著成果，还推动了相关行业的创新发展。

1. 陇南市数字经济发展的主要领域

在电商产业方面，陇南市借助较完善的多层级电商平台，使当地的特色农产品和手工艺品得以广泛销售至全国各地。这一创新举措极大地促进了农民增收，为乡村振兴注入新的活力。同时，电商产业的繁荣也拉动了物流、支付等配套行业的快速发展，形成了良好的产业链协同效应。

智慧城市的建设也是陇南市的一大亮点。通过运用大数据、云计算等前沿技术，陇南市成功实施了多个智慧城市项目，如智慧交通和智慧医疗，这些项目的落地不仅提升了城市管理效率，更为市民提供了高质量的服务体验。智慧城市的推进，让陇南市在城市化进程中更加智能化、便捷化。

数字农业是陇南市依托其丰富的农业资源所作出的又一创新尝试。通过数字化管理，农业生产的各个环节都实现了精准控制，这不仅提高了农业生

[①] 陈太广：《基于大数据技术的物流供应链管理研究》，《产业创新研究》2023年第22期。

产效率，还显著提升了农产品的质量。值得一提的是，数字农业还带动了农业与旅游、文化等产业的深度融合，为陇南市的农业发展注入新的动力。

在云计算与大数据领域，通过积极引进新一代信息技术企业，陇南市已经建成了多个云计算中心和大数据平台。这些平台不仅为政府、企业提供了高效、安全的数据存储和计算服务，也成为推动产业转型升级的重要力量。

2.大数据、云计算应用情况

大数据中心建设奠定了坚实基础。在陇南市推进智慧城市与数字政府建设的过程中，大数据云计算中心的建成运营成为关键性的一步。作为全省市州首家投入运营的云计算中心，它不仅为陇南市的大数据、云计算应用提供了强有力的技术支撑，还极大地促进了数据资源的整合、共享与开放。这一举措不仅提升了数据处理能力，还为后续政务、产业等多元化应用场景的拓展奠定了坚实的基础。通过该中心的高效运作，陇南市在数据治理与利用方面迈出了坚实的一步，为城市智能化转型和数字经济发展注入了强劲动力。

政务信息化应用。陇南市充分利用大数据、云计算技术的优势，积极探索政务信息化应用的新路径。通过开发"陇南市自然灾害监测预警应急指挥系统"等大数据应用，实现了对自然灾害的实时监测、预警与应急指挥，有效提升了政府的应急响应能力和治理水平。同时，陇南乡村大数据平台等的构建，则进一步推动了乡村治理的智能化、精细化，为乡村振兴战略的实施提供了有力支持。这些政务信息化应用的广泛推广，不仅提高了政府服务效率，还增强了政府决策的科学性和精准性，为陇南市经济社会发展注入了新的活力。

产业领域应用。在产业领域，陇南市同样注重大数据、云计算技术的深度融合与应用。通过数据分析、数据挖掘等手段，企业能够更精准地把握市场需求和消费者行为，从而调整产品结构、优化营销策略，实现精准营销和个性化服务。这种基于数据的决策模式，不仅提高了企业的市场竞争力，还促进了传统产业的转型升级。大数据、云计算技术还为智能制造、智慧农业等新兴产业领域的发展提供了有力支持，推动了陇南市产业结构的优化升级和经济的可持续发展。随着技术的不断成熟和应用场景的持续拓展，陇南市的大数据产业生态系统将更加完善，为城市经济社会发展注入更加强劲的动力。

物联网技术应用与推广。陇南市积极将物联网技术融入智慧城市的建设中，通过构建全面的感知网络，实现了对城市运行状态的全面监控和智能管理。在智慧交通方面，陇南市利用物联网技术优化交通信号灯控制，提高道路通行效率；同时，通过车辆追踪与调度系统，减少了交通拥堵和事故发生的概率。智慧安防领域，则通过部署智能监控摄像头和人脸识别技术，提升了城市安全防范水平。智慧环保项目，利用物联网传感器实时监测空气质量、水质等环境指标，为环境保护提供了科学决策依据。这一系列举措，不仅提升了城市管理效率，也显著提高了市民的生活质量。青岛能源集团燃热一体物联网管理平台成功入选智慧城市先锋榜优秀案例，为陇南市智慧城市建设提供了可借鉴的先进经验。

农业物联网应用。陇南市在农业领域大力推广物联网技术，引领了农业数字化转型的新潮流。通过建设智能温室和智能灌溉系统，农民能够精确控制光照、温度、湿度等环境因素，实现作物的精准种植与科学管理。例如，在甘肃陇南市礼县石桥现代设施区，物联网技术的应用使蓝莓、西瓜等农作物的生长周期缩短、产量和质量均大幅提升。同时，通过物联网平台收集的数据分析，农民可以及时调整种植策略，降低农药化肥使用量，实现无公害绿色生产。这种以数据驱动的农业管理方式，不仅提高了农业生产效率，还促进了农业可持续发展，为农业现代化探索出了一条新路径。所描述的现代农业园区，正是物联网技术在农业领域应用的生动写照。

3. 数字经济基础设施建设进展

信息通信网络覆盖与性能。陇南市全面实现了光纤到户，不仅极大地提升了网络带宽和稳定性，更为居民日常生活带来了前所未有的便捷与高效。从高清视频流畅播放到大型文件秒传下载，光纤网络的强大能力满足了用户多元化的网络需求。同时，城市及主要乡镇千兆宽带接入能力的实现，进一步缩小了城乡数字鸿沟，为农村地区电商发展、远程教育等应用提供了强有力的支撑，助力乡村振兴战略深入实施。陇南市通过科学规划与高效执行，已在市区、重点工业园区及交通枢纽等关键区域实现了 5G 网络的连续覆盖，不仅为市民带来了更快速、更智能的移动通信体验，更为远程医疗、智能制造、智慧城市等新兴应用场景的快速发展插上了翅膀。

陇南市将 IPv6 的推广应用作为数字经济发展的重要一环，通过系统性的网络设备升级、网络架构优化及用户引导等措施，该市确保了 IPv6 与 IPv4 的平稳过渡和协同发展。IPv6 的广泛应用，不仅有效缓解了 IPv4 地址资源枯竭的问题，更为物联网、云计算、大数据等新兴技术的快速发展提供了更为广阔的地址空间和更为高效的数据传输能力。这一战略部署，不仅为陇南市当前数字经济的发展注入新的活力，更为其长远发展奠定了坚实的技术基础，确保了其在未来互联网竞争中占据有利地位。

数据中心与云计算基础设施建设。陇南市在数据中心建设上，展现出高度的前瞻性与系统性，成功构建了涵盖多个区域的数据中心布局体系。这些数据中心不仅地理位置分布合理，有效覆盖了广泛的服务区域，还充分运用了先进的节能技术与绿色设计理念。通过采用高效能的冷却系统、智能能耗管理系统以及可再生能源利用等措施，数据中心显著降低了能耗水平、实现了运营成本的有效控制。同时，各数据中心之间实现了高速互联，构建了稳定可靠的数据传输网络，为数据资源的快速共享与业务协同提供了强有力的支撑。云计算服务的全面升级与深度应用。依托强大的数据中心资源，陇南市积极推进云计算服务的全面发展，为政府、企业及个人用户提供了全方位、多层次的云服务解决方案。通过构建统一的云计算服务平台，陇南市实现了计算资源、存储资源及网络资源的高效整合与灵活调配，极大地提升了服务响应速度与资源利用效率。具体而言，政府部门借助云计算技术实现了政务数据的集中管理与共享，推动了政务服务的一站式办理与智能化升级；企业用户则通过云计算服务实现了业务系统的快速部署与弹性扩展，有效降低了 IT 成本并提升了市场竞争力；个人用户则享受到了便捷的云存储、云备份等服务，提升了数据的安全性与便捷性。

大数据中心协同创新体系的加速构建。为积极响应国家关于全国一体化算力网络枢纽节点的建设要求，陇南市正加快构建大数据中心协同创新体系。该体系以数据资源共享、业务协同与技术创新为核心目标,通过整合政府、企业及社会资源,打破了信息孤岛,促进了数据的跨领域、跨行业流通与融合。具体而言,陇南市通过建立数据交换平台与共享机制,推动了政府部门间数据的互联互通与开放共享;同时,积极引导企业参与数据资源的开发利用与技术创新活动,鼓励产学研用深度融合,共同推动大数据、云计算、人工智能等先进技术在各领域的广泛应用与深度渗透。这一系列举措不仅为陇南市数字经济的快速发展提供了强有力的数据支撑与智力支持,也为区域经济的转型升级与可持续发展注入了新的活力。

工业物联网发展。在工业领域,陇南市鼓励企业开展工业物联网应用示范项目,加速智能制造和工业互联网的发展。通过部署工业传感器、智能网关等设备,企业能够实时监测生产过程中的各项参数,收集并分析大量数据,为生产决策提供更加精准的依据。同时,工业互联网平台的建设与运营,促进了产业链上下游企业的紧密合作与资源共享,推动了整个产业链的协同创新。

三 陇南市数字经济发展的对策建议

陇南市还面临着数字基础设施升级压力和创新驱动能力不足等突出问题。

1. 加强基础设施建设与优化

在推进陇南市数字经济快速发展的进程中,信息基础设施的升级与完善是不可或缺的关键环节。鉴于当前数字化浪潮对经济社会各领域的深刻影响,加快构建高效、安全、绿色的信息通信体系显得尤为重要。

一是加速 5G 网络全面覆盖,构建数字经济新生态。5G 技术作为新一代信息通信技术的代表,其高速率、大容量、低延迟的特性为数字经济发展开辟了广阔空间。陇南市应积极响应国家"新基建"战略,全力推动 5G 网络在城乡区域的广泛覆盖,特别是在重点发展区域、产业园区、交通枢纽及人口密集区优先部署。通过加强与电信运营商的合作,优化基站布局,提升网络覆盖率与服务质量,确保用户能够享受到稳定、流畅的 5G 网络体验。

同时，还应探索5G在智慧城市、远程医疗、智能制造等领域的创新应用，促进5G技术与各行业深度融合，为数字经济发展注入强劲动力。

二是构建高效绿色数据中心，支撑数据要素高效流动。数据中心作为数字经济的核心基础设施，其规模与效率直接关系到数据处理与存储的能力。陇南市需紧跟全球数据中心发展趋势，高标准规划、高质量建设一批高效、绿色、安全的数据中心集群。这些数据中心应采用先进的节能技术和管理模式，实现能源的高效利用与碳排放的有效控制，符合绿色发展的时代要求。在功能定位上，应兼顾数据存储、处理、分析及安全保障等多重需求，为政府、企业及社会提供高质量的数据服务。还应推动数据中心之间的互联互通，促进数据资源的共享与利用，加速数据要素在数字经济中的自由流动与价值创造。

三是优化信息通信网络结构，强化信息传输安全可靠。信息通信网络是数字经济运行的"神经系统"，其结构与性能直接影响到信息的传输效率与安全性。陇南市应持续优化信息通信网络结构，加大光纤宽带网络建设力度，提升网络带宽与传输效率。同时，加强网络安全防护体系建设，采用先进的安全技术与策略，有效应对网络攻击、数据泄露等安全威胁。在提升网络性能的同时，还应注重用户体验的改善，通过智能化、个性化的服务方式，满足用户多元化、高质量的信息通信需求。还应加强网络基础设施建设与管理的法规制度建设，为信息通信网络的健康、有序发展提供有力保障。

2. 促进数字经济均衡发展

陇南市正积极探索以数字技术为驱动的发展新路径，旨在通过深化数字农业发展、拓展智慧城市应用及培育数字产业集群三大核心战略，加速经济转型升级，提升社会治理效能。

一是深化数字农业发展，赋能乡村振兴新动能。随着信息技术的飞速发展，陇南市将数字农业作为推动农业现代化、提升农业生产效率的关键抓手。通过构建智慧农业平台，集成物联网、大数据、人工智能等先进技术，实现农作物生长环境的实时监测与精准调控，有效提高了农作物产量与品质。同时，积极推动农产品电商化进程，搭建线上线下融合的销售渠道，缩短农产品从田间到餐桌的距离，拓宽农民增收渠道。还注重农业大数据的收集与分析，为农业生产提供科学决策支持，推动农业生产方式由传统向智能化、精准化转变，进一步促进农业与数字经济的深度融合，为乡村振兴注入强劲动力。

二是拓展智慧城市应用，提升城市治理现代化水平。智慧城市是未来城市发展的重要方向，陇南市正不断加强智慧城市建设，以数字化、智能化手段优化城市管理，提升公共服务水平。通过构建智慧交通系统，利用大数据分析预测交通流量，优化公共交通路线，缓解城市交通拥堵问题。在公共安全领域，引入智能监控系统，实现对城市重点区域的实时监控与预警，提高城市应急响应能力。同时，还积极推进智慧教育、智慧医疗等民生领域应用，利用数字技术提升教育资源均衡性，优化医疗资源配置，让人民群众享受到更加便捷、高效的公共服务。这些举措不仅提升了城市治理的精细化、智能化水平，也显著提高了居民的幸福感和满意度。

三是培育数字产业集群，激发经济发展新活力。基于陇南市现有的产业基础与资源禀赋，当地正积极培育和发展数字产业集群，力求形成数字经济与实体经济相互促进、共同发展的良好局面。通过政策支持与资金引导，吸引国内外数字技术企业入驻，打造集研发、孵化、生产于一体的数字产业园区。鼓励传统产业转型升级，引导企业应用数字技术提升生产效率和产品质量，拓展市场空间。同时，加强数字技术研发与创新，推动产业链上下游企业的紧密合作与协同创新，形成具有竞争力的数字产业集群。此举不仅促进了陇南市经济结构的优化升级，也为地方经济的持续健康发展注入了新的活力。

3. 完善人才培养与引进机制

在深入分析陇南市数字经济发展策略时，不难发现其人才战略是推动产业升级与转型的关键一环。

一是加强数字技能培训，提升全民数字素养。通过校企合作、政府引导、社会参与的模式，开展多层次、多形式的培训项目，不仅覆盖了基础的数字操作技能，还深入数据分析、人工智能、云计算等前沿领域，旨在培养一支既懂技术又懂应用的复合型人才队伍。这种系统化的培训机制，不仅提升了市民的数字素养，更为数字经济的深入发展提供了源源不断的人才。

二是引进高端数字人才，激发创新活力。通过制定具有竞争力的优惠政策，如科研经费补贴、个人所得税减免、住房保障等，吸引国内外高端数字人才来陇南市创业就业。同时，加强与知名高校、科研机构的合作，共建研发中心、实验室等创新平台，为高端人才提供广阔的舞台和发展空间。

三是建立人才激励机制，促进创新成果转化。通过设立专项奖励基金、科研成果转化奖励、创新创业支持等方式，鼓励企业加大研发投入，支持科研人员开展创新活动。同时，加强与金融机构的合作，为创新项目提供融资支持，促进创新成果的快速转化和商业化应用。这种全方位、立体化的激励机制，不仅激发了人才的积极性和创造力，更为数字经济的持续健康发展提供了有力保障。

4. 创新驱动与产学研合作深化

科技创新与产学研深度融合已成为推动区域经济增长的关键引擎。为进一步提升产业竞争力、构建高质量发展的新模式，要加强科技创新投入、深化产学研合作及打造创新生态体系。

一是加强科技创新投入，激发产业升级新动能。积极增加对科技创新的投入，不仅限于资金层面的支持，更在于政策引导与资源配置的优化。通过设立专项基金、实施税收优惠等措施，鼓励企业加大研发投入，开展关键技术攻关，推动传统产业升级改造。同时，积极引进高科技人才和先进技术，为产业发展注入新鲜血液，形成创新驱动的发展格局。

二是深化产学研合作，加速科技成果转化。为进一步提升科技成果的转化效率，陇南市及通渭县等地积极探索产学研合作新模式。通渭县在金银花产业的发展过程中，便成功联合了多所高校和科研院所，组建了金银花研究专业技术团队，实现了从基础研究到应用开发的无缝对接。这种合作模式不仅促进了科研成果的快速转化，还为企业提供了源源不断的技术支持和创新灵感。通过搭建产学研合作平台，企业和科研机构能够共享资源、互补优势，形成协同创新的良性循环，从而加速产业升级和新技术、新产品的推广应用。

三是打造创新生态体系，优化创新创业环境。构建开放协同的创新生态体系是推动数字经济与实体经济深度融合、实现高质量发展的关键。陇南市及通渭县等地通过优化政策环境、完善服务体系、强化人才支撑等措施，积极打造有利于创新创业的良好生态。政府部门通过简化审批流程、提供融资支持、加强知识产权保护等方式，为企业和创业者创造更加便利的条件。同时，还通过建设孵化器、加速器等创新创业载体，提供全方位的孵化服务，降低创新创业门槛和成本。还注重加强国际合作与交流，积极引进国际先进技术和创新资源，为本地产业发展注入新的活力和动力。

第十三节　临夏州"上云用数赋智"行动与数字经济发展

临夏回族自治州（以下简称"临夏州"）位于黄河上游的青藏高原与黄土高原交界地带，是黄河上游重要的水源补给区和生态安全屏障。临夏州是古丝绸之路南道之要冲、唐蕃古道之重镇、茶马互市之枢纽，是明代著名的四大茶马司之一。临夏州是多民族聚居区，有汉、回、东乡、保安、撒拉等42个民族，拥有丰富的文化遗产和民族风情。临夏州是中华文明的重要发源地之一，马家窑、半山、边家林、齐家等遗址星罗棋布，黄河文化、大禹文化、非遗文化、花儿文化、牡丹文化等交相辉映，享有"中国彩陶之乡""中国花儿之乡""中国砖雕文化之乡"的美誉。临夏州下辖1市7县，全州总面积8216平方公里。2023年末，常住人口为210.11万人[①]。近年来，临夏州以构建"多园多点"园区经济发展格局为引领、以壮大特色优势产业为重点，不断加快经济转型，牛羊产业、农产品深加工以及文旅产业已成为临夏州重要的特色产业，为推动地方经济发展发挥了重要作用。

---

① 《临夏州州情概况》，临夏回族自治州人民政府，2024年3月4日。

一 "上云用数赋智"行动实施现状

"上云用数赋智"是临夏州实现高质量发展的重要途径，为实现"六个临夏"奋斗目标提供了数字化方案，通过实施"上云用数赋智"行动，临夏州在推动数字技术与产业经济、智慧城市、政务服务、乡村振兴深度融合等方面都取得了积极成效。

1. 数字技术与产业经济深度融合

近年来，数字经济在临夏州呈现蓬勃发展之势，一系列因地制宜支持数字经济发展的政策措施相继落地，数字技术与产业经济深度融合，已成为驱动临夏州经济高质量发展的新引擎。全州经济持续快速增长，经济实力整体提高。2023年，全州地区生产总值439.7亿元，比上年增长6.5%[1]。数字经济赋能产业转型升级，产业承接升级机遇。济南、临夏东西协作建立"东西部协作+"开放合作平台，从财政、用地、物流、消费、用工、金融等方面给予临夏州产业发展支持，为进一步承接东部产业梯度转移进行创新实践。新建的东乡县、广河县产业园已分别获批国家级、省级现代农业产业园；积石山数字经济产业园成为阿里巴巴、蚂蚁集团旗下图文标注、证照审核、语音数据处理等数字基础应用业务全国审核点。[2]

2. 数字技术与乡村振兴深度融合

一是智慧农业发展模式不断创新。构建农村耕地质量监测、土壤安全监测等机制，推动全州智慧农业建设工程，包括种植业创新应用基地建设项目、数字设施农业创新应用基地、数字畜牧业创新应用基地等。临夏州、永靖县等东西协作产业园配备了智慧农业系统，为临夏州农业向"高精尖"现代农业方向发展提供了样板。乡村振兴东乡"5G+智慧养殖"项目运用移

---

[1] 《临夏回族自治州2023年国民经济和社会发展统计公报》，临夏回族自治州人民政府，2024年3月25日。

[2] 临夏州乡村振兴局：《"五个济南"赋能"六个临夏"——临夏州东西协作高质量发展》，2023年10月25日。

动互联网、二维码、射频、耳标等物联网技术，对养殖信息、生产计划、疫苗信息、散养放牧等实现自动化管理，并对养殖环境、发育及疫病进行全方位监测，实现"一品一码"产品溯源，加快建设标准化、现代化养殖示范基地。

二是智慧旅游建设逐步推进。临夏州全域28家国家A级旅游景区的信息化现状摸底、全域智慧旅游云平台的建设等工作顺利推进，全州文旅产业逐步实现高质量发展。2023年，全州共接待游客3103.1万人次，实现旅游综合收入171.4亿元。其中乡村旅游接待人数1322.1万人次，实现收入53.7亿元[①]。

3. 数字化赋能黄河流域生态保护和高质量发展

临夏州积极对接国家、省上规划，建立中长期支撑黄河流域生态保护和高质量发展的动态项目库，大力实施水土保持重点工程、坡耕地水土流失综合治理工程、淤地坝工程和"十大生态项目"[②]，生态环境质量持续向好。在生态优先、绿色发展的创新探索中，临夏州将数字技术与生态环保深度融合，积极探索应用场景，从环境保护、生态监测、服务体验、用户运营、产业创新等方面发力，以数字化、智慧化手段推动生态环境高水平保护和生态治理现代化，助力全省生态文明建设。

二 临夏州数字经济发展现状

临夏州政府高度重视数字经济发展，制定出台了《临夏州"十四五"工业互联网与数字经济发展规划》《"数字临夏"战略合作框架协议》等政策措施，加大信息化基础设施建设投入力度，积极推动产业数字化转型，积极引进数字经济项目，全州数字经济发展呈现良好的发展态势。

[①]《临夏回族自治州2023年国民经济和社会发展统计公报》，临夏回族自治州人民政府，2024年3月25日。

[②]《临夏州建立中长期支撑黄河流域生态保护和高质量发展动态项目库》，《兰州日报》2021年12月16日。

1. 数字基础设施建设持续加速

临夏州加大信息化基础设施建设投入力度,通信基础设施日益完善,网络覆盖面不断扩大,信息化发展能力全面提升。2023年底,全州共有铁塔3526座、4G基站8814个、5G基站3185个。全州电话用户总数211.25万户,其中移动电话用户195.79万户,固定电话用户15.46万户。年末有线宽带用户64.9万户,其中农村用户32.6万户,城市用户32.3万户。全年移动互联网用户接入流量3.1亿GB,同比增长15.0%[①]。依托通信运营企业互联网数据中心基础,以政府购买公共服务和企业建设投资模式,临夏州信息资源大数据中心建设有序推进,初步实现了对临夏州大数据的挖掘、分析与应用,创新管理和服务模式。

2. 积极推动产业数字化转型

一是数字科技助力临夏州现代农业发展。临夏国家农业科技园、永靖三塬现代农业科技园、康乐现代农业科技园、和政百益农村产业融合发展示范园、东乡达板金银花产业园的建设,显著提升了农业现代化水平。通过云计算和大数据分析,优化农业产业结构,提升农业产值。例如,在临夏百益亿农国际鲜花港项目中,利用人工智能技术进行花卉种植管理,提高花卉产业的科技含量和经济效益。此外,甘肃临夏国家农业科技园区引进百益、燎原等龙头企业,建立各类农民专业合作社1118家,这些合作社已成为全州绿色蔬菜生产基地、优质奶源基地、特色林果基地和商品粮基地。区内重点招商引资电商企业——甘肃聚合数字科技有限责任公司对全州100余家企业生产的500余个农牧产品进行直播带货,截至2024年6月,已有296个产品实现点单,销售额达76万元[②]。

二是大力推进"数字企业"建设和"云服务"平台应用,两化融合不断深入。"十三五"期间,临夏州中小企业、民营经济不断壮大。规上工业企业

[①] 《临夏回族自治州2023年国民经济和社会发展统计公报》,临夏回族自治州人民政府,2024年3月25日。

[②] 《数字科技助力临夏州农业发展》,澎湃新闻,2024年6月3日。

主要分布在食品、乳制品、冶金、化工、水电、能源、生物医药及建材等行业。食品和民族特需用品加工业稳步发展。重点扶持龙头企业信息化建设，积极培育省级两化融合创新试点企业，企业自动化、信息化水平显著提升。以燎原乳业、八八啤特果集团为代表的龙头企业在生产与管理过程中，采用了信息化高度集成的自动化生产线及远程生产控制系统，促进了企业节能降耗、降本增效，起到了两化融合应用示范作用。临夏州开展的数字化车间认定工作，鼓励各企业积极推进数字化车间建设，加快制造业数字化转型升级步伐。

三是数字经济与临夏州的文化旅游、电子商务等产业不断深化融合，赋能传统产业转型升级的应用场景不断丰富。临夏州文化旅游大数据中心的运营，实现了文化旅游产业的精准定位、精准营销、智能化管理，提升了行业服务水平。"临夏市畅享河州""积石山积有丰农""永靖县刘家峡牌""东乡县东乡味道"等公共区域品牌的创建，进一步推动了电子商务新业态的蓬勃发展。

3. 智慧城市建设不断推进

临夏州积极引进数字经济项目，与中国移动甘肃公司签订"数字临夏"战略合作框架协议，通过项目合作推动数字经济发展，不断探索信息技术在数字政务、智慧水务、智慧农牧、智慧医疗、智慧教育等领域的应用。临夏州大数据云计算中心项目是助力数字政府建设、优化营商环境、推进治理能力现代化的关键抓手，也是推动临夏数字经济产业发展的又一最新成果。临夏数字政府政务服务能力提升明显，医保查询、公积金查询、不动产登记办税、低保申请等261项高频应用稳定运行，数字政府利企惠民的价值作用有效彰显。[①]

三 临夏州发展数字经济对策建议

临夏州数字经济发展虽然具有一些基础条件和巨大发展空间，但仍面临产业基础相对薄弱，数字化、网络化、智慧化进程明显滞后，技术人才和管

[①] 《步"云端"之巅 建"数字临夏"——我州数字经济为高质量发展注入澎湃动力》，《信息新报》2023年6月22日。

第六章　甘肃区域数字经济发展

理人才短缺，资金投入不足等突出问题。临夏州应立足资源禀赋和产业发展需求，通过强化政策支持和引导，加快 5G 网络、大数据云计算中心、工业互联网等基础设施建设，推动数产融合，着力构建具有临夏特色的现代产业体系，奋力打造重要的新兴产业策源地、新经济发展高地。

1. 加强政策支持和引导

良好的政策环境有助于推动数字经济的快速发展。一是加大国家对民族地区基础设施扶持力度。从国家和省上出台相关政策，在基础设施、财政扶持、人才培养等多方面予以更多扶持，为临夏州数字经济发展提供有力保障。二是结合临夏州资源优势，针对智慧农业、智慧旅游、智慧物流等特色数字经济产业制定数字经济发展规划，明确发展目标和重点领域。三是出台相关政策为数字经济企业提供税收优惠、资金支持、人才引进等方面的扶持。

2. 加快数字基础设施建设步伐

一是加快信息化基础设施建设，提升宽带网络、数据中心等基础设施的覆盖率和质量。推进 5G 网络建设，为数字经济的发展提供高速、稳定的网络环境。二是全力推进临夏州大数据云计算中心建设。立足临夏实际和产业发展需求，努力把临夏州大数据云计算中心建成"面向全国、立足全省"的"东数西算"甘肃枢纽重要节点，实现大数据和数字技术在政府管理、社会治理、产业发展、公共服务、生态环保等领域的不断深化运用。三是推进工业互联网网络基础设施建设。围绕工业互联网的核心体系，打造"一基础、一核心、一保障、一带动"的"四个一"工业互联网发展新模式。即初步建成低时延、高可靠、广覆盖的工业互联网网络基础设施。培育引进行业级、企业级工业互联网平台。建立和完善涵盖设备、控制、网络、平台和数据的多层次安全保障体系，带动数字经济发展。[1]

---

[1] 临夏回族自治州人民政府办公室：《临夏州"十四五"工业互联网与数字经济发展规划》，2022 年 8 月 25 日。

3. 大力推进数字产业化和产业数字化

一是发挥中国移动央企优势和产业链链长引领带动作用，加快产业项目招引，吸引更多数字经济配套产业和行业头部企业落户临夏，为全州经济社会高质量发展培育新动能、注入新活力。二是发挥好大数据中心牵引带动作用，统筹数据资源整合共享和开发利用，在智算、智能、智产方面做足文章、下足功夫，有效赋能经济发展新业态、新场景。三是各县市各部门要全力配合支持，建立专班调度、跟踪服务机制，加快各部门自建平台迁移和各县市数据汇聚，最大限度发挥大数据云计算中心的数据聚合效应。

4. 以数字产业园区加快产业集聚发展

产业园区是产业培育的主战场、经济发展的推进器。在临夏经济开发区的基础上建立数字经济产业园区，吸引相关企业入驻，形成产业链集聚效应。一是不断完善对园区发展的政策支持、要素投入、激励保障、服务监管等长效机制。培育工业企业，高效解决企业发展难题和实际困难。二是加大园区招商力度，开展精准招商、以商招商、产业链招商，力争引进一批市场前景好、科技含量高、附加值高、成长性强的企业，跟踪做好企业落地各项服务保障工作，不断提高产业聚集度，促进园区扩容提质。三是积极引导企业持续加大研发能力和创新力度，加强与国内外数字经济企业的合作和交流，提升产业整体竞争力。

第十四节　甘南州"生态优先，绿色发展"与数字经济发展

甘南藏族自治州（以下简称"甘南州"）作为甘肃省以水源涵养和水土保持为重点的黄河上游生态功能带重点地区，肩负着筑牢黄河上游生态屏障的首要责任，维护生态安全是该地区经济社会发展的主线和生命线，必须坚持"生态立州、绿色发展"的理念，致力发展绿色经济。近年来，数字经济的迅猛发展，为甘南州绿色经济发展提供了新的发展

机遇，以数字经济赋能绿色经济，正日益成为加速甘南州提升绿色发展水平的重要途径。

一 甘南州"生态优先，绿色发展"战略实施成效

"十四五"以来，甘南州以维护生态安全、筑牢黄河上游生态屏障为己任，坚持"生态优先、绿色发展"的发展主线，在生态优先、绿色发展战略的实施上取得了显著成效，制定了《甘南州"十四五"生态环境保护规划》《甘南州绿色矿山建设实施意见》，明确了生态环境保护的目标任务、发展重点和保障措施。

1.生态建设项目加快推进，资金投入不断加大

"十四五"以来，甘南州实施了一大批生态项目，如农牧村水源地保护、人居环境整治、水环境综合治理等。截至2023年底，已建成生态项目5项，开工建设76项，正在开展或预备启动前期工作的有23项。资金投入方面：争取各类渠道资金，用于实施山水林田湖草沙一体化保护和修复、洮河流域生态护岸、封山育林、沙化治理、水源涵养等生态项目。2021年争取到资金8.97亿元用于生态保护项目；2023年争取下达甘南州重点区域生态保护和修复工程中央预算内资金2945万元，较2022年增长1135万元；同时，正在积极争取总投资4.96亿元的若尔盖草原湿地—甘南黄河重要水源补给生态保护和修复项目。

2.绿色经济综合发展水平逐年稳步提升

自2019年以来，随着黄河流域生态保护和高质量发展重大国家战略的落实，甘南州进一步明确了"黄河上游水源涵养区"战略定位，全州深入贯彻落实习近平总书记视察甘肃重要讲话和指示精神，积极践行"绿水青山就是金山银山"的理念，围绕生态立州、绿色崛起的发展方向采取了一系列有效政策措施，全面推进绿色经济发展，逐步取得良好成效。有关评价表明，2023年，甘南州绿色经济综合发展水平指数评价得分为156.80分，较2019年增长了29.39分，增长幅度为23.07%，年均增速为4.62%（见图6-7）。总体上

看，近年甘南州绿色经济综合发展水平保持着总体稳步向上良好态势。

3.生态环境质量持续提高

近年来，甘南州在"生态优先、绿色发展"的理念指引下不断加大生态环境治理力度，以"五无"甘南为标志的环境革命持续推进中，生态环境质量实现持续提高。空气质量方面，甘南州空气质量综合指数持续排在全省首位，显示出良好的大气环境质量；水质方面，全州地表水国控、省控断面、地下水监测点位和集中式饮用水水源地水质优良比例均达到100%，水质得到显著提升；土壤环境方面，通过开展"一住两公"调查工作和加大相关执法力度等一系列实效措施，土壤环境质量持续提高，土壤污染得到有效控制。

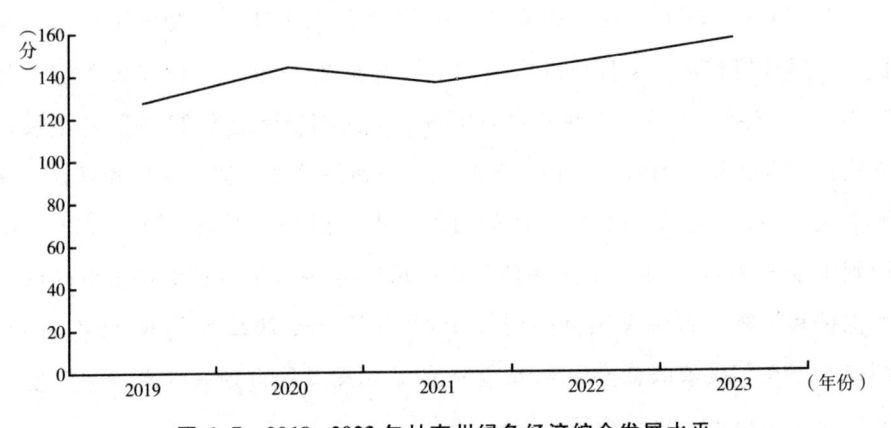

图 6-7　2019~2023 年甘南州绿色经济综合发展水平

资料来源：王俊莲、王晓芳主编《甘肃经济发展分析与预测（2024）》，社会科学文献出版社，2024；其中 2022 年、2023 年绿色经济综合发展水平由笔者依据当年数据测算。

4.生态项目推进成效显著

一是生态文明小康村建设推进，到 2021 年已累计建成 1603 个生态文明小康村，覆盖全州 54%的自然村。"十四五"时期，将继续建设高品质、升级版生态文明小康村 1430 个，到 2025 年实现自然村全覆盖。二是实施了一大批人居环境整治项目，城乡生活垃圾无害化处理率达到 96%，环境基础设施不断完善。

5.绿色生态产业高质量发展

"十四五"以来，甘南州生态产业实现高质量发展，增加值持续增长，为全州经济发展提供了新的动力，预计到2025年，全州生态产业比重将达15%以上。作为甘南州生态产业两大首位产业之一的现代农牧业，目前以牦牛产业为龙头、"牛羊猪鸡菜果菌药"八大特色产业统筹推进的特色生态产业体系已基本形成正稳步发展中，2023年全州农林牧渔及农林牧渔服务业增加值达46.64亿元，比上年增长3.8%。作为甘南州生态产业两大首位产业之一的文旅产业，近年立足于甘南州的绿水青山优势，致力于相关基础设施和服务水平的晋档升级，发展势头迅猛，2023年全年接待国内外游客2200万人次，比上年增长341%；实现旅游综合收入达110亿元，增长346%。

二　甘南州数字经济发展现状

甘南州制定出台了《甘南州推进5G通信网络建设的实施方案》《甘南州5G通信基站专项规划（2020—2024年）》《甘南州"十四五"工业和信息化高质量发展规划》《甘南州"十四五"数据信息产业发展规划》《甘南州"十四五"科技创新规划》《甘南州"十四五"科技创新企业倍增工作方案（2022—2025）工业和信息化高质量发展规划》等政策措施，以建设"数字甘南"为主线，着力推进数字经济发展，信息基础设施逐步完善，数字化项目逐年稳步推进，数字政府建设成效显著，数字经济产业布局逐步形成，数字经济相关合作与投资不断增长。

1.数字经济信息基础设施逐步完善

近年来，甘南州高度重视数字经济信息基础设施建设，数字经济信息基础设施逐步完善。目前，该州已实现光纤网络城乡全覆盖，为数字经济发展提供了坚实的网络基础。同期，5G基站建设也取得突破性进展，目前甘南州已建成并投入使用大量5G基站，实现了5G网络在主要城区、工业园区和旅游景区的广泛覆盖。2023年甘南州建成5G基站数量达1351个，5G网络覆盖率全州已达50%以上，县市城区覆盖率达到98.76%，乡镇覆盖率达到96.65%，行政村覆盖率达到65.4%，3A级以上景区覆盖率达到100%，高速覆盖率达到53.48%。

同时，甘南州以"智慧城市"建设为引领，先后与中国移动甘肃公司签订"'智慧城市'建设战略合作协议"，与中国电信甘肃公司签订"'5G+新型智慧城市'建设战略合作框架协议"，与中国铁塔甘肃分公司签订"5G建设及'智慧城市'应用战略合作协议"，聚焦"善政、精治、兴业、惠民"四大领域，加快推进城市管理、政务服务、便民生活、新兴产业的智慧化、高效化、多元化发展，不断创新社会管理和公共服务模式，协力提升城市数字经济基础设施建设水平，为甘南州绿色现代化发展提供有力数字支撑。

2. 数字化项目逐年稳步推进

近年来，甘南州积极推进数字化项目建设，包括基础设施建设、产业升级、智慧城市发展、企业培育和通信线路优化等领域，旨在推动甘南州经济社会的数字化转型和高质量发展。其中的重大数字经济项目主要集中在以下几个方面。一是新时代"数字甘南"大数据综合应用项目，总投资1.82亿元，包括建设运营指挥中心和12345政务服务便民热线平台，旨在利用大数据、云计算、物联网等技术推进集约化、节约化建设，打破信息孤岛，推动信息共享和业务协同。二是5G网络建设项目，全州已建成5G基站1351个，实现了县市城区、乡镇、行政村以及3A级以上景区的广泛覆盖，为智慧城市建设提供了网络基础。三是智慧城市建设项目，先后与中国移动、中国电信、中国铁塔甘肃公司签署了智慧城市建设合作协议，计划通过智慧城市建设，加快城市管理、政务服务、便民生活、新兴产业的智慧化、高效化、多元化发展。四是数字经济创业示范企业培育项目，甘南数据信息产业孵化园引进培育了云账户、途见、巨创云科技等数字经济创业示范企业，推动了甘南数字经济的快速发展。五是省级制造业高质量发展和数据信息产业发展专项项目，包括甘南州中小企业服务平台数字化综合提升建设、牦牛奶粉生产线智能化改造、年产4000吨食用菌菌种生产线升级改造、企业安全管理系统及虚拟体验平台建设等项目。六是兰合铁路通信线路迁改建设项目，已成立协调推进领导小组和工作专班，通信线路迁改工程已完成60%的工程量，确保通信线路的高效迁改。此外，近年来，甘南州的数字化项目涵盖了农业、工业、服务业等多个领域。在农业领域，甘南州通过推广智能农业、精准农业等模式，提高了农业生产效率和农产品质量；在工业领域，甘南州引导企业开展数字化改造，推动传统产业向高端化、智能化、绿色化转型；在服务业领域，甘南州积极发展电子商务、智慧旅游等新业态，提升了服务水平和质量。这些数字化项目的推进，为甘南州数字经济的快速发展注入了强大动力。

3. 推动数字政府建设，提升治理能力

近年来，甘南州积极推动数字政府建设，通过运用大数据、云计算等技术手段，建成多个数字化平台，促进了政务数据共享和开放，有效推进政务服务的线上化、智能化和便捷化，显著提升了政府治理能力和服务水平。其在数字政府建设方面的成效具体表现在以下几个方面。一是政务系统上线，2022年3月，甘南州"数字政府"系统成功上线，标志着甘南州政务服务进入新模式，深化了改革，优化了营商环境。二是数字政府建设任务如期完成，甘南州按照全省数字政府建设的总体规划，目前已完成了州运营指挥中心、政务云、政府网站集约化、数据资源库、数据共享交换中心、"12345"政务服务热线等一系列州级建设任务，实现了政务服务和公共服务事项、业务应用系统、数据汇聚共享、政务服务网络省州县乡四级贯通。三是实现政务服务事项的有效梳理，目前累计梳理规范上线事项8502项，其中政务服务事项7763项、公共服务事项40738项，有效提升了政务服务的覆盖面和便利性。四是完成数据资源目录编制，目前已梳理编制完成政务数据资源目录2566条，移动端高频应用32个，为数据资源整合和共享奠定了基础。五是推进完成智能设备配置，目前已新配置乡镇终端政务服务一体化智能机104台，对接州、县市、乡镇政务服务中心各类智能设备595台，提升了基层政务服务的智能化水平。六是政务服务能力进一步提升，通过数字政府建设，甘南州政务服务"一网通办""一网统管""一网协同"的能力得到加强，为政府决策科学化、行政办公高效化、公共服务便捷化、社会治理精准化提供了有力支撑。通过这些措施，甘南州数字政府建设取得了积极进展，为提升政府治理能力、优化营商环境、便利企业和群众办事、推动经济社会高质量发展发挥了重要作用，为甘南州数字经济健康发展提供了有力保障。

4. 数字经济产业布局逐步形成

甘南州在数字经济发展过程中，注重培育和发展数字经济产业。目前，该州已形成一批具有地方特色的数字经济产业集群，如清洁能源、大数据、云计算、物联网等。这些产业集群的形成，为甘南州数字经济的发展提供了强大的产业支撑。同时，甘南州还积极引进和培育数字经济企业，推动数字经济企业的集聚和发展；通过组建甘南州大数据服务中心数据信息产业园，提供优惠政策和良好的办公环境，吸引了一批优质数字经济企业入驻。通过一系列数字经济产业规划、发展、培育和引进措施，甘南州正逐步构建起支撑数字经济发展的产业生态。数字经济产业布局已逐步形成。

5. 数字经济合作与投资持续增长，推动数字经济发展

近年来，甘南州积极加强与其他地区的合作与交流，引进了一批数字经济领域的先进技术和项目，同时，积极吸引外部投资，为数字经济的发展提供充足的资金支持。2024年第一季度，甘南州招商引资实现"开门红"，新签约项目46个，总投资112.64亿元，其中已开工建设项目29个，到位资金9.45亿元。续建及新签约项目到位资金同比增加5.42亿元，增长率达73.36%；2024年6月，甘南州在北京举办了招商引资暨文化旅游推介会，旨在宣传推介甘南的优势资源，搭建交流合作平台，推动甘南州经济社会高质量发展，推介会现场签约项目12个，签约金额达66.96亿元；2024年7月，甘南州在兰洽会期间举行了招商引资项目推介暨专场签约仪式，签约项目37个，签约金额达73.55亿元，项目涉及文化旅游、现代农牧、黄金、中藏药、新能源和低空经济等甘南州特色优势产业。同时，近年甘南州通过精心编制"甘南州招商引资投资机会清单"、不断优化营商环境等措施为吸

引外部合作与投资创造了有利条件。通过这些实效成果和措施，甘南州有效实现了经济合作与外部投资的持续增长，为甘南州数字经济的快速发展提供了强大的动力和活力。

三 甘南州发展数字经济赋能绿色发展的思路对策

随着全球数字化进程的加快推进，数字经济已成为推动经济社会发展的新引擎。甘南州在坚持"生态立州、绿色发展"发展主线的同时，应积极把握数字经济时代机遇，通过数字经济赋能绿色经济发展，推动产业升级和生态优化。

1. 提升数字技术创新能力，培育绿色发展新动能

一是加强核心数字新兴技术供给。甘南州应加大在云计算、大数据、人工智能、区块链等核心数字技术方面的研发投入，构建自主可控的技术体系。通过引进和培养高端数字技术人才，加强与科研院所和高校的合作，推动数字技术创新成果的转化和应用。同时，建立数字技术创新激励机制，鼓励企业增加研发投入，提升技术创新能力。

二是探索数字技术在绿色发展领域的应用。甘南州应积极探索数字技术在绿色能源开发、清洁生产、环境监测等领域的应用场景。比如，利用大数据和人工智能技术优化新能源开发和管理，提高清洁能源利用率；通过物联网技术实现生产过程的实时监测和智能控制，减少资源消耗和污染物排放；利用区块链技术构建绿色产品追溯体系，提升产品的可信度和市场竞争力。

三是加快构建绿色数据中心。甘南州在布局数据中心时，应充分考虑绿色低碳导向。推动数据中心在布局优化、技术创新、绿电直购、储能及梯次利用等领域开展探索，提高能源利用效率，减少碳排放。同时，建立数据中心的能耗监管机制，确保数据中心运营符合绿色标准。

2. 推动企业数字化转型，厚植绿色发展新优势

一是引导企业实现全方位数字化转型。甘南州应制定数字化转型的引导政策，鼓励企业利用数字技术对传统产业进行全方位、全角度、全链条地改

造。通过引入智能制造、智能管理、智能服务等系统,提升企业生产经营的自动化、智能化水平。同时,加强企业数字化人才队伍建设,培养一支既懂业务又懂技术的复合型人才队伍。

二是促进数字技术和传统产业融合发展。甘南州应积极推动大数据、人工智能等数字技术与传统产业深度融合。通过建设工业互联网平台、智能工厂等,实现机器设备、人员等软硬件设施上网上云,实现精准分工、精准协作和精准生产。这样不仅可以提高生产效率,还可以显著降低生产成本、提升企业竞争力。

三是推动绿色低碳生产。在数字化转型过程中,甘南州应引导企业注重绿色低碳生产。通过引入能源管理系统、环境监测系统等,实时监测企业生产经营过程中的能耗和排放情况,及时发现和解决问题。同时,推广绿色生产技术和工艺,减少资源消耗和污染物排放,推动企业实现绿色低碳转型。

3. 加速传统产业数字渗透,探索绿色发展新路径

一是丰富数字经济应用场景。甘南州应针对不同产业的发展特征和要求,丰富数字经济的应用场景。比如,在工业领域推广智能制造、工业互联网技术,实现生产过程的智能化和数字化;在服务业领域推广电子商务、在线教育等数字服务新业态,促进服务业的转型升级。

二是促进一二三产业深度融合。甘南州应积极推动数字经济与一二三产业的深度融合。通过数字技术的广泛应用和深度融合,打破产业间的壁垒和界限,促进产业间的协同发展。比如,通过建设农业物联网平台,将农业生产与食品加工、物流运输等环节紧密连接起来;通过建设工业互联网平台,将制造业与服务业深度融合,实现产业链上下游的高效协同。

三是进一步优化产业结构。甘南州应以产业数字化的快速发展为重要抓手,充分发挥数字经济对产业结构优化的正向促进作用。通过政策引导和市场机制作用,促进生产要素流向资源节约、环境优化的绿色新兴产业。同时,加强传统产业的改造升级,淘汰落后产能,推动产业结构不断优化升级。

4.加强数字基础设施建设，提升数字经济支撑能力

一是加快5G网络建设和应用。甘南州应加快5G网络的建设和普及工作。通过协调解决基站进场难等问题，推动5G基站的全覆盖。同时，加强与电信运营商的合作，推动5G技术在各个领域的广泛应用和推广。通过5G网络的建设和应用推广，为数字经济的发展提供强有力的网络支撑。

二是进一步推广物联网技术。甘南州应积极推动物联网技术在各个领域的广泛应用。通过建设物联网平台、推广物联网设备等手段，实现物物相连、人物互动的智能场景。这样不仅可以提高生产效率和服务质量，还可以为数字经济的发展提供丰富的应用场景和数据资源。

三是加强信息安全保障。在数字经济发展过程中，信息安全问题日益凸显。甘南州应加强信息安全保障工作，建立健全信息安全制度和标准体系。通过加强网络安全监管、提升数据保护能力等手段，确保数字经济的健康发展。

5.进一步强化数字经济发展的政策支持和保障措施

一是加快制定数字经济发展专项规划。甘南州应建立健全数字经济发展的政策体系，明确数字经济发展的战略定位、发展目标、重点任务和保障措施。加快制定《甘南州数字经济发展规划》等纲领性文件，为数字经济发展提供宏观指导和政策支撑。

二是强化数字经济发展的政策支持与激励。税收优惠方面，为数字经济企业提供税收减免、加速折旧等优惠政策，降低企业运营成本；资金扶持方面，可设立数字经济发展专项资金，用于支持数字经济重点项目、技术研发和人才引进等；市场准入方面，需进一步放宽数字经济领域市场准入条件，鼓励社会资本参与数字经济发展。

三是建立数字经济发展跨部门协同机制。建立由多部门参与的数字经济发展协调机制，加强部门间的沟通与合作，共同推进数字经济政策的落地实施。通过定期召开联席会议、信息共享等方式，确保政策的有效执行和协调一致。

四是进一步优化数字经济资金投入机制。政府引导方面,可设立数字经济政府引导基金,吸引社会资本共同投入,支持数字经济重点项目和初创企业发展;银行贷款方面,要鼓励商业银行加大对数字经济企业的信贷支持力度,提供低息贷款、信用贷款等金融服务。

五是强化数字经济人才引进与培养。人才引进政策方面,需制订有效的高端数字经济人才引进计划,通过提供优厚待遇、住房补贴、子女教育等优惠政策,吸引国内外优秀人才落户甘南;应建立柔性引才机制,鼓励企业通过顾问咨询、项目合作等方式,吸引外部专家团队参与甘南数字经济发展。人才培养体系建设方面,要鼓励校企合作,加强与高校、职业院校的合作,共建数字经济人才培养基地和实训基地,培养符合市场需求的高素质人才;应进一步推进继续教育,鼓励和支持企业员工参加数字经济相关的培训,提升员工的专业技能和综合素质。

主要参考文献

安文华、王晓芳:《甘肃经济发展分析与预测(2023)》,社会科学文献出版社,2023。

白素贞:《我国数字经济产业发展水平分析》,《经济与社会发展研究》2020年第10期。

曹林生:《"8+"机制架起党群干群连心桥 "五全覆盖"激起主动创稳民心潮》,《甘南日报》(汉文版)2023年12月12日。

陈柳:《从丝路重镇到数字新城,敦煌市智慧城市建设托起群众幸福梦》,《酒泉日报》2023年9月22日。

程健:《2024年甘肃省数字乡村建设现场推进会在平凉召开》,每日甘肃,2024年6月29日。

程实:《数字经济的价值创造与增长本质》,《盘古智库》2021年6月10日。

崔珂珂:《江苏省数字经济发展水平评价及耦合协调度分析》,《中国物价》2023年第9期。

单志广:《数字新经济,发展新动能》,《学习时报》2019年1月4日。

单志广、王丹丹、陈栩、涂菲菲:《我国新型智慧城市建设的挑战、问题及对策》,载《中国信息化形势分析与预测(2022~2023)》,社会科学文献出版社,2023。

《德国数字经济产业保持快速增长》，中国贸促会官网。

杜睿云、王宝义：《新零售：研究述评及展望》，《企业经济》2020年第8期。

杜雪琴：《曾经"来回跑"如今"智慧办"》，《甘肃日报》2022年9月21日。

范海瑞：《甘肃积极谋划布局氢能等未来产业》，《甘肃日报》2024年2月24日。

盖凯程、韩文龙：《数字经济：新质生产力发展的不竭动力》，《中国社会科学报》2024年3月27日。

《甘肃省能源装备创新联合体成立》，中国甘肃网，2021年6月28日。

甘肃省地方史志办公室：《甘肃年鉴2024》，甘肃民族出版社，2024。

甘肃省人民政府办公厅：《甘肃省数据信息产业发展专项行动计划》《关于进一步支持5G通信网建设发展的意见》《甘肃省"十四五"数字经济创新发展规划》《甘肃省数字经济创新发展试验区建设方案》《甘肃省"上云用数赋智"行动方案（2020—2025年）》《全国一体化算力网络国家枢纽节点（甘肃）建设行动计划》《甘肃省数字政府建设总体规划（2021—2025）》《甘肃省"数据要素"三年行动实施方案（2024—2026年）》。

龚六堂：《新时代数字经济发展成就与机遇展望》，《人民论坛》2023年第9期。

郭倩：《三部门发文促制造业企业提升供应链管理水平》，《经济参考报》2024年5月21日。

何怡璇：《多元协同，数字提升精准治理》，《兰州日报》2023年10月18日。

黄梁峻：《美国：着眼全球市场力促数字经济发展》，载《北京数字经济发展报告（2021~2022）》，社会科学文献出版社，2022。

霍鸿宇：《打通数字"动脉"赶乘算力"快车"——兰州新区大数据产业园崭露头角》，《每日甘肃》2023年12月12日。

江小娟：《立足数字中国建设整体布局，加快数字经济高质量发展》，

《中国网信》2023年第3期。

李蕾：《黄河流域数字经济发展水平评价及耦合协调分析》，《统计与决策》2022年第9期。

李三希、黄卓：《数字经济与高质量发展：机制与证据》，《经济学》2022年第5期。

李思琪：《河南省数字农业发展现状与对策研究》，《山西农经》2022年第12期。

李彦彪：《大数据技术在国库退库业务中的应用探索》，《金融科技时代》2022年第9期。

林毅夫：《什么是数字经济？对中国经济具有怎样的意义？》，《人民日报》2022年3月28日。

刘家庆：《促进战略性新兴产业发展的财政政策研究——以甘肃省为例》，《财政研究》2011年第4期。

刘一宁：《中国基层社会治理的三重属性》，《中国社会科学报》2024年1月2日。

骆香茹：《数字经济不等于虚拟经济　院士专家热议全球数字经济浪潮》，《科技日报》2022年11月29日。

马楠：《全力推进全国社会心理服务体系试点建设》，《天水日报》2020年11月17日。

梅宏：《大数据与数字经济》，《求是》2022年第2期。

欧阳日辉、李涛：《加强数字经济发展的理论研究》，《中国社会科学报》2022年5月6日。

潘艳艳：《构建基层数字化治理体系的实践进路》，大河网，2023年9月22日。

秦开强、杨洋：《数字经济赋能新质生产力发展》，《光明日报》2024年3月19日。

邵春堡：《数字经济价值的源头活水》，《经济评论》2021年第10期。

沈建光：《准确理解数字经济内涵，推动数字经济高质量发展》，《光明日报》2021年10月27日。

舒先林、常城：《国家级开发区转型升级和可持续发展研究——以武汉经济技术开发区为例》，《长江大学学报》（社会科学版）2012年第4期。

宋喜群、王冰雅：《甘肃庆阳数据中心集群算力规模取得新突破》，《光明日报》2024年6月25日。

王必达：《加快形成新质生产力的甘肃路径》，《甘肃日报》（理论版）2024年5月10日。

王必达、刘明、王娟娟：《"一带一路"数字经济发展蓝皮书——甘肃篇（2022年）》，经济科学出版社，2023。

王定祥、彭政钦、李伶俐：《中国数字经济与农业融合发展水平测度与评价》，《中国农村经济》2023年第6期。

王建宙：《从1G到5G——移动通信如何改变世界》，中信出版集团，2021。

王俊莲、王晓芳：《甘肃经济发展分析与预测（2024）》，社会科学文献出版社，2024。

王晓芳：《以数字经济培育新质生产力》，《甘肃日报》（理论版）2024年4月19日。

王晓鸿、吕璇：《经济新常态下甘肃省战略性新兴产业创新发展模式探索》，《科学管理研究》2018年第8期。

王耀华：《数字经济与实体经济融合发展路径的研究》，《现代工业经济和信息化》2024年第3期。

无锡市新产业研究会：《数字无锡，智创未来——无锡市数字经济发展报告（2021）》，上海社会科学出版社，2021。

吴彬、许旭初：《农业数字化转型：共生系统及其形式困境——基于对甘肃省临洮县的考察》，《学习与探索》2022年第2期。

熊猫讲财经：《数字经济本质与特征》。

徐俊勇、张志方：《甘肃省钢铁新材料研发及产业化应用创新联合体启动》，《新甘肃》2021年5月11日。

许成儿:《我市 1 案例入选 2023 数字政府创新成果与实践案例》,《陇南日报》2023 年 5 月 29 日。

许菁、戚淑媛:《"数字丝绸之路"视域下甘肃省数字贸易发展困境及路径》,《甘肃科技》2023 年第 7 期。

许正中:《发展数字经济的战略思考》,https://sdxw.iqilu.com/w/article/YS0yMS0xMjU5NTY1MQ.html。

杨昌荣:《低碳经济国际趋势与我国的策略取向》,《国际商务财会》2009 年第 11 期。

杨晶辉、孙凤芹:《破坏性创新理论视角下企业数字化转型策略研究》,《中国商论》2023 年第 5 期。

杨青峰、任锦鸾:《数字经济已经是"房间里的大象",该如何发展负责任的数字经济?》,《中国社会科学院院刊》2021 年第 8 期。

杨文溥:《数字经济与区域经济增长:后发优势还是后发劣势?》,《上海财经大学学报》2021 年第 6 期。

杨雯嘉、姚正海:《中国数字经济发展水平评价研究》,《中国商论》2023 年第 9 期。

业斌、高慧彧、郭磊:《"数字丝绸之路"的发展历程、成就与经验》,《国际贸易》2023 年第 10 期。

余碧波:《以民为本,谱写平安天水新篇章》,《天水日报》2022 年 9 月 26 日。

曾凡军、陈永洲:《数字化赋能乡村治理的实现路径》,中国社会科学网,2024 年 1 月 11 日。

张佳林、章鉴烽:《基于双钻模型的智慧农业监测产品设计研究与实践》,《农村经济与科技》2024 年第 4 期。

张璐:《甘肃省战略性新兴产业与生产性服务业的融合发展研究》,《生产力研究》2017 年第 8 期。

张燕茹:《"联""创"并举打造科技创新高地——甘肃省组建创新联合体提升产业发展能级综述》,《甘肃日报》2023 年 4 月 11 日。

赵志耘、刘润生：《2020年的美国科技：新冠肺炎疫情、大国竞争和政府更迭下的科技政策》，载《美国研究报告（2021）》，社会科学文献出版社，2021。

支振锋：《美好世界的数字远景及中国担当》，《网信军民融合》2018年第6期。

中国信息通信研究院：《数字经济概论：理论、实践与战略》，人民邮电出版社，2022。

中国信息通信研究院：《中国数字经济发展白皮书（2017—2023年）》。

周旭明：《坚持党建引领构建"田字型"基层治理体系 打造社会治理的兰州样板》，《兰州日报》2024年5月28日。

宗良：《智慧城市建设的新背景、机遇与策略》，载《智慧城市论坛No.5》，社会科学文献出版社，2022。

H. Wu, H. Deng, X. Gao, Impact of Digital Technology Innovation on Carbon Intensity: Evidence from China's Manufacturing A-share Listed Enterprises, Environmental Science & Pollution Research, 2024.

Z. Ji. Evaluation of Regional Water Environmental Carrying Capacity and Diagnosis of Obstacle Factors Based on UMT Model, Water, 2022.

后 记

数字经济正在成为重组全球要素资源、重塑全球经济结构、改变全球竞争格局的关键力量。中国数字经济规模迅速壮大，对促进经济增长和社会治理转型发挥着极其重要的作用。近年来，甘肃将数字经济作为推动经济社会发展的新动能，通过制定实施一系列数字经济政策扶持、基础设施建设、产业布局等全方位措施，推动数字经济快速发展，加速了甘肃产业变革和增长方式转型进程。党的二十届三中全会提出健全促进实体经济和数字经济深度融合制度，加快构建促进数字经济发展体制机制、完善促进数字产业化和产业数字化政策体系。甘肃要紧紧抓住数字技术进步背景下的产业变革和增长方式转型的重大机遇，以"强科技"和"强工业"为抓手，筑牢实体经济和数字经济深度融合根基，进一步推进数字产业化、产业数字化、数字化治理，加快产业模式和经济增长方式变革，拓展经济发展新空间，提升产业体系现代化水平，增强甘肃经济高质量发展新动能。

本书是在甘肃省社会科学院党委委员、副院长董积生主持的甘肃省社会科学院2024年度重大课题"甘肃省数字经济研究"报告基础上调整、增补、修改、完善而成。

甘肃省社会科学院经济研究所所长王晓芳研究员负责全书总体构思、框架设计和统筹统稿，董积生副院长对于全书的总体框架、调研方案、研究思路给予了重要指导。王晓芳执笔前言，第一章，第六章第二节、第三节；关兵执笔第二章、第五章第六节至八节、第六章第四节、第十四节；潘从银执笔第三章、第六章第十二节；杨春利执笔第四章、第六章第八节；杨雪琴执笔第五章第一至五节、第六章第七节；尹小娟执笔第六章第一节、第五至六节、第九至十一节、第十三节。

在本书调研写作过程中，甘肃省社会科学院党委书记、院长李兴文给予了大力支持，甘肃省社会科学院科研处处长刘玉顺提供了调研便利和大量帮助，社会科学文献出版社的编辑为本书顺利出版给予了专业悉心指导并付出了不少心血，在此一并谨致谢意！本书参考和引用了许多专家、学者的相关学术理论研究成果，以及国务院、甘肃省各级政府出台的相关"十四五"发展规划、政策文件和甘肃省内各大媒体宣传报道数据，虽在主要参考文献中有所标注，但不免也有疏漏之处，恳请相关部门和广大读者批评指正。

图书在版编目(CIP)数据

产业变革与增长方式转型中的甘肃数字经济研究 / 董积生，王晓芳著. -- 北京：社会科学文献出版社，2024.11. -- ISBN 978-7-5228-4243-1

Ⅰ.F494.2

中国国家版本馆CIP数据核字第20244PF251号

产业变革与增长方式转型中的甘肃数字经济研究

著　　者 / 董积生　王晓芳

出 版 人 / 冀祥德
责任编辑 / 宋　静
责任印制 / 王京美

出　　版 / 社会科学文献出版社·皮书分社（010）59367127
　　　　　　地址：北京市北三环中路甲29号院华龙大厦　邮编：100029
　　　　　　网址：www.ssap.com.cn
发　　行 / 社会科学文献出版社（010）59367028
印　　装 / 三河市尚艺印装有限公司
规　　格 / 开　本：787mm×1092mm　1/16
　　　　　　印　张：21.5　字　数：326千字
版　　次 / 2024年11月第1版　2024年11月第1次印刷
书　　号 / ISBN 978-7-5228-4243-1
定　　价 / 128.00元

读者服务电话：4008918866

版权所有 翻印必究